아도르노의 경험의 반란
– 상호성과 전율로서 미적 경험

아도르노의 경험의 반란
- 상호성과 전율로서 미적 경험

2013년 7월 10일 초판 인쇄
2013년 7월 15일 초판 발행

지은이 | 이병탁
펴낸이 | 이찬규
펴낸곳 | 북코리아
등록번호 | 제03-01240호
주소 | 462-807 경기도 성남시 중원구 상대원동 146-8 우림2차 A동 1007호
전화 | 02) 704-7840
팩스 | 02) 704-7848
이메일 | sunhaksa@korea.com
홈페이지 | www.bookorea.co.kr
ISBN | 978-89-6324-317-7 (93100)

값 18,000원

* 본서의 무단복제를 금하며, 잘못된 책은 구입처에서 바꾸어 드립니다.

아도르노의 경험의 반란
– 상호성과 전율로서 미적 경험

이병탁 지음

북코리아

책머리에 PREFACE

　어느 맑은 날 강의를 하다 문득 자신의 스마트폰에 손이 가는 학생이 눈에 들어왔다. 그 순간 다른 학생들을 살펴보니 대다수 학생들이 마치 스마트폰을 신주단지 모시듯 책상에 올려놓거나 심지어 손에 쥐고 5분대기조처럼 누군가의 호출을 기다리고 있었다. 그리고 보니 길을 걷거나 버스를 타거나 혹은 지하철을 탈 때도 심지어 여행을 할 때조차 사람들은 스마트폰만 바라보고 있다. 오늘날을 살아가는 사람들은 더 이상 밖을 보지 않는다. 다른 사람과 그들의 삶, 심지어 창밖의 풍경도 보지 않는다. 도시에서 부는 바람과 녹음이 드리워진 들판에서 부는 바람의 차이도 느끼지 않는다. 안과 밖의 경계는 너무나 뚜렷하게 되어 자신으로부터 밖은 차단되어 있다. 이러한 의미에서 스마트폰은 더 이상 자신을 다른 사람들과 연결해주는 매개 장치가 아니라, 조건반사적인 말과 정보를 탐닉하고 자신 속에 자신을 가두게 하는, 그 끝을 알 수 없는 심연의 동굴이다. 그 동굴 속에서 사람들은 점점 더 연못 속에 비친 자신의 모습에 매혹된 나르키소스가 되어간다. 사람들이 밖을 보지 않고 밖과 관계하지 않으면 않을수록, 낯설고 새로운 것이 없는 세상은 더욱더 어떤 새로운 것도 낳을 수 없는 불임의 사회가 될 것이다. '경험의 반란'이라는 거창한 제목을 달고 있는 이 책은 사람들이 스마트폰과 문화산업 생산물이 범람하는 동굴에서 뛰쳐나와, 이 꽃과 나무와 산과 들 그리고 다른 사람들을 보고, 느끼고, 생각하고, 대화하는 데 관심을 기울이라고 호소하는 소박한 시도이다. 그러나 그것은 소박하지만 경험대상과 경험의 물화 그리고 이에 수반되는 자아상실을 강제하는 동일성을 원리를 비판하고 이를 통해 경험을 구제함으로써, 경험하는 자아와 경험대상인 물화된 세계를 혁신하려는 절박한 시도이다. 이러한 시도가 실패한다 하더라도 사람들이 조금이라도 주위에 눈을 돌리고 다른 사람들과 살아 있는 관계를 형성하는 데 조금이라도 도움이 된다면 그것만으로도 의미 있는 일이라 생각된다. 이 책의 구성을 간단히 소개하면 다음과 같다.

　　여는 글은 전체 내용의 핵심 논증을 제시하고 있기 때문에 일반 독자들은 어렵게 느낄 수도 있을 것 같다. 철학적 개념에 익숙하지 않은 독자들은 곧바로 본문의 1장부터 읽는 것이 오히려 책 전체 내용을 이해하는 데 도움이 될 것이다.
　　1장은 인간화의 조건으로서 사유의 동일성 원리를 사유수단인 언어를 중심으로 다룰 것이다. 특히 사유를 통한 자기의식의 발생을 분석하면서 언어의 이중적 성격과 언어의 분리에 초점을 맞출 것이다. 말과 사물의 분리 속에 내재하는 유사성의 거부와 지배논리의 관련성은 주체와 객체의 상호성을 주장하는 이 책 전체를 관통하는 핵심적인 관심사이다. 왜냐하면 유사성의 거부가 현실 사회 속에 작동하는 적대주의와 이를 반영하고 정당화하는 주체와 객체의 이분법의 근거이며, 이러한 주체와 객체의 상호성의 거부를 통해 주체를 절대적인 것으로 고양시키기 위한 전제도 유사성의 거부이기 때문이다.
　　2장은 합리적 인식경험의 조건으로서 개념적 추상화와, 개념적 추상화의 현실적 확장인 실제적 추상화를 분석한다. 이러한 분석을 통해 추상화가 인간 특유의 관계방식인 교환과정에서 발생한 것이라고 논증되며, 이러한 추상화는 개념이 추상화를 통해 발생했다는 주장의 근거가 된다. 개념과 개념의 형성 원리인 추상화가 발생했다는 것은 아도르노 자신이나 기존의 연구에서 크게 주목되지 않았지만 아도르노의 변증법을 이해하기 위해 가장 핵심적인 것들 중 하나이다. 왜냐하면 개념이 추상화를 통해 발생했다는 것은 개념이 칸트의 경우처럼 순수하거나 헤겔의 경우처럼 자족적인 것이 아니라 불완전하고 불충분한 도구라는 주장의 결정적 근거가 되기 때문이다. 많은 아도르노 연구에서 개념의 불충분성에 주목하지만 그러한 불충분성의 근거를 개념의 경험적 발생을 통해 정당화하는 연구는 드물며, 더욱이 이러한 개념의 발생을 논증하기 위해 본 연구는 추상화 능력의 발생적 획득을 주장한다. 특히 2장은 개념적 추상화를 통한 동일성 원리가 단순히 인식이론에 제한된 것이 아니라 사회관계와 사회적 삶에 지배적 영향력을 발휘하도록 하는 실제 추상화를 반영하는 동시에 이를 정당화하기 때문에, 개념적 추상화의 모델인 실제 추상화의 동일성 원리를 비판적으로 분석하며, 이러한 의미에서 아도르노의 인식비판이 왜 사회비판인지를 다룰 것이다.

    3장은 비개념적이고 교환될 수 없는 비동일성 경험의 가능성을 증명하며, 더 나아가 이러한 경험을 동일화하지 않는 사유방식인 '함께-배열하기'(Konstellation)에 대해 고찰할 것이다. 어떤 측면에서는 1, 2장은 주체와 객체의 상호성으로서 경험을 이해하기 위한 예비 작업이면서 아도르노의 인식비판과 미학이론이 왜 사회비판일 수 있는지를 이해하기 위한 발판이 된다. 이를 토대로 3장은 실제 추상화를 생활세계 속에 침투하도록 매개하는 문화산업에 의한 경험의 빈곤과 경험대상의 추상화에 대한 비판을 통해, 환원되지 않은 경험과 그러한 경험의 변증법적 의미를 다루며, 비동일적인 객체와 객체에 대한 경험을 인식적 명제로 증류하지 않는 아도르노의 대안적 사유모델인 '함께-배열하기'를 집중적으로 조명할 것이다. 특히 본 책은 기존의 아도르노 연구가 크게 부각시키지 않았던 비동일적 객체에 대한 환원되지 않은 경험의 매개적 역할과 경험의 우선성을 논증한다. 경험의 매개적 역할과 경험의 우선성은 인식과 경험의 상호작용을 이해하는 데 있어서도 핵심이지만, 객체의 우선성을 주장하는 아도르노의 철학적 유물론을 이해하는 데 있어서도 결정적인 역할을 한다.

    4장과 5장은 주체와 객체의 상호성이라는 관점에서 '객체'와 '주체' 개념을 다룰 것이다. 주체와 객체를 철저히 분리시키는 것이 아니라 서로 얽혀 있는 상호성의 관점에서 '주체'와 '객체'를 이해하는 것은 환원되지 않은 경험이 왜 동일성 인식과 상호작용하는 것으로 이해되어야 하는지에 대한 근거가 된다. 객체 개념도 그러하지만 특히 5장의 '주체'에 관한 독창적 연구는 주체라는 개념이 복잡한 아도르노 철학뿐만 아니라 철학사에서 다양한 의미로 사용될 수밖에 없는 이유를 해명함과 동시에 인간 주체에 대한 올바른 이해의 방향을 모색하고 있다.

6장은 주체와 객체의 상호성을 전제하는 변증법이 왜 긍정적일 수 없으며, 부정적 운동을 하는 것으로 이해되어야 하는지를 다룰 것이다. 왜냐하면 상호성의 거부 없이는 어떤 것도 긍정적인 것으로 규정될 수 없기 때문이다. 역으로 어떤 완전한 긍정적 인식이 불가능하다는 것은 주체와 객체가 어느 것으로 환원되는 것 없이 상호 관계하고 작용한다는 것을 의미한다. 이러한 의미에서 부정 변증법은 객체의 우선성으로서 철학적 유물론이며, 결국 부정 변증법으로서 철학적 유물론은 어떤 긍정적 상도 제시하지 않는 '상-없는' 화해의 모델이다.

7장은 미메시스적 존재인 예술에서의 미적 경험을 통해 철학이 동경하지만 직접 말할 수 없는 환원되지 않은 경험에 좀 더 구체적으로 다가갈 것이다. 아도르노 연구에서 자연미와 예술작품의 진리내용, 미의 부정적 성격이나 부정 미학의 가능성 등은 주목되었지만, 미적 경험은 크게 주제화되지 않았다. 이와 달리 본 연구는 미적 경험을 동일성 원리에 기초한 합리적 인식과 교환 불가능한 것에 대한 경험의 상호작용을 통해 가능하게 된다고 논증한다. 이러한 의미에서 미메시스적 반응방식을 추방한 합리적 인식이 역설적이게도 '미'의 가능성 조건이다. 다른 말로 동일성 원리에 기초한 합리성에 의해 배제되고 추방된 것에 대한 고통이 없다면 미적 경험도 '미'도 없다. 그런 한에서 '미'는 보편적으로 수용된 지배적 규정을 뒤흔들어버리는 새롭고 그렇기 때문에 낯선 것에 대한 경험으로 이해될 수 있으며, 이런 의미에서 '미'와 예술작품은 사회의 부정적 현실에 대한 규정된 부정이고 비판이다. 왜냐하면 미적 경험은 경험이 합리적 인식으로 환원되지 않는 한에서만 가능한 관계의 범주이기 때문이다. 이와 더불어 7장은 '미'와 예술작품이 단순히 철학 외적이거나 주변적인 것이 아니라 철학에 본질적이며, 그런 한에서 미적 경험이 사회비판이론으로서 철학에 어떤 핵심적인 역할을 하는지 살펴볼 것이다.

끝으로 독자들에게는 성가시게 보일지 모르지만 이 책이 나오기까지, 아니 저자가 지금까지 살아오기까지 감사해야 할 분들의 일부라도 짧게 언급할 수 있었으면 한다. 힘들고 주저앉은 시기에 스스로 외롭다고 생각한 적도 있었지만 돌이켜보면 너무나 많은 분들이 손 내밀어주고 버팀목이 되어주었던 것 같다. 경북대학교 철학과의 선후배 동료 선생님들과 여러 교수님들, 특히 이 책의 많은 부분을 함께 논의했고 열린 마음으로 이끌어주셨던 김석수 교수님께 진심으로 감사드린다. 어리석은 자식이지만 관용과 은혜를 베풀어주신 부모님과 처부모님, 무엇보다 무능력하고 무기력한 남편 때문에 고생하면서도 언제나 격려해주었던 아내에게 어떻게 감사의 표현을 해야 할지 모르겠다. 그리고 그 존재만으로도 볼 때마다 열심히 살아야겠다고 다짐하게 하는 지인이와 태균이에게도 고마운 마음을 전한다. 마지막으로 아무런 인연도 없으면서 전혀 지명도 없는 사람의 글을, 선뜻 출판을 결정하고 책답게 만들어주신 북코리아의 이찬규 사장님께 신심으로 감사드리며, 이 책이 조금이라도 가치를 가진다면 그것은 전적으로 이 모든 분들 덕분이다.

2013년 5월
복현골의 전쟁터 같은 연구실에서
이병탁

차례 CONTENTS

책머리에 — 5

여는 글　　　　　　　　　　　　　　　　　　　　13

1　인간화의 조건으로서 동일성 원리　　　　　　27

1.1 인간화의 조건으로서 언어 — 30
1.2 말과 사물의 분리, 그리고 지배 — 33
1.3 언어의 이중적 성격 — 42
1.4 에코의 길과 나르키소스의 길 — 50

2　개념적 추상화와 실제적 추상화　　　　　　　55

2.1 판단형식으로서 개념과 동일성 원리 — 58
2.2 발생된 개념 — 64
2.3 개념 물신주의와 상품 물신주의 — 69
2.4 개념적 추상화와 실제적 추상화 — 74
2.5 동일성 원리의 불가피성 — 82

3　물화되지 않은 경험과 함께-배열하기(Konstellation)　89

3.1 문화산업과 경험의 위기 — 92
3.2 순수하지 않은 개념과 순수하지 않은 객체의 상호작용 — 105
3.3 개념적 인식과 환원되지 않은 경험의 상호작용 — 110
3.4 물화되지 않은 사유로서 함께-배열하기(Konstellation) — 121

4 주체와 객체의 상호성으로서 '객체'   127

4.1 '객체' 개념의 애매성 ─────────────── 131
4.2 판단형식에서 비동일성으로서의 '객체' ──────── 139
4.3 객체의 개념성 ──────────────────── 144
4.4 객체의 비개념성 ─────────────────── 152

5 주체와 객체의 상호성으로서 '주체'   161

5.1 '주체' 개념의 애매성 ─────────────── 164
5.2 개별적이면서 유적인 주체 ───────────── 168
5.3 경험적이면서 선험적인 주체 ──────────── 177
5.4 정신적이면서 육체적인 주체 ──────────── 186

6 객체의 우선성과 상-없는 유물론   197

6.1 주체와 객체의 상호성으로서 부정 변증법 ────── 200
6.2 주체와 객체의 상호성과 경험의 우선성 ─────── 208
6.3 주체와 객체의 상호성과 객체의 우선성 ─────── 215
6.4 화해로서 상-없는 유물론 ──────────── 221

7 전율로서 미적 경험   231

7.1 유사성 ────────────────────── 235
7.2 유사성과 미메시스 ──────────────── 241
7.3 전율로서 미적 경험 ─────────────── 245
7.4 전율로서 자연미와 예술 ───────────── 253

닫는 글   259

참고문헌 ─────────────────────── 267

여는 글

"인간은 어느 누구나 예외 없이 아직 그 자신이 아니다."[1] 인간이 완전한 존재라면, 즉 모든 것을 이해하고 파악할 수 있으며 이를 다른 사람에게 온전히 전달할 수 있는 존재라면 도대체 철학과 예술이 필요하겠는가? 오히려 인간이 불완전한 존재이고, 사유하기 위해 자신의 수단인 불충분한 개념에 의존해야 하는 존재이기에 철학을 하고 예술을 하는 것이 아닐까? 인간이 완전한 존재가 아니라는 것은 어떤 면에서는 인간의 능동적이고 역동적인 본질을 말해준다. 왜냐하면 인간이 불완전하고 그 자체 불충분하다는 것은 끊임없이 자신을 채워야 하고 끊임없이 새로운 경험의 가능성에 열려 있다는 것을 의미하기 때문이다. 살아 있다는 것, 그것은 자신을 현재의 상태에 고정시키는 것이 아니라 자신을 끊임없이 새롭게 만들어가는 것이다. 따라서 살아 있는 한, 어느 누구도 어떤 사람이라고 규정될 수 없다.[2]

오늘날, 인간이 자족적인 개념을 통해 모든 것을 규정할 수 있고, 이를 명제로 증류할 수 있으며, 따라서 모든 것을 표현하고 소통할 수 있다고 가정되는 시대에, 도대체 철학과 예술은 필요하겠는가? 아마도 사실에 대한 완전한 기술(description)과, 마치 RPG게임[3]에서처럼 그러한 기술을 이용한 즐거운(?) 놀이만이 필요하지 않을까? 더 이상 새로운 것에 대한 경험이 없는, 추상화된 대상들과 관계하는 무한 반복의 놀이.[4] 이러한 놀이를 탐닉하

---

1 "Die Menschen, keiner ausgenommen, sind überhaupt noch nicht sie selbst." Th. W. Adorno, *Negative Dialektik*, Gesammelte Schriften Bd. 6(Ffm.: Suhrkamp, 1977, 이하 =ND로 약식 표기), 274쪽.
2 반면에 몸은 살아 있지만 현재의 자신에 고정된 채 안주하는, 새로운 것에 대한 경험을 차단하고 더 이상 살아 있는 의식 활동을 하지 않는 사람은 닫힌 사람이고 죽은 정신의 사람이다.
3 모험 역할 수행게임으로 인터넷의 확장과 더불어 급속도로 확장되고 있는 게임 형식. 특히 국내에서 특화되어 세계 게임시장을 주도하고 있다. 대표적으로 메이플스토리, 리니지 등이 있다.
4 오늘날 고도로 발달한 기술공학은 대체 가능한 추상적인 문화상품을 양산한다. 이러한 문화상품이 경험의 중요한 부분으로 등장하고 오히려 질적인 경험대상을 대체함으로써 경험은 위축되고 제한된다. 경험이 추상적인 대상에 대한 인식으로 위축됨으로써 사람들은 새

도록 함으로써 미성숙을 조장하는 고도로 발달된 자본주의 시대에, 인간은 자기 충족적이고 완전한 존재인 양 자신으로부터 모든 것을 규정할 수 있고, 모든 가치의 근원이 자신에게 있는 것처럼 자신을 고양시키지만, 마치 자신의 성에 갇힌 것처럼 새로운 경험의 가능성을 잃어버린 인간 주체는 현실적으로 무기력하다. 왜냐하면 어떤 것과의 관계도 필요로 하지 않는 자기 충족적인 존재는 더 이상 자신의 전개와 발전도 없으며, 이를 위해 더 이상 새로운 경험을 필요로 하지 않는 공허한 주체일 것이기 때문이다. 현재에 고정되어 있고 정지된 주체는 더 이상 살아 있는 것이 아니라 죽은 주체다. 따라서 "어떤 삶도 더 이상 존재하지 않는다."[5]

RPG게임에서 캐릭터의 성장과 발전은 사냥을 통해 획득한 경험 양에 따라 결정된다. 이 게임에서 경험은 몬스터를 사냥하는 것이며, 몬스터를 사냥한 경험의 양은 몬스터가 가진 경험치의 축적이다. 따라서 게임에서 모든 경험은 양으로 환원되고 경험의 정도는 수로 환산된다. 마치 몬스터를 잡은 경험의 양이 캐릭터의 성장(레벨 업)을 결정하는 RPG게임에서처럼, 경험이 교환가치로 환원되는 시대에 '경험주의에 대한 경험의 반란'을 꿈꾸는 아도르노의 철학은 시의성을 가지는 것으로 보인다. 아도르노에게 있어 철학의 임무는 경험의 물화[6]로부터 경험을 구제하는 것이다. 경험의 물화는 경험이 규정 가능하고 전달 가능한[7] 합리적 동일성 인식으로 환원된다는 것

　　로운 것에 대한 꿈을 잃어버렸다. 왜냐하면 새로운 것에 대한 경험의 상실과 더불어 새로운 것을 꿈꿀 수 있는 상상력도 상실되었기 때문이다. 현대는 더 이상 새로운 이야기도 꿈도 없기 때문에, 잃어버린 경험과 마찬가지로 삶은 동어반복이 된다.
5　Th. W. Adorno, *Minima Moralia*, Gesammelte Schriften Bd. 4(Ffm.: Suhrkamp, 1951, 이하=MM으로 약식 표기), 13쪽. 번역서로는 최문규 옮김, 『한줌의 도덕』, 솔출판사, 1995와, 김유동 옮김, 『미니마 모랄리아』, 도서출판 길, 2005가 있으며, 인용은 주로 김유동 번역을 가급적 따랐다. 쪽수는 원문 뒤에 번역본 쪽수를 달았다. 27쪽.
6　"물화로 인하여 인간 특유의 활동, 인간 특유의 노동이 객체적인 어떤 것, 인간으로부터 독립되어 인간에 낯선 자기법칙성을 통해서 인간을 지배하는 어떤 것으로서 인간에 대립되어 다가온다는 사실이 분명히 확인되어야 할 점이다." Georg Lukacs(박정호·조만영 옮김), 『역사와 계급의식』, 거름, 1992, 157쪽.

을 의미한다. 따라서 모든 인식은 다른 사람에게 전달될 수 있고 소통될 수 있다. 반면에 규정될 수 없고 소통될 수 없는 경험은 마법이나 신화로 금기시되거나 배제된다. 마치 자본주의 사회에서 교환가치가 상품의 가치를 규정함으로써 상품의 사용가치를 추상시켜버리는 것처럼, 개념이라는 범주의 합리적 규정에 의해 동일화되고 소통되지 않는 모든 경험이 배제되기 때문에 경험은 추상되고, 이러한 경험의 추상화는 결국 경험의 객체가 개념을 통해 분류되고 규정되는 대상으로 추상화된다는 것을 의미한다. 이러한 의미에서 경험의 상실은 경험대상의 상실이며, 경험대상의 상실은 대상 경험을 통해 형성된 자아의 상실이다.

자아가 객관적으로 존재하는 타자와 더 이상 관계하지 않는다면, 자아의 경험은 주관 내적인 동어반복적 순환이며, 이러한 경험은 내용을 가지지 않는, 마치 분석판단처럼, 자기 순환적 관계이기 때문에 공허하다. 경험이 어떤 것에 대한 경험인 한에서, 타자에 대한 경험을 잃어버린 자아는 공허한 추상적 자아이며, 전통 관념론자들은 이러한 자아를 위해 '선험적 자아'라는 이름을 준비했다. 선험적 자아는 내용을 가지지 않기 때문에 보편적이지만, 어떤 것과도 관계할 수 없기 때문에 경험할 수 없는 자아이다. 이러한 선험적 자아는 이념적으로는 만물의 지배자로서 왕좌에 오른 주권적 주체를 의미하지만, 현실적으로는 사회 속에서 어떤 것도 할 수 없는 무기력한 주체다. "주체가 객관성의 평균 가치에 저항하고 주체로서 해방되는 곳에서 비로소 주체는 거짓 모조품에 만족하는 대신에 객체에 자신의 의무를 다할

---

7 아도르노는 이미 자신의 제자 하버마스의 미래 저서 『의사소통행위이론』과 전투를 벌이고 있다. 경험이 소통 가능한 것으로 환원된다는 것은 경험이 경험을 추상하는 범주들에 의해 소통 가능한 것으로 규정되어야 한다는 것을 의미하며, 이와 같이 경험이 규정될 때 소통 가능한 것으로 규정되지 않은 경험은 배제된다. "사태 자체의 표현으로서 언어는 타자와의 의사소통으로 환원될 수 없다······ 사태 자체의 표현으로서의 언어와 전달로서의 언어는 상호 얽혀 있다." Th. W. Adorno, *Drei Studien zu Hegel*, Gesammelte Schriften Bd. 5(Ffm.: Suhrkamp, 1975, 이하=DSH로 약식 표기), 339쪽.

것이다."[8]

　이러한 의미에서 아도르노가 철학의 임무라고 생각한 개념적 장치로 '환원되지 않은 경험의 구제'는 경험대상인 객체의 회복을 통한 경험내용의 회복이며, 이러한 경험의 회복을 통해 타자와 그리고 그러한 타자와 관계하는 경험하는 자아의 회복을 의도한다. 이를 위해 아도르노는 경험의 물화를 야기하는 주관주의의 동일성 원리를 비판하고 비동일성을 주장한다. 반면에 경험을 양화 가능한 범주로 환원하는 주관주의의 동일성 원리는 주체와 객체의 이분법을 전제한다. 이러한 이분법은 주체와 객체를 배타적으로 그리고 철저하게 분리된 것으로 간주한다는 것을 의미한다. 주체와 객체를 철저하게 분리시키는 것은 분리된 양극단을 관계시키기 위해 주체와 객체의 동일성을 추구하게 되고, 결국 둘 중 하나를 토대원리로서 실체화하고 나머지를 환원하게 된다. 왜냐하면 전적으로 분리된 것은 서로 관계할 수 없으며, 서로 관계하기 위해 다른 것을 적대적인 것으로 간주해야 하며, 결국에는 완전히 무화시켜야 하기 때문이다.[9] 이러한 환원주의가 동일성 원리이며, 의식철학은 이러한 동일성 원리에 기초하고 있다. 동일성 원리가 인식 판단에서 범주로 사용되는 개념을 통해 동일하지 않은 객체를 규정하기 때문에, 동일성 원리는 개념의 자족성을 전제하며 이를 통해 인식 주체의 자족성을 정당화하지만, 그러나 이러한 동일성 원리를 통한 인간 인식은 불충분하고 불완전한 것이다. 주체로서 인간은 인식수행에 있어 개념이라는 장치를 사용할 수밖에 없으며, 그렇기 때문에 개념 장치에 의존하고 그럼으로

8　Th. W. Adorno, ND. 172-173쪽.
9　이것이 지배원리이다. 지배의 정당화는 지배자가 피지배자를 자신과 유사성을 가지는, 상호 관계해야할 타자로 인정하는 것이 아니라 자신과 전적으로 다른 것으로 간주함으로써 획득된다. 이러한 지배의 정당화는 자연지배에서도 마찬가지이다. 자연지배를 정당화하기 위해 인간은 자연과 공통적인 부분을 가져서는 안 된다. 자연을 전적으로 정신과 분리된 것으로 간주하기 때문에 자연을 지배하는 것이 인간 주체의 정당한 권리라는 주관주의가 서양 사상의 전체적인 방향이었다. 즉 자연지배적 이성을 강화하고 고양시킨 역사.

써 개념에 제한된다. 이러한 개념 의존성을 아도르노는 인간 인식의 불충분성이라고 부른다. 더욱이 인식수단으로 사용되는 개념 자체 또한 불충분하다. 추상적 개념은 그것에 의해 규정되는 것을 온전히 포함할 수 없으며 단지 개념이 적용될 수 있도록 추상화된 대상만을 규정한다. 따라서 완전한 인식수단을 가지지 않는 인간 인식은 인식과 인식된 것의 차이를 낳을 수밖에 없으며 이러한 차이가 인식을 변증법으로 강제한다. 이러한 의미에서 변증법은 인식과 인식대상의 행복한 일치라는 긍정으로 끝날 수 없으며, 긍정적 동일성 인식을 부정하는 끊임없는 '부정적' 운동이다.

그럼에도 불구하고 아도르노가 의식철학의 동일성 원리가 전제하고 있는 주체와 객체의 이분법을 비판하면서도 주체와 객체의 이원론 자체를 폐기하지 않는다는 것은 놀라운 일이다. 오히려 그는 이러한 분리가 비판적으로 유지되어야 한다고 주장한다. 왜냐하면 철저히 분리된 것만큼이나 분리되지 않은 것에는 관계 자체가 있을 수 없으며, 그럼에도 주체와 객체를 분리되지 않은 것으로 상정한다면 그것은 마법이 지배하는 자연 상태를 다시 불러내려는 시도일 것이기 때문이다. 주체와 객체가 분리되지 않은 것으로 가정될 수 없는 것처럼, 주체와 객체의 철저한 이분법을 전제하는 동일성 원리를 비판하지만 마찬가지로 동일성 원리도 폐기될 수 없다. 왜냐하면 동일성 원리를 통해 자기의식이 형성되었으며 자연연관으로부터 거리두기가 가능하게 되었기 때문이다. 만일 동일성 원리의 배타적 폭력성 때문에 이를 단순히 폐기한다면, 대상을 규정하고 소통하는 수단을 잃어버린 인간은 맹목적 자연연관으로 되돌아갈 것이다. 따라서 불완전한 존재로서 인간에게 요구되는 것은 동일성 원리에 기초한 합리적 인식과 동시에 이러한 동일성 원리의 불충분성에 대한 비판적 의식이다. 이러한 비판적 의식의 가능성은 관념론적 장치로 환원되지 않는 객체에 대한 비동일성의 경험이다. 결국 인식수단인 개념이 불충분하기 때문에 불충분한 개념을 통해 전적으로 동일화될 수 없는 것의 경험이 가능하며, 그러한 비동일성의 경험이 가능한 한에서 합리적 인식과 환원되지 않은 경험의 상호작용은 불가피하다. 왜냐하면 개념이라는 형식적 범주의 분류로서 동일성 인식은 그러한 범주로 환원되지 않은 경험을 통해 교정되어야 하기 때문이다. 그러므로 개념을 통한 인식과 비동일적 객체에 대한 경험이 상호작용하는 한에서 주체와 객체를 철저히 분리된 것으로 파악하는 것이 아니라 분리되었지만 서로 관계하고 작용하는 상호성으로 파악해야 한다.

이러한 의미에서 본서는 개념이라는 범주적 단위로 분류되고 환원되지 않는 비동일적인 객체에 대한 온전한 경험을 의도하는 아도르노의 비동일성 철학을 주체와 객체 어느 쪽으로도 환원되지 않는 **주체와 객체의 상호성**(Reziprozität)[10] 모델에 근거하고 있는 것으로 해석하며, 이를 통해 상호성으로서 경험이 어떤 측면에서 교환적 합리성과, 이러한 합리성에 기초하는 동시에 이를 정당화하는 동일성 인식에 대한 규정된 부정과 비판의 역할을 하는지를 탐구할 것이다. 주체와 객체의 상호성은 첫째, 주체와 객체가 비동일적인 것으로서 서로 분리되어 있으며, 둘째, 분리된 주체와 객체는 배타적으로 그리고 철저하게 분리된 것이 아니라 유사성을 가지며, 따라서 셋째, 분리된 주체와 객체는 서로 관계하고 작용한다는 것을 의미한다. 이와 같이

---

10 "작품에서 주체와 객체의 상호성은 어떤 동일성일 수 없다." Th. W. Adorno, *Ästhetische Theorie*, Gesammelte Schriften Bd. 7(Ffm.: Suhrkamp, 1972, 이하=ÄsT), 248-249쪽. 번역서로는 홍승용 옮김, 『미학이론』, 문학과 지성사, 1984, 263쪽. 필요한 경우를 제외하고 홍승용의 번역을 따랐으며, 인용은 원문 쪽수에 이어 번역서의 쪽수를 표기함. 주체와 객체가 서로 매개하고 서로 의존한다는 의미의 상호성이라는 개념을 아도르노는 『미학이론』뿐만 아니라 자신의 다른 저작에서 거의 사용하지 않는다. 그렇지만 주체와 객체가 어느 쪽으로 환원되는 것 없이 서로 관계하고 서로 의존한다는 의미의 상호성은 환원되지 않은 경험과 합리적 인식의 상호작용을 이해하기 위해 반드시 전제되어야 하는 조건이다. 왜냐하면 주체와 객체가 상호작용하는 관계라는 것은 둘 중 어느 것도 실체가 될 수 없다는 것을 의미하기 때문이다. 주체와 객체가 어느 쪽으로 환원되는 것 없이 서로 관계하는 한에서, 인간의 세계인식은 변증법적 운동이다. 반면에 상호성의 거부는 주체를 토대원리로 실체화하고 주체의 능동적 규정에 의해 객체를 완전히 긍정적으로 인식할 수 있다고 주장하는 주관주의에 있어 불가피한 조건이다. 왜냐하면 상호성의 거부 없이 동일성 원리에 기초한 주관적 환원은 불가능하기 때문이다.

분리된 주체와 객체가 서로 관계하기 위한 전제는 주체와 객체의 **유사성**(Affinität)이다. 왜냐하면 분리된 주체와 객체가 서로 공유된 어떤 것을 가지지 않는다면, 즉 철저하게 분리된 것이라면, 주체와 객체는 서로 관계할 수 없기 때문이다. 역으로 어떤 것이 다른 것과 관계할 수 있는 것은 서로 공유된 어떤 것을 가지는 유사한 것이라는 것을 의미한다. 마치 아리스토텔레스의 플라톤 비판에서처럼[11], 형상이 질료와 전적으로 다른 순수 형상이라면 이러한 형상은 질료와 관계할 수 없듯이, 인간이 자연과 전적으로 다른 존재라면 인간은 자연과 관계할 수 없다. 인간이 자연과 더불어 살아가는 존재인 한 인간과 자연의 유사성은 거부할 수 없는 인간의 조건이다. 동일성 철학은 유사성을 거부함으로써 주체와 객체를 철저히 분리된 것으로 상정하고 주체를 자족적인 것으로 고양시킨다. 정신의 고양을 위한 이러한 유사성의 거부가 주체를 경험할 수 없는 공허한 주체로 만들어버린다. 왜냐하면 경험을 통해서든 노동을 통해서든 자연과 관계해야 하는 주체가 더 이상 자연과 관계할 수 없는 것으로 가정되기 때문이다. 이러한 의미에서 주체와 객체가 거부할 수 없는 유사성을 가지는 한, 주체와 객체는 철저히 분리되거나 동일한 것이 아니라 분리되었지만 서로 관계하는 주체와 객체의 상호성으로 이해되어야 한다.

분리된 것의 유사성에 기초한 주체와 객체의 상호성은 객체를 규정하는 주체의 능동적 역할을 인정하는 동시에, 주체의 규정으로 완전히 환원되지 않는 비동일적인 객체의 '경험 구성적 역할'[12]을 인정한다는 것을 의미한

---

11 유사성을 가지는 것들은 철저히 분리될 수 없으며 그렇기 때문에 아리스토텔레스는 형상과 질료를 결합된 것으로 상정함으로써 플라톤의 이원론을 비판하고 운동의 원인을 설명한다. 아리스토텔레스에게 "'유사하다'고 불리는 것은 모든 측면에서 동일한 속성들을 가지는 것들, 다른 속성보다 동일한 속성을 더 많이 가지는 것들, 그것의 속성이 하나인 것들이다." Aristotle(tr. by W. D. Ross), *Metaphysica*, (Random House), 762쪽, 1018a15. 조대호 옮김, 『아리스토텔레스: 형이상학1』, 나남, 2012, 209쪽.

12 "그리고 파악될 때 비개념적인 것은 비동일적인 것의 개념이 된다. 그럼에도 비동일적인 것 자체가 단순히 그러한 반성 덕분에 개념이 되는 것은 아니다. 그것은 개념과 구분되는, 개

다. 경험에서 주체와 객체의 상호성은 다음과 같은 것을 의미한다. 첫째, 주체는 객체를 규정하는 능동적 역할을 하고, 둘째, 그럼에도 주체의 규정에 의해 전적으로 환원될 수 없는 비동일자가 있으며, 셋째, 이러한 비동일자에 대한 왜곡되지 않은 경험이 주체의 인식 장치인 개념을 운동하게 한다. 그렇지만 넷째, 개념이 본질적으로 자족적이지 않다 하더라도 부분적으로 비동일자를 드러나게 하기 위해서는 불충분한 개념에 의존할 수밖에 없기 때문에, 경험하고 규정하는 활동의 총괄인 주체와 경험되고 규정되는 비동일적인 객체의 상호작용은 불가피하다. 왜냐하면 사유와 동일하지 않은 것을 최종적으로 동일화할 수 없는 사유의 반복된 경험은 사유수단인 개념이 불충분하다는 것을 드러내며, 이러한 경험이 고정된 개념을 운동하게 하기 때문이다. 이러한 의미에서 개념이 자족적이라는 개념 물신주의는 붕괴된다. 즉 경험이 변함에 따라 개념도 변한다. 따라서 경험은 주체의 능동적 규정과 이러한 규정으로 환원되지 않는 객체의 상호작용이다.

경험이 변함에 따라 개념도 변한다는 것은 개념이 선험적인 것이 아니라는 것을 의미한다. 개념이 선험적으로 주어진 것이 아니라면 개념은 어떻게 가능한가? 아도르노는 칸트의 비판철학이 경험 가능성의 조건을 물었던 것처럼, 오히려 이러한 경험 가능성 조건의 가능성을 묻는다.13 즉 칸트가

념의 내용으로 머물러 있다. 우리는 개념의 논리적 운동으로부터 실존으로 이동할 수 없다. 헤겔에 따르면 마치 비개념적인 것, 비동일적인 것을 의식하기 위해 개념이 요구되는 것처럼 역으로 개념, 동일성이 존재하기 위해 비동일적인 것이 구성적으로 필요하다." Th. W. Adorno, DSH. 375쪽.

13 이러한 의미에서 아도르노의 인식비판은 메타비판이다. 메타비판은 칸트 비판철학에서 인식 규정을 가능하게 하는 조건이 범주로 사용되는 개념이라면, 이러한 개념의 가능성 조건을 묻는다. 이러한 아도르노의 작업이 『인식론에 대한 메타비판』이며, 이 책의 영어판 번역이 『인식론에 반하여』로 번역된 것은 포스트모더니즘이 유행하던 시절의 장삿속의 산물일 것이다. 아도르노에 따르면 칸트철학의 난점은 개념이라는 범주를 보편타당한 인식을 위해 순수한 것으로 정립함으로써 경험을 공허하게 만들어버린데 있다는 것이다. 오히려 범주로 사용되는 개념은 순수한 것이 아니라 개념의 대상과 얽혀 있으며, 이러한 개념은 대상 경험으로부터 형성된다.

인식경험의 가능성을 개념의 적용에서 성립한다고 주장했다면, 아도르노는 이러한 개념이 어떻게 가능한지를 묻는다. 개념이 순수하다는 칸트의 생각을 비판하는 아도르노는 오히려 경험을 가능하게 하는 개념이 경험에 의해 가능하게 된다고 생각한다. 개념은 선험적으로 주어진 것이 아니라 경험을 통해 발생한 것이다. 아도르노가 개념의 발생을 체계적으로 다루지 않았지만, 본서는 주체와 객체의 상호성을 정당화하기 위해 개념이 추상화를 통해 발생한 것이며, 그런 한에서 경험영역과 분리될 수 없다고 주장한다. 개념이 객체에 대한 경험들을 추상화함으로써 발생한 것이기 때문에 개념은 칸트처럼 순수한 것도 헤겔처럼 자족적인 것도 아니며, 불완전하고 불충분한 것이다. 더 나아가 개념화를 가능하게 하는 인간의 추상화 능력도 인간이 협력을 통해 노동하고 서로 관계하는 삶의 방식 속에서 발생적으로 획득된 것이다. 즉 인간의 추상화 능력은 교환의 실제 추상화를 통해 생성된 것이다. 왜냐하면 개념화와 개념의 분류를 통한 인식뿐 아니라 등가교환의 본질도 추상화이기 때문이다. 개념이 추상화를 통해 발생했다는 것은 다음과 같은 주장의 근거가 된다. 먼저 발생한 개념 자체는 순수한 것일 수도 자족적인 것일 수도 없다. 따라서 인간은 완전한 인식의 도구를 가지지 못하며 그렇기 때문에 완전한 인식을 할 수 없다. 다음으로 발생한 것이기 때문에 개념은 변화하며, 그런 한에서 역사성을 가진다. 개념이 속성상 불변성을 지향한다 하더라도 발생한 개념은 영원히 불변적인 것으로 고정될 수 없다. 마지막으로 개념이 경험을 통해 발생한 것이기에 개념은 경험의 객체와 유사성을 완전히 단절할 수 없다. 왜냐하면 발생한 것은 발생이 이루어진 영역과 완전히 분리될 수 없기 때문이다. 만일 그렇다면 개념이 인간 활동과 경험을 추상한 것인 한에서, 개념은 또한 경험에 의해 제약된다. 결국 개념적 인식이 어떤 것에 대한 인식인 한에서 인식경험은 객체를 매개하는 경험에 제약되며, 그 때문에 인식하는 주체는 경험의 객체에 의해 제약된다. 인식하는 주체에 의한 경험의 제약이 아니라 경험의 객체에 의한 인식의 제약이 아도르노가 말하는 **객체의 우선성**이다.

주체와 객체의 상호성으로서 경험 모델은 아도르노의 '객체의 우선성'이라는 주장과 얼핏 보기에 양립 불가능한 것처럼 보인다. 그러므로 본서의 과제는 오히려 '객체의 우선성'이라는 관점에서만 주체와 객체의 상호성으로서 경험 모델이 제대로 이해될 수 있음을 제시하고자 한다. 이를 위해 본서는 아도르노가 체계적으로 다루지 않았지만, 유사성에 기초한 환원되지 않은 경험을 인식경험에 제한하지 않고, 오히려 인식경험과 분리되지만 서로 관계하는 것으로 분석하려 하며, 더 나아가 인식에서 **경험의 매개적 역할**과 **경험의 우선성**을 통해 객체의 우선성을 정당화하려 한다. 이러한 시도는 아도르노의 비동일성 철학에서 크게 벗어난 것은 아닐 것이다. 오히려 그가 간과한 개념적 분류로 환원되지 않은 경험의 매개적 역할과 경험의 우선성에 대한 논증을 통해 그의 철학은 지적 직관이나 신비적인 것에 호소한다는 오해로부터 벗어날 수 있을 것이다. 합리적 인식과 상호작용하는 환원되지 않은 경험, 즉 교환될 수 없는 비동일자에 대한 비개념적 유사성으로서 미메시스적 경험은 예술에서 **미적 경험**(Ästhetische Erfahrung)을 통해 정당화된다. 왜냐하면 예술은 생산을 위한 생산의 합리성에 의해 추방된 미메시스 반응의 도피처이기 때문이며[14], 그럼에도 미적 경험 자체는 인간이 사유하며 소통하는 사회적 존재인 한에서만, 즉 동일성 원리에 기초한 합리적 인식방법에 대한 규정된 비판을 통해서만 가능하기 때문이다. 칸트의 말처럼 사회 없이는 '미'도 없다.[15] 주체와 객체가 분리되기 이전, 자연으로부터 거리두기가 가능하지 않은 단계에서는 역설적이게도 미메시스적 태도인 미적 경험은 가능하지 않으며, 따라서 예술도 가능하지 않다. 그러므로 '미'는 단순히 미메시스적 태도가 아니며 미적 경험은 미메시스적 반응방식으로 환원될 수 없다. 이러한 의미에서 '미'가 가능하기 위해서는 미메시스를 추방

---

14 Th. W. Adorno, ÄsT, 86, 94쪽.

15 I. Kant, *Kritik der Urteilskraft* (Felix Meiner: Hamburg, 1959), §41, 148쪽.

한 합리성이 불가피하게 요구된다. 왜냐하면 미적 경험은 교환 원리의 보편적 지배 속에서 너무나 당연한 것으로 간주되었던 보편적 인식을 뒤흔들어 버리는, 개념적 장치로 환원되지 않은 비동일성의 경험이기 때문이다.

　이와 같이 미적 경험이 가능하다는 것은 개념적 장치로 왜곡되고 환원되지 않은 경험이 가능하다는 것을 의미하고, 주관적 형식으로 환원되지 않은 비동일성의 경험이 가능하다는 것은 인식수단인 개념 자체가 불충분하다는 것을 의미하며, 나아가 이러한 불충분한 개념에 의존하는 동일성 원리의 모델인, 모든 것을 교환가치로 환원하는 교환적 합리성의 비합리성을 중언하는 것이다. 모든 것을 교환가치로 환원하려는 교환적 합리성과 마찬가지로 인식의 동일성 원리도 모든 것을 개념으로 환원할 수 있다고 주장하기 때문에, 교환될 수 없고 동일화될 수 없는 것에 대한 최소한의 경험도 동일성 원리 전체의 불충분성을 증명하기에 충분할 것이다. 따라서 미적 경험을 형상화하는 예술작품 자체는 비록 개념적이지 않다 하더라도 인식내용을 가지며 교환원리가 지배하는 비합리적인 사회에 대한 규정된 부정이다. 왜냐하면 생산을 위한 생산의 합리성이 범주적 장치로 환원되지 않은 경험을 추방하려 하지만, 비록 억압되고 은폐된다 하더라도 완전히 추방될 수 없는 예술에서의 미적 경험은 교환적 합리성의 비합리성과 동일성 인식판단의 불충분성을 증언하는 것이기 때문이다. 추상적 동일성 원리의 불충분성에 대한 비판적 의식을 통해 새롭고 그렇기 때문에 낯선 것의 경험이 가능한 한에서 인식과 경험은 상호작용한다. 인식과 경험이 끊임없이 상호작용하는 한에서 주체와 객체의 상호성은 '경험의 우선성'에 기초하며, 결국 이러한 경험의 우선성은 '객체의 우선성'을 의미한다. 경험이 객체의 우선성에 기초할 때 경험은 주관적 환원주의로부터 벗어나 중단 없는 변증법적 상호관계 속에서 왜곡되지 않을 것이며, 경험의 타자는 적대적인 것으로 배제되는 것 없이 존중될 수 있을 것이다. 이러한 의미에서 경험을 주체와 객체의 상호성으로서 이해하고 정당화하려는 본서는 동일성 원리의 불충분성과 적대적 성격을 드러내고 비판함으로써 건전한 동일성이 작동되도록 하려는 아도르노 철학의 우리시대 현실성을 논증하고, 이를 통해 적대적 관계가 지배하는 현대사회에서 인간과 자연, 인간과 인간의 상호 인정을 통한 존중과 배려의 윤리적·정치적 관계를 위한 실천적 연대에 기여할 것이다.

1
인간화의 조건으로서 동일성 원리

이 장에서 그리고 있는 것은 인간이 '진화했다'거나, 아니면 '창조되었다'와 같은 해묵은 논쟁을 다시 도입하려는 것이 아니며, 단순히 역사의 발전법칙을 읽어내려는 시도도 아니다. 인간이 창조되었는지, 진화했는지의 문제와 상관없이 인간의 자기의식이 발생했다는 것은 인간이 역사성을 지닌다는 것이다. 그러나 이것은 이러한 발생으로부터 인류가 따라야 할 보편적 역사법칙을 추론하려는 것이 아니라 역사와 분리될 수 있는 선험적 법칙이 있다는 것을 거부한다. 오히려 인류의 역사가 지금까지 진행되어왔던 방향과 다른 방식으로 전개될 수 있을 가능성을 열어 둔다는 점에서 역사법칙과 거리가 멀다. 인간의 자기의식이 발생했다는 것은 인간이 자기 충족적인 완전한 존재가 아니며, 그렇기 때문에 인간에게 역사는 인간 이해에 본질적이라는 것을 의미한다. 그렇지만 인간이 불충분하고 불완전한 존재라는 것은 단순히 염세적인 인간관이 아니라, 오히려 인간을 새로운 가능성과 새로운 경험에 열려 있는 존재로 파악하는 적극적이고 능동적인 인간이해이다.

반대로 타자와 상호성을 거부함으로써 이러한 가능성을 차단하는 자기 충족적인 독백론적 논리는 결국 인간을 타자와 관계할 수 없는 폐쇄적인 존재로 만들고 고립시킬 뿐이다. 인간이 불충분하며, 인간으로서 사유하고 존속하기 위해 타자와 타율적인 계기를 필요로 하는 유한한 존재임을 자각하고, 이를 통해 타자를 향해 자신을 열어놓음으로써 인간은 진정으로 무한하게 될 것이다. 즉 타자와 전적으로 분리될 수 없는 유사성을 가진 존재이기에 인간은 타자와 관계할 수 있고 타자를 향해 무한히 열려 있는 존재이다. 이러한 유사성의 거부를 통해 상호성을 부정하고 인간을 타자와 절대적으로 분리시킴으로써 타자에 대한 지배를 정당화하려는 계몽주의의 기획은 결국 인간을 어떤 것과도 관계할 수 없는 고립된 존재로 만들 뿐이다. 그러나 인간이 노동을 통해서든 사유를 통해서든 타자와 관계함으로써 인간화되었다는 것은 인간 자신이 관계하는 영역과 분리될 수 없다는 것을 의미한다. 따라서 인간과 자연의 상호성을 부정하고, 이를 통해 자연지배와 인간

지배를 정당화하려는 계몽주의 기획은 실패할 수밖에 없다. 이 장에서 인류학적 상상력을 통해 보여 주려하는 것은 바로 이러한 점이다.

1.1 인간화의 조건으로서 언어

생물학적 의미에서 인간이 창조되었든 진화했든 간에, 동물과의 종차로서 인간의 자기의식이 발생했다는 것은 분명한 것 같다. 자기의식이 발생하기 위해선 객체와의 관계 속에서 객체, 더 나아가 자신마저도 대상화해서 인식하고 사유할 수 있어야 한다. 인식과 사유는 언어를 수단으로 한다. 언어와 독립해서는 어떤 사유도 불가능하기 때문에 "사유는 언어에 부차적이다."[1] 인식과 사유를 통해 자기의식이 발생했기 때문에 자기의식의 발생은 언어사용을 전제해야 한다. 그러나 어떤 형태로든 관념론자들이 믿고 싶어 하듯 언어는 선험적으로 주어진 것이 아니라는 것 또한 분명하다. 언어가 인간에게 불변적으로 주어진 선험적인 것이라면 어떤 개념도 변화되지 않거나 개념의 의미 확장도 없었을 것이며, 처음부터 인간은 역사시대 속에 존재했을 것이다. 언어, 더욱이 추상적 개념어가 발생했다면 이러한 언어적 장치를 이용하여 인식하고 사유하며, 이를 통해 인식과 인식자를 관련시키는 맥락에서 자기의식도 발생했을 것이다. 이러한 사실이 인정된다면 자기의식을 가진 정신적 존재로서 인간도 발생했다는 것은 분명하다. 이것이 의미하는 것은 인간은 역사성을 가진다는 것이다. 다른 말로 인간은 발생했기 때문에 없어질 수도 있다[2]는 것이다. 그러나 우리의 논의에서 더욱 중요한 것은 자기의식의 발생과 더불어 자연계로부터 분리된 인간은 자연계로부터

---

1 한나 아렌트(이진우·태정호 옮김), 『인간의 조건』, 한길사, 1996, 77쪽.
2 물론 여기서 말하는 것은 생물학적 의미의 인간이 아니라 판단하고 추론하는 등의 의식 활동을 하는 존재자로서 인간을 의미한다.

완전히 분리될 수 없다는 것이다. 왜냐하면 인식과 노동을 통해 자연과 관계하면서 자연과 분리된 인간 정신은 자연과 관계하기 위해 자연과 공통적인 어떤 부분을 가져야 하기 때문이다. 만일 인간이 자연과 어떤 공통적인 부분을 가지지 않는다면 인간은 자연과 관계할 수 없다. 다른 말로 인간이 자연의 철저한 타자라면, 인간과 자연은 서로 관계할 수 없다. 역으로 인간이 자연과 관계한다는 것은 인간과 자연이 유사성을 가진다는 것을 의미한다. 이런 의미에서 정신의 순수성을 위해 외적 자연(여기에는 인간의 육체도 포함된다)을 통제하고 억압하며, 심지어 내적 자연을 내면화함으로써 자연과의 유사성을 거부해 온 서양의 전통철학은 기만적이다.

인류가 언제부터 언어를 사용했는지는 불분명하지만 최초의 언어는 기본적인 소통 언어로 시작되었을 것이며[3], 아직 인류는 추상적 개념을 사용하지 못했을 것이다. 인간이 언어를 사용할 수 있게 된 것은 협력해서 노동하고 서로 관계할 수밖에 없는 유적 존재였기 때문이라고 생각된다. 즉 인간은 근본적으로 개별적 존재가 아니라 유적 존재이고, 자신뿐 아니라 타자를 위해 협력하고 노동하는 사회적 존재이기 때문에 서로의 관계방식이 문제가 되며, 지금까지 인류의 가장 세련된 관계 수단인 언어를 필요로 했을 것이다.

---

[3] "약 5만 년 전까지만 해도 언어사용에 대한 어떤 증거도 없지만, 그러나 뇌의 신경구조는, 그 이전 즉 아마도 15만 년 전에 적절한 상태로 발달해 있었던 것 같지만 언어 능력은 어쨌든 최근의 변화이다. 무슨 원인인지, 생각건대 바이러스 외피와 같이 거의 완벽하게 작용하는 무엇인가로부터 물리적 과정을 통해 뇌의 어떤 재구성이 이루어졌고, 그것을 통하여 큰 뇌로 발전하였으며, 유기체적 진화과정에서 언어의 출현이 급격하게 이루어졌던 것으로 보인다." N. Chomsky(이두원 옮김), 『촘스키-자연과 언어에 관하여』, 도서출판 박이정, 2003, 8쪽. 언어능력의 발달은 인류의 역사에서 극히 최근의 산물이라 하더라도, 대뇌의 발달은 오랜 시간에 걸쳐 이루어졌다. 촘스키는 이러한 뇌의 신경구조의 변화가 어떤 원인에 의해 이루어졌는지 알 수 없다고 말하지만, 적어도 우리가 추리할 수 있는 것은 다른 포유류에 비해 열악한 생존조건을 가진 인류가 자연과 경쟁하면서 자신을 보존해왔던 방식에서 대뇌의 발달이 이루어졌을 것이라는 것이다. 즉 협력을 통한 노동과 도구의 사용.

자연은 낮은 단계에서도 개별화되지 않은 유기체로 충만하다. 최근의 생물학자들의 주장에 따르면 인간이 사실상 다른 생명체만큼 그렇게 많이 준비되지 않은 상태로 태어났다 하더라도, 아마도 그들은 일반적으로 협력했으며 기초적인 사회적 노동을 통해 삶을 유지할 수 있었을 것이다.[4]

자신을 보존하기 위해 협력하여 자연계의 다른 생명체와 경쟁할 수밖에 없는 존재로서 인간은 협력을 효과적으로 하기 위해 언어를 필요로 했을 것이다. 이런 의미에서 언어는 인간 활동, 더욱이 협력을 통한 노동과 분리될 수 없으며, 인식과 노동을 통해 형성된 인간 자아도 인식과 노동의 대상인 자연과 절대적으로 분리될 수 없다. 따라서 언어를 통해 이루어지는 인식활동도 노동활동과 전적으로 분리될 수 있는 것은 아니다. 아도르노가 인식론적 비판을 사회비판과 관련시키는 것은 인간의 인식활동이 협력을 통한 사회적 노동과 근본적으로 분리될 수 없기 때문이다. 인식의 도구인 개념 자체가 인간 활동을 통해 형성된 것이다.

언어는 처음에 위협이나 경계, 분노 등을 알리는 기본적 소통언어에서 점차 고도로 추상화된 개념적 언어로 발전했으며, 이를 통해 인간은 혼돈과 공포의 자연현상을 규정하고 질서지우며, 자신들의 사회적 노동을 발전시키면서 진화했다. 이러한 과정을 통해 이제 인간은 자신을 대상화해서 사유하고 반성하는 자기의식을 획득하게 된다. 자기의식의 발생은 인간사에서 가장 큰 전환이었다. 자기 자신을 반성의 대상으로 놓을 수 있는 인간은 다른 사람이나 자연과 경계를 만들고 그로부터 자신을 분리해서 사유하는 것이 가능하게 된다. 자연에서 독립된 인간은 외적 자연을 분리시키고 이를 정당화하기 위해 자신의 내적 자연을 내면화하려 한다. 자연과 분리된 인간은 외적 자연을 지배하기 위해 자신의 내적 자연을 지배할 수 있어야 하기

---

4 Th. W Adorno, *"Subjekt und Objekt"* Gesammelte Schriften Band 10 · 2, (Suhrkamp, 1977, 이하=SO로 약식 표기), 757쪽.

때문이다. 서양 철학의 인식론적·윤리적 영역에서 끊임없이 추구되어 온 정신의 순수성에 대한 요구는 이 점을 반영한다. 어떤 것이 다른 것을 지배하는 것이 정당화될 수 있기 위해서는 다른 것보다 우월해야 하며, 다른 것보다 우월하기 위해서는 다른 것과 공통적인 요소를 가지지 않아야 한다. 결국 지배의 정당성은 유사성의 거부를 통해 확보된다. 인간이 자연지배의 도구로서 발전시키고 고양시킨 것이 이성이었다. 왜냐하면 이성은 정신의 고유한 본질로서 자연의 작동 메커니즘과 다른 것이며, 그래서 맹목적 자연연관보다 우월한 것으로 간주되었기 때문이다. 이런 의미에서 이성은 자연지배의 도구로서의 성격을 지니고 있었으며, 서양의 합리성은 이러한 도구적 이성을 점차 고양시키고 강화시켜 온 역사이다. 아도르노는 『계몽의 변증법』을 통해 이러한 서양의 계몽의 역사를 자연지배의 역사로 기술한다. 플라톤 이래로 자연을 자신과 철저히 분리된 것으로 파악하려 했기 때문에 계몽의 역사는 분리된 것을 어느 한 쪽으로 환원하는 동일성 원리를 정당화하고 강화시켜 온 역사이다. "인류가 자신에 반해서조차 동일성의 우선성을 산출하도록 준비해야 하는 이루 말할 수 없는 노력을 기울인 이후에, 동일성의 우선성을 정복된 사태의 규정으로 만듦으로써 인류는 기뻐하고 자신의 승리를 만끽한다."[5] 그러나 이러한 동일성의 우선성을 통한 자연의 정복은 인간을 자신의 동일성 규정 이외에 어떤 것과도 관계할 수 없는 고독한 주체로 만들 뿐이다.

1.2 말과 사물의 분리, 그리고 지배

전통 서양철학은 왜 점차 주관주의적 경향을 가지게 되었는가? 호르크

---

5   Th. W. Adorno, ND. 151쪽.

하이머와 아도르노는 자연으로부터 인간의 분리과정, 즉 자기의식의 형성 과정에서 실마리를 발견한다.[6] 이들이 자아 형성을 추적하기 위해 채택한 인물은 오디세우스다. 이들이 오디세우스를 선택한 가장 큰 이유는 오디세우스가 이전의 신화 속에 등장하는 영웅과는 다른, 과거의 영웅이 우월한 능력자로서 그려진다면 호머가 이야기하는 오디세우스는 우월한 힘을 가진 능력자가 아니라 지식과 지혜를 사용하는 영웅이기 때문이다. 오디세우스는 이미 이전 시대와는 다른, 변화된 그 시대의 영웅적 인간상을 반영하고 있는 것이다. 그의 모험은 괴물을 힘이나 탁월한 능력으로 제압하는 것이 아니라 계략을 사용함으로써 매 순간 위험한 모험을 항해해 나간다. 그가 신화적 위협을 극복하는 방법이 지식과 책략을 사용한다는 점에서, 그는 이미 베이컨의 '지식이 힘이다'는 것을 구현하고 있는 계몽된 현대인의 시초를 암시하고 있다. 푸코의 『말과 사물』에 등장하는 돈키호테가 말과 사물의 분리가 완전히 실현된 시대에(17세기[7]), 말과 사물의 유사성을 붙잡고 있는 마

---

[6] 자신을 보존하기 위해 협력하여 자연계의 다른 생명체와 경쟁할 수밖에 없는 존재로서 인간은 협력을 효과적으로 하기 위해 언어를 필요로 했으며 이러한 언어 사용을 통해 대상을 규정하는 과정에서 자기의식이 발생했다고 생각된다. 이러한 의미에서 아도르노는 개체의 발생보다 유의 선차성을 주장하고 있으며, 인간을 유적 존재로 파악한다는 점에서 마르크스를 충실히 따르고 있다(상세한 논의는 5장에서 다루어질 것이다). 그럼에도 유가 실체화되어서는 안 되며, 유의 선차성은 유와 개별자의 변증법적 관계 속에서 파악되어야 된다.

[7] 세르반테스의 『돈키호테』가 발표된 17세기는 철학사에서 말과 사물이 완전히 분리된 시기이다. 이후 이러한 분리를 철학적으로 정당화하려는 경험주의자 흄은 감각이 순수하게 외부에서 주어지거나 외부의 수동적 반영이 아니라 정신의 주관적 번역이라고 생각한 점에서는 옳았지만, 감각을 주관적 번역으로 환원함으로써 감각의 육체적 계기를 배제해버리고 관념화시켜버렸다. 관념론이 해결하는데 가장 곤혹스러워했던 감각을 주관화시켰다는 점에서 이 시기는 서양 철학사에서 본격적으로 선험적 '주체' 문제를 다루기 시작한 시기였으며, 계몽주의의 완성자인 칸트와 헤겔을 준비한 시대였다. 아도르노는 한 걸음 더 나아가 이러한 주관주의적 경향은 우연한 결과라 생각하지 않는다. 그는 이러한 경향을 당시의 자본주의의 발전과 더불어 교환 원리의 보편적 확장을 이론적으로 반영한 결과라 생각한다. 마치 교환가치를 통해 모든 행위와 사물을 교환 가능한 것으로 규정하는 것처럼, 이론은 개념이라는 범주적 단위로 모든 이론의 대상을 교환 가능한 것으로 규정해버린다. 아도르노는 이러한 생각을 구체적으로 체계화하지 않았지만, 그가 서양의 계몽주의 역사를 교환 원리의 발달과 결합된 것으로 파악한다는 것은 분명하다. 계몽주의적 이성의 양화경향과 도

지막 인물이라면, 오디세우스는 말과 사물의 완전한 분리를, 따라서 서양 문명의 전체 방향을 암시하는 문헌 속에 등장하는 최초의 주인공이다.

외눈박이 괴물 폴리페모스에게 붙잡힌 오디세우스가 탈출하기 위해 사용한 책략은 폴리페모스가 포도주를 대접 받은 보은으로 마지막에 잡아먹을 것을 약속하며 이름을 물었을 때 '우데이스'(Udeis)라고 대답한 것이다. 우데이스는 영웅이라는 뜻과 '아무도 아니다'라는 뜻을 지닌다.[8] 오디세우스 일행이 탈출한 것을 눈치 채고 너무나 분개한 폴리페모스가 울부짖을 때, 이 소리를 듣고 도와주기 위해 달려온 동료들이 '누가 그랬는지'를 그에게 물었다. 폴리페모스의 대답은 '우데이스가 그랬다'였다. 그의 동료들은 폴리페모스가 미쳤다고 생각하고 돌아갔지만, 호르크하이머와 아도르노는 이 대목에서 이름과 그 이름의 지시물의 분리에 주목한다.[9] 이들에 따르면 오

구화는 어떤 의미에서는 거래방식과 무역이 특별히 발달한 서구 문명의 특징과 연관해서 생각해 볼 수도 있을 것이다. 이는 질적으로 다른 것을 양적으로 동등한 것으로 규정하는 교환 원리에 바탕을 둔 서양의 목적합리성의 고유한 특징을 이룬다. 자세한 논의는 2장에서 다루어질 것이다.

8   M. Horkheimer/Th. W. Adorno, *Dialektik der Aufklärung*, Gesammelte Schriften Bd. 3(Ffm.: Suhrkamp, 1984, 이하=DA로 약식 표기) 79쪽 참조. 이 책의 번역서로는 김유동 옮김, 『계몽의 변증법』, (문예출판사, 1995) 98쪽. 필요한 경우를 제외하고는 김유동의 번역을 따랐으며, 인용은 원문 쪽수와 이어 번역본 쪽수를 표기함.

9   자연과의 유사성이 지배한 시대에 '이름'은 그것이 지시하는 대상과 완전히 분리된 것이 아니라 그 대상과의 유사성을 지닌다. 따라서 기호로서의 언어와 상으로서의 언어는 완전히 분리되지 않았다. 케빈 코스트너 감독의 1990년 작품인 「늑대와 춤을」이라는 영화는 말과 사물의 유사성이 지배한 시대의 이름이 지닌 특징을 잘 보여준다. '늑대와 춤을'이라는 제목 자체가 남자 주인공의 이름이며, 이 이름은 자신들의 영역에 들어온 백인 주인공이 늑대와 춤을 추고 있는 모습을 보고 인디언이 붙인 이름이다. 부모를 잃고 피 묻은 두 손을 움켜쥐고 일어난 소녀에게 인디언들은 '주먹 쥐고 일어서'라는 이름을 붙였다. 부족의 가장 용감한 용사는 '머리 속의 바람'이다. 얼마나 용감했으면 머리에 바람이 들어 머리가 텅 빈 것처럼 아무 생각이 없는 듯 용감할 수 있을까? 아마도 이 시기에 언어는 그 지시대상을 추상적 규정으로 완전히 환원하는 것이 아니라 하나의 사건처럼 포착된 사물의 특징을 드러내는 언어였을 것이다. 반대로 사물과의 유사성을 단절해버린 오늘날의 이름은 그 자체 추상적 기호가 되었으며, 이름을 통해 그 이름이 지시하는 것을 이해하는 것은 불가능하게 되었다. 주변 사람의 이름과 그들의 유사성을 생각해보라.

디세우스는 이름이 그 지시물에 제한되지 않으며 분리될 수 있다는 것을 파악한 최초의 인물이었다. 반면에 폴리페모스는 말과 사물이 분리되지 않은 전시대 인물이다. 따라서 그는 '우데이스'란 이름과 오디세우스 자체를 분리해서 생각하지 못한다. 말과 사물을 분리해서 이해하는 계몽된 오디세우스의 책략은 바로 이 점을 이용한다.

    그는 이름과 이름의 지시대상 간의 유사성을 거부함으로써 지시대상으로서 객체를 규정하는 이름의 우월성을 이해한 것이다. 이는 말을 통해 사물을 규정하는 능력자로서 주체의 우월성을 의미한다. 인간의 자연지배가 정당화되기 위해서는 자연을 규정하는 말이 자연적인 것보다 우월해야 하며, 이러한 우월성이 가능하려면 말은 사물과 공유된 어떤 것을 가져서는 안 된다. 말과 사물은 철저히 분리된 것이어야 한다. 이러한 분리를 통해 말은 충분하고 자족적인 것으로 고양된다. 이제 사물의 의미는 사물 자체가 아니라 그것을 규정하는 말을 통해 획득된다. 이러한 논리가 주관주의적 방향[10]이다. 즉 언어는, 특히 가장 추상적인 개념은 그것의 지시물을 남김없이 전적으로 규정할 수 있고, 이러한 개념을 사유수단으로 사용하는 주체의 보편적 규정으로 객체가 완전히 환원된다는 것이 주관주의이다. 이러한 의미에서 주관주의의 전제는 개념의 충분성과 자족성이며 그런 한에서 주관주의는 개념 신화에 기초한다.

    자연으로부터 분리된 자아가 외적 자연을 지배하기 위해서는 내적 자

---

10 하버마스는 호르크하이머와 아도르노가 역사철학을 끌어들인다고 비판한다. "호르크하이머와 아도르노는 도구적 이성을 세계사적 문명화과정 전체의 범주로 확장할 수밖에 없다. 즉 그들은 물화과정을 근대 자본주의의 시작 배후로 거슬러 올라가 인간화의 시작에로 투사한다." Jürgen Habermas(tr. by Thomas McCarthy), *The Theory of Communicative Action vol 1*, (Beacon Press, 1984), 366쪽. 그러나 아도르노는 도구적 이성의 동일성 원리의 보편적 확장을 역사의 보편적 법칙으로 상정하지 않는다. 인간의 사유와 사회구성을 위해 동일성 원리가 필요하다 하더라도, 적대적 동일성 원리의 보편적 지배가 반드시 인류가 따라야 할 방향이라고 믿지 않는다. 다른 말로 역사는 다른 방식, 즉 적대적 동일성 원리가 전지구적으로 확장되지 않는 방식으로 발전할 수도 있었을 것이다.

연을 지배할 수 있어야 한다. 왜냐하면 철저히 분리된 순수한 정신 속에 육체적인 계기인 충동이나 욕망이 섞여 있다면, 정신은 자연의 타율성을 따라야하고 그 때문에 자연에 대한 지배가 정당화될 수 없기 때문이다.[11] 이런 점에서 도덕성을 정당화하려는 계몽주의 기획은 정신의 자율성을 정당화하기 위해 정신 속에 있는 타율적 계기를 정화시키려 한다. 완전히 정화된 자율적 주체는 진정한(?) 자유를 획득한다. 주체는 자신 속에 있는 타자의 모든 계기를 제거했기 때문에 어떤 관계해야 할 타자를 필요로 하지 않는 절대(絶對)의 자유를 획득한다. 그러나 주체가 절대의 자유를 획득하자마자, 주체는 마치 고립된 섬에 홀로 고립된 사람처럼 고독한 주체가 된다. 왜냐하면 마주해서 관계해야할 타자를 끊어버린 절대자유는 절대고독이기 때문이다. 말을 통해 말의 지시물을 완전히 규정할 수 있고 이를 통해 말의 규정적 독립성을 획득함으로써, 말 바깥에 어떤 것도 남겨두지 않으려는 계몽주의적 기획의 목적이 바로 고독한 절대적 자유이다. 따라서 이러한 자유의 이념을 발전시키면 시킬수록 인간이 그만큼 더 고독해지는 것은 우연이 아닐 것이다. 적어도 이념적으로는 무한한 정치적 자유를 가진 오늘날 인간은 현실적으로는 더욱 무기력하고 고독해진다. 역설적이게도 진정한 자유는 제거된 타율적 계기를 필요로 한다. 강제된 타율적인 것에 대한 저항이 진정한 자유일 것이다.

이러한 연관을 분석하기 위해 호르크하이머와 아도르노가 주목한 것은 『오디세이』의 12장에 나오는 사이렌이야기이다. 키르케의 경고를 들은 오

---

[11] 주관주의의 관점에 따르면, 플라톤 사상은 미숙하다. 그는 이성의 조정과 통제를 통해서라 하더라도 영혼 속에 이성과 욕망의 조화를 꿈꾸기 때문이다. 그러나 이미 플라톤에게서부터 육체는 영혼의 감옥이며 욕망은 이성에 의해 통제되어야 할 것이다. 근대의 주관적 관념론자들은 충동이나 욕망마저도 언어화함으로써 정신화시켜버렸다. 이런 관점에서 본다면 하버마스도 관념론적이다. "그는 욕구나 욕망이 언어적으로 표현될 수 있다는 사실로부터 욕망이 언어적이라고 잘못 추리한다." Deborah Cook, *Adorno, Habermas, and the Search for a Rational Society*, (Routledge, 2004), 89쪽.

디세우스는 자신의 호기심을 충족시키기 위해 하나의 계책을 마련한다. 선원들에게 밀랍으로 귀를 막고 노를 젓게 한 다음, 자신은 돛대에 몸을 묶고 사이렌의 노래를 듣는 것이다. 자신의 지적 호기심을 충족시키기 위해 자신의 몸을 속박하는 행위는 외적 자연을 통제하기 위해 외적 자연과 유사한 내적 자연의 통제를 상징한다. 몸과 관련된 내적 자연인 충동이나 욕망의 지배는 외적 자연에 속하는 영역을 지배하기 위한 정당화이다.

> 계급역사 속에서 희생에 대한 적대감은 자아의 희생도 포함하고 있다. 왜냐하면 외부의 자연과 다른 인간들을 지배하기 위한 자아의 적대감은 인간 내부에 있는 자연도 부정해야 하는 대가를 치러야 하기 때문이다.[12]

이러한 지배원리는 지배하는 쪽이 지배당하는 쪽보다 우월해야 한다는 것이다. 반대로 피지배자(그것이 자연이든 다른 사람이든)는 열등하고 하찮은 것이어야 한다. 왜냐하면 열등하고 하찮은 것을 통제하고 지배하는 것은 그 자체로 지배의 정당성을 획득하기 때문이다.

> 잡혀 먹혀야 될 생명체는 나쁜 것이어야 한다. 이러한 인류학적 도식은 인식이론으로까지 승화되었다. 관념론에서 비아, 결국 자연을 상기시키는 모든 것이 하찮은 것이라는 이데올로기가 무의식적으로 지배한다. 이러한 점은 피히테에게서 가장 명백하게 나타난다. 이는 자기 보존적 사유의 통일이 안심하고 그러한 것을 집어삼키도록 하기 위해서다.[13]

지배를 정당화하기 위해 항상 지배자는 피지배자와 유사한 것이어서는 안 되며, 반면에 피지배자는 열등하고 하찮은 것이라는 인류학적 도식은 인식론뿐만 아니라 사회지배에도 침투한다. 역사적으로 고찰한다면, 항상 승자

---

12   M. Horkheimer/Th. W. Adorno, DA. 72. 90-91쪽.
13   Th. W. Adorno, ND. 33쪽.

들은 고상하고 덕이 있으며 정의로운 존재이기 때문에 그들의 승리는 정당한 것이지만, 반면에 패배자들은 천박하고 부도덕하며 정의롭지 못하고 심지어는 광기에 사로잡혀 있기 때문에 그들의 패배는 당연한 것이었다. 역사에서 많은 패배자들이 광기에 사로잡혀 있고, 색을 즐기고 살인을 밥 먹듯이 하며, 백성들을 도탄에 빠뜨리는 미친 자들로 기록되는 것은 우연이 아니다. 이러한 정도로 외적 자연에 대한 지배는 내적 자연의 억압과 다른 인간의 지배와 얽혀 있다. 즉 자연지배와 사회지배는 서로 얽혀있다.

이러한 의미에서 유사성의 거부를 통한 자연지배와 사회지배의 정당화는 이중적으로 이루어진다. 즉 타자의 희생과 자기희생. 오디세우스의 명령에 따라 귀를 밀랍으로 봉인하고 노만 젓는 선원들은 사이렌의 노래뿐 아니라 오디세우스의 비명소리도 들을 수 없다. 피지배자는 육체적 본능뿐 아니라 자신의 지적 호기심도 억압당해야 된다. 왜냐하면 피지배자가 지적 호기심을 충족시킨다면 지배자는 더 이상 피지배자에 대한 자신의 우월성을 가지지 못할 것이기 때문이다. 뿐만 아니라 지배자는 자신의 지적 호기심을 충족시키고 이를 통해 타자와 자연 지배를 정당화하기 위해 자신의 내적 자연, 즉 충동과 욕망을 억압해야 한다. 마치 오디세우스가 사이렌의 노래를 듣기 위해 자신의 몸을 돛대에 묶은 것처럼, "시민적 개인의 탄생은 자기 내부의 자연을 희생시킴으로써 타자를 지배하는 것이다. 이것이 계몽된 개인이 기꺼이 감내하는 두 번째 희생이면서, 동시에 희생의 본질을 형성한다."[14] 결국 자연의 맹목적인 강제로부터의 자유는 강제를 제거하는 것이 아니다. 대신에 그것은 "맹목적인 사회적·심리적 강제와 더불어 획득된다. 즉 자연에 대한 지배는 사회적 지배의 자연화와 더불어 획득된다."[15] 자연을 지배하기 위해 자연과 유사한 것을 단절해야 하는 지배의 원리는 다른 사람을 지배하기 위해서도 다른 사람과 유사한 것이어서는 안 되고 우월해야 한다는

---

14 박구용, 『우리안의 타자: 인권과 인정의 철학적 담론』, 철학과현실사, 2003, 58쪽.
15 Simon Jarvis, *Adorno: A Critical Introduction*, (Polity Press, 1998), 27쪽.

사회적 지배를 반영하고 이를 정당화한다. 유사성의 거부를 통한 "계급지배는 노동 분업과 더불어, 특히 정신노동과 육체노동의 분리와 더불어 나타난다."16 이런 관점에서 본다면 사적 소유가 형성되기 이전에 이미 지배는 존재했었다. 따라서 사적 소유의 폐기가 지배의 종식이 될 수 없을 것이다. 오히려 지배의 종식은 적대적 분리의 폐기일 것이다. 말과 사물, 인간과 자연, 인간과 인간 사이의 적대적 분리가 존속하는 한 적대적 지배관계는 지속될 것이다.

그러나 외적 자연을 지배하기 위해 내적 자연마저도 통제하고 관리하는 자연지배 도구로서의 이성과 자연의 단절은 완전한 것이 아니다. 오히려 "정신은 스스로를 즉위시킨 것, 즉 순수하게 초월적인 것이거나 타자가 아니라 자연사의 일부"17이다. "이성은 인간이 적대적인 것으로 지각된 환경을 다루는 과정에서 진화하지만,"18 그러나 자연지배 도구로서 이성의 진화는 자연과의 유사성을 끊을 수 없으며, 이러한 유사성의 거부가 계몽주의의 환상이다.19 왜냐하면 자연과의 유사성을 단절한 이성은 타자로부터 정화된 순수성을 획득할 수 있지만, 순수한 이성은 더 이상 타자와 관계할 수 없는 고독하고 무기력한 이성이 될 것이기 때문이다. 그 자신이 자연의 일부면서 자연 속에서 살아갈 수밖에 없는 인간은 자연과 완전히 단절할 수 없다. 살아 있는 인간은 자연과 단절할 수 없다. 오직 죽은 자만이 자연과 완전히 단절할 수 있다. 따라서 자연사와 인간사의 단절을 주장하는 것은 살

---

16 같은 책, 28쪽.
17 Th. W. Adorno, *"Fortschritt," Kulturkritik und Gesellschaft1*, Gesammelte Schriften Bd. 10 · 2(Ffm, 1977), 633쪽.
18 Deborah Cook, *Adorno, Habermas, and the Search for a Rational Society*, (Routledge, 2004), 79쪽.
19 유사성의 거부를 통해 "자연지배와 사회지배의 분리를 고정시키는 것은 사회와 자연이라는 범주들 자체의 분리를 고정시키는 것이다." Simon Jarvis, *Adorno: A Critical Introduction*, (Polity Press, 1998), 35-36쪽. 이러한 분리를 통해 인간의 자연지배와 자연파괴는 정당성을 확보하지만 자신의 삶의 조건인 자연의 파괴는 결국 인간의 생존을 위협한다.

아 있는 인간을 죽은 인간으로 만드는 것이다. "자연에 대한 진보적 지배의 역사인 인간사는 먹고 먹히는 무의식적 자연사를 계속한다."[20] 그러한 정도로 자연지배와 사회지배는 서로 얽혀 있다.

인간과 자연의 유사성의 거부가 정당화될 수 없는 것은 아리스토텔레스가 플라톤의 이데아론을 비판한 것처럼 그 자체 논리적 모순이기 때문이다. 어떤 것이 다른 것과 관계하기 위해 어떤 것과 다른 것은 전적으로 다른 것이어서는 안 된다. 마치 형상이 질료와 전적으로 다른 순수 형상이라면 이러한 형상은 질료와 관계할 수 없는 것처럼, 정신이 그 타자인 물질과 전적으로 다른 것이라면 이러한 자아는 경험할 수 없다. 이 문제는 근대 데카르트에서도 되풀이된다. 정신과 물질이 모두 실체라는 주장은 정신과 물질이 전적으로 독립되어 있다는 것이고, 이렇게 전적으로 독립된 두 실체는 서로 관계할 수 없다. 이는 데카르트 철학의 이율배반이다. 결국 객체라는 전적으로 분리된 계기를 주체의 규정 능력이나 의식의 산출로 환원시키는 주관적 관념론은 이와 같은 철저한 이분법에 기초한다. 이러한 철저한 분리를 통해 객체에 대한 규정하는 주체의 지배는 정당화된다.

아도르노 사상의 소박하지만 가장 강력한 유물론적 경향은 인간과 자연의 단절할 수 없는 유사성에 있다. 인간과 자연이 관계한다는 것은 인간과 자연이 전적으로 독립된 것이 아닐 때만 가능하다. 우리가 자연의 일부이기 때문에, 원리상 자연과 우리 자신을 화해시키는 것이 가능하며, 이러한 화해는 우리와 자연의 유사성을 존중함으로써만 가능하다. 인간이 자연을 지배하기 위해 자연과의 모든 유사성을 단절하려는 지난한 노력이 이성의 발전사이며, 계몽의 역사이다. 이러한 "이성과 자연의 단절이 이성의 환상이다."[21] 마르크스의 말대로 인간사와 자연사의 관계는 인간이 자연의 일부인 한 전적으로 분리될 수 없는 변증법적 관계이다.[22] 그러나 유사성을 주

---

20 Th. W. Adorno, ND. 348-349쪽.

21 J. M. Bernstein, *Adorno: Disenchantment and Ethics*, (Cambridge, 2001), 292쪽.

장하는 것이 인간과 자연의 분리되지 않은 상태를 불러내려는 시도는 아니다. 왜냐하면 철저한 분리 상태에서는 어떤 '관계'도 형성될 수 없는 만큼, 분리되지 않은 동일한 상태에서도 '관계'가 성립할 수 없기 때문이다. 분리된 것의 유사성은 '관계'가 형성될 수 있는 근본 조건이다. "역사가 이성과 실재의 동일성을 보증해주지 않는다. 오히려 역사는 주체와 객체, 인간과 자연 사이의 공간 속에서 전개된다. 그러한 것들의 비동일성이 역사의 동력이다."[23] 인간이 자연으로부터 비동일적인 것으로 분리되었지만 자연과의 유사성을 가지는 한에서, 인간과 자연은 서로 의존하며 서로를 통해 구성된다. 이러한 인간과 자연의 적대적이지 않은 상호 의존관계는 인간과 인간 간에도 관철된다. 즉 나와 다른 사람을 자연을 지배하기 위한 도구로서가 아니라 상호 협력해야 하는 타자로 인정함으로써 인간과 인간 사이에 적대적이지 않은 연대성을 형성할 수 있을 것이다.

1.3 언어의 이중적 성격

사람들이 믿고 싶어 하듯, 아도르노가 범주로서의 개념을 다루는데 많은 부분을 할애한 것이 사실이라 하더라도, 언어의 논증적 차원만을 강조하여 개념 분석에만 집중한 것은 아니다.[24] 그가 논증 중심의 사유방식을 비판하는 것은 이러한 사고 유형이 근대 이후의 계몽주의적 합리성과 결합하고,

---

22 K. Marx and F. Engels, *The German Ideology*, (Progress Publishers, Moscow, 1976), 34쪽 참조. 자세한 논의는 7장 참조.
23 Susan Buck-Morss, *The Origin of Negative Dialectics*, (The Harvester Press, 1977), 47쪽.
24 "호헨달은 아도르노가 개념 철학을 위해 언어 철학을 무시한다는 단순한 견해를 수정하고자 한다…… 아도르노에게 말은 언어와 물질적 역사가 만나는 지점이다." M. Pensky, *The Actuality of Adorno: Critical Essays on Adorno and the Postmodern*, (State University of New York, 1997), 15쪽.

과학적 분류 중심의 합리성을 정당화하기 때문이다. 특히 아도르노가 범주로 사용되는 개념의 분류적 성격이 가지는 추상화를 비판적으로 검토하는 것은 경험과 경험대상을 추상화시켜버림으로써 비개념적인 것을 배제시키는 동일성 논리의 폭력성을 비판하려는 것이다. 이를 통해 그는 배제되고 추방된 경험의 미메시스적 요소가 분류적 사유로부터 전적으로 분리될 수 없으며, 이러한 분리가 경험과 사유를 공허하게 할 것이라고 주장한다. 아도르노가 생각하기에 진정 언어가 언어로 사용되는 곳에서 언어는 분류적 사유에 제한되지 않는다. 언어는 합리성의 길 위에서 미메시스적 요소를 상실했지만, 그럼에도 이러한 상실은 완전한 것이 아니며 여전히 언어는 논증적 요소와 미메시스적 요소라는 이중적 성격을 가진다.

> 기호로서 언어는 자연을 인식하기 위해 계산을 따라야 하며 자연과 유사해지려는 요구를 포기해야 한다. 반면에 상(Bild)으로서 언어는 완전히 자연이 되기 위해 모사(Abbild)에 몰두해야 하며, 자연을 인식하려는 요구를 포기해야 한다.[25]

만일에 과학적 합리성의 발달과 더불어 기호로서 언어와 상으로서 언어의 분리가 철저한 것이고 상으로서 언어가 예술영역으로 완전히 추방된다면, 논증으로서 언어는 언어의 의미내용을 상실하고 기호와 기호의 공허한 논리적 놀이에 그칠 것이다. 진정으로 진리와 관계하는 언어는 이 두 요소들의 상호작용이고 놀이여야 한다. 왜냐하면 진정으로 객체에 대한 왜곡되지 않은 경험은 기호로서의 언어로 환원될 수 없기 때문이다.

고대 그리스에서 예술과 기술 모두를 의미했던 '테크네'(Techne)는 그리스가 로마로 통합된 이후 '아르스'(Ars)로 번역되었으며, 이 아르스가 나중에 '예술'(Art)이 되었다. 이 과정에서 테크네가 가졌던 두 요소인 예술과 기술은

---

25 M. Horkheimer/Th. W. Adorno, DA. 34, 44쪽.

분리되어 기술에서 예술은 완전히 떨어져 나가게 되었다.[26] 현대사회에서 미메시스적 존재인 예술은 일부 합리적이지 않은(?) 예술가들의 전유물이 되었으며, 자본과 결합된 기술은 현대사회의 지배적 합리성이 되었다. 왜냐하면 예술과 분리된 기술은 기능성과 효율성만을 추구하며 생산력의 발달에 결정적으로 공헌하기 때문이다. 어떤 것도 기술의 진보에 방해 되는 것은 비합리적인 것이며, 이러한 과학기술의 진보를 통해 증식하는 자본에 위배되는 것은 추방되어야 한다. "서로로부터 고립된 예술과 과학의 원리들은 진리의 해체를 가속화시킬 것이다."[27] 더 이상 진리와 관계하지 않는 오직 생산을 위한 생산에만 기여하는 기술적 합리성은 자연을 조작 가능한 재료로 처리함으로써 자연을 황폐화시켜버리고, 자연과 관계하는 인간마저도 거대한 합리적 기능체계의 부품으로 전락시켜버린다. 왜냐하면 살아 있는 것을 위한 생산이 아니라 생산 자체가 절대적 목적인 생산의 합리성은 생산을 무한히 확장하여 모든 것을 상품화할 것이기 때문이다. 이제 더 이상 지구에는 상품화되지 않은 것은 없다. 모든 것은 시장에서 교환된다. 역으로 시장에서 벗어난 것은 무가치한 것이며 무시되고 배제되어야 할 것이다.

하버마스는 아도르노가 언어적 전회를 하지 못했다고 불평한다. 그는 아도르노가 시대착오적인 의식철학의 패러다임에 집착한 나머지 상호 주관적 의사소통이 그 자체 합리성을 띠고 있다는 역동적 의미를 이해하는데 실

---

26 그리스에서 '테크네'는 단순히 생산을 위한 생산의 기술을 의미하지 않았다. 기술이 예술적 성취를 이루었을 때 기술자는 자신의 기능을 완전히 발휘한 것이며, 자신의 덕을 드러내는 활동을 한 것이다. 이런 측면에서 테크네는 기술자의 덕이다. 전통적으로 동양에서도 기술은 단순히 효율성을 극대화하는 것이 아니었다. 청자를 만드는 도공은 자신이 빚은 도자기가 도자기로서의 기능을 갖추었다 하더라도 예술성이 떨어지면 파괴했다. 그는 단순히 기술을 효율적 생산에 기여하는 것으로 제한하지 않았던 것이다. 이와 같이 예술과 결합된 기술은 서구의 기술적 합리성이 수입되면서 점차 생산을 위한 기술로 변질되었다. 미야자키 하야오의 영화 「모노노케 히메」는 가장 먼저 서양의 기술공학적 합리성을 받아들인 일본에서 자연이 단순히 생산을 위한 생산에 공헌하는 기술의 조작대상으로 전락함으로써 자연이 황폐화됨에 따라 인간이 황폐화되는 과정을 극적으로 보여준다.

27 M. Horkheimer/Th. W. Adorno, DA. 34, 44쪽.

패했다고 주장한다.[28] 그러나 오히려 아도르노의 입장에서 본다면 언어의 미메시스적 계기가 언어의 합리적 계기로 통합됨으로써 결국 배제된다는 점에서 의사소통이론은 비판받을 수 있다. 왜냐하면 하버마스의 생각과는 반대로 미메시스적 요소는 합리적 요소와 통일될 수 없기 때문이다.[29] 언어는 단순히 의사소통의 수단이 아니다. 즉 언어는 분류적 요소와 미메시스적 요소라는 이중적 성격을 가지며, 따라서 의사소통 수단으로서의 기능과 예술적 표현으로서의 기능을 가진다.[30] 그러나 의사소통이론은 명시적으로 규정되고 표현될 수 없는 미메시스적 요소를 상호이해와 동의에 도달하는 것을 목적으로 하는 의사소통적 행위를 통해 통합함으로써, 언어의 이중적 성격을 논증적 차원으로 환원시켜버린다. 왜냐하면 소통 당사자들을 설득하기 위해 혹은 화자의 주장이 타당한지를 요구하기 위해 논증 중심적일 수밖에 없는 의사소통이론은 명제로 증류될 수 없는 언어의 미메시스적 차원을 배제해야 하기 때문이다. 그렇지 않으면 대화를 통한 합의는 불가능하거

---

[28] Jürgen Habermas(tr. by Thomas McCarthy), *The Theory of Communicative Action vol 1*, (Beacon Press, 1984), 389-390쪽 참조. 이어 하버마스는 다음과 같이 주장한다. "그러나 우리가 언어철학적 패러다임, 즉 상호이해나 의사소통을 위해 의식철학의 패러다임-객체를 표상하고 객체와 분투하는 주체-을 포기하고, 그리고 더욱 포괄적인 의사소통적 합리성의 부분으로서 고유한 장소 속에 이성의 인식적·도구적 측면을 포함한다면, 미메시스적 실행의 합리적 핵심이 드러날 수 있을 것이다." 같은 책, 390쪽.

[29] 하버마스는 언어의 토대 속에 미메시스적 요소와 합리적 요소가 통일을 이룬다고 생각한다. 그는 "미메시스적 요소들이 이미 언어적 상호이해의 일상실천 속에 들어 있으며, 예술에서 비로소 찾을 수 있는 것이 아니다"라고 생각한다. J. Habermas(이진우·박미애 옮김), 『새로운 불투명성』, 문예출판사, 1995, 253쪽.

[30] Peter Uwe Hohendal, *"Adorno: The Discourse of Philosophy and the Problem of Language"*, *The Actuality of Adorno: Critical Essays on Adorno and the Postmodern*, (State University of New York, 1997), 77쪽 참조. 아도르노가 소통수단으로서의 언어와 예술적 언어를 구별하지만, 이러한 분리를 철저하게 분리된 것으로 간주하는 것은 아니다. 반면에 의사소통이론에서 제기하는 생활세계에서의 의사소통적 행위를 통한 예술적 표현으로서 언어, 즉 미메시스적 요소와 소통수단으로서 언어의 통합은 결국 언어의 미메시스적 요소를 추방한 것이다. 왜냐하면 언어의 미메시스적 요소는 소통수단의 언어로 환원될 수 없기 때문이다.

나 정당성을 확보할 수 없을 것이다. "개념과 범주가 사유를 전달하는 양식으로 필요하다는 것을 진리 개념에 결정적인 것으로 받아들이는 것은 개념적으로 매개된 의사소통을 언어적으로 매개된 의사소통과 융합하는 것이고, 더욱 중요하게는 사유 자체를 위해 '전언어적'이거나 비동일적인 요소의 중요성을 배제하는 것이다."[31] 의사소통을 위한 언어적 전회는 결국 사태의 표현으로서의 언어를 논증적 언어로 환원함으로써 언어를 언어로 만드는 비개념적이고 비동일적인 것을 배제하는 동일성 원리에 기초하고 있는 것이다.

> 사태의 표현으로서의 언어는 다른 사람들과의 의사소통으로 완전히 환원될 수 없다. 그러나 또한 아무리……하더라도, 그것은 단순히 의사소통과 독립하지 않는다. 그렇지 않을 경우 그것은 가까이 있는 질료와 관계할 때조차도 모든 비판을 벗어나고 그러한 관련성을 임의적 가정으로 환원시킬 것이다. 사태 자체의 표현으로서의 언어와 전달로서의 언어는 상호 얽혀있다. 사태를 이름 붙일 수 있는 능력은 그것을 소통시키려는 강제 아래에서 전개되며, 그러한 강제의 요소는 그 속에 보존된다. 역으로 그것은 그 자체의 의도로 가지지 않았던 어떤 것을, 다른 고려들로부터 미혹하지 않은 채, 전달할 수 없다. 이러한 변증법은 언어라는 매체 자체 내에서 작동한다.[32]

자신의 의사를 다른 사람에게 전달하는 것은 다른 사람의 이해가능성을 전제해야 하며 역으로 다른 사람이 이해 가능하려면 이해 가능한 방식으로 전달해야 한다. 이런 점에서 상호이해와 동의를 목적으로 하는 의사소통은 동일성 원리에 기초한 명제와, 명제들의 논리적 관계를 통해 상대방을 설득하거나 상대방의 논증을 논리적으로 반박하는 논증에 근거해야 한다.[33]

---

31 Martin Moris, *Rethinking the Communicative Turn*, (State University of New York Press,2001), 163쪽.
32 Th. W. Adorno, DSH. 339쪽.

따라서 합의를 목적으로 하는 의사소통은 논증 중심적일 수밖에 없다. 의사소통이 논증 중심일 수밖에 없다면 논증에 의존하는 의사소통은 필연적으로 소통될 수 없는 것을 배제하거나 환원할 수밖에 없다.34 왜냐하면 논증이 의존하는 명제는 개념적 분류에 기초하기 때문이다. 개념적 분류에 의존하는 동일성 논리라는 점에서 모든 것을 전달 가능한 것으로 환원하는 언어적 전환에 기초한 의사소통이론은 주체와 객체의 이분법을 전제하는 동일성 논리를 극복한 것이 아니라 오히려 회피하고 위장하고 있는 것이다. 즉 의사소통이론은 분류적 개념으로 증류될 수 없는 비개념적이고 비동일적인 것을 배제하는 위장된 주관주의이다.

> 진리의 기준은 모든 사람에 대한 진리의 직접적 소통 가능성이 아니다. 인식된 것의 의사소통을 인식된 것과 혼동하고 아마도 더 높이 위치 지우려는 보편적 강제에 저항해야 한다. 반면에 현재 의사소통을 향한 모든 단계는 진리를 팔아먹고 왜곡한다.35

결국 의사소통이론은 진리의 기준을 대화를 통한 합의에 둠으로써36 다른 사람을 설득하기 위해 논리적 근거를 제시하는 논증에 의존하며, 그 때문에 개념으로 분류될 수 없는 비동일적이고 비개념적인 것을 배제하는 분류적

---

33 "하버마스 언어개념의 기본 요소들은 개별적인 기호나 말들이라기보다는 차라리 명제 형식으로 추상될 수 있는 문장들이다." Martin Moris, *Rethinking the Communicative Turn*(State University of New York Press,2001), 98쪽.
34 소통될 수 없는 것을 논증적 차원으로 환원하지 않는다면, 대화를 통한 합의는 그 자체로 불충분하고 불완전한 것이 된다. 그러나 소통될 수 없는 것이 "타당성 주장과 합리성 영역으로 흡수될 때, 엄밀하게 생활세계는 철학적 매개를 위한 자원일 수 있는 그것의 능력을 상실한다." Fred Dallmayr, *Between Freiburg and Frankfurt: Toward a Critical Ontology*, (The University of Massachusetts Press, 1991), 147쪽.
35 Th. W. Adorno, ND. 51-52쪽.
36 합의를 대화의 목적으로 상정하는 의사소통이론은 불가피하게 논증 중심적일 수밖에 없다. 왜냐하면 논증의 목적은 상대를 설득하는 것이기 때문이다. 오히려 합의라는 강제로부터 대화를 해방시킬 때 의사소통은 논증적 차원에 제한되는 것 없이 진리와 관계할 것이다.

합리성에 기초하고 이를 정당화한다. 그러므로 분류적 합리성에 기초한 의사소통이론은 분류적 합리성의 현실적 모델인 교환 원리에 의존하는 동시에 이를 정당화한다. 이런 의미에서 비판적 사유의 뇌관을 제거한 의사소통이론은 교환적 합리성이 지배하는 현실 사회의 현재 상태를 긍정하는 이데올로기가 된다.[37] 왜냐하면 비판적 사유의 가능성은 모든 것을 언어로 분류하고 교환할 수 있다는 **긍정성**에 있는 것이 아니라 모든 것이 분류되고 교환될 수 있는 것이 아니라는 **부정성**에 있기 때문이다. 그러나 의사소통적 합리성을 실체화하는 것을 비판한다 하더라도, 의사소통이 폐기될 수 있는 것은 아니다. 만일 논증 중심의 의사소통을 통한 합의가 배타적 성격을 가진다고 해서 폐기한다면, 인간과 인간이 맺는 관계방식은 합리적 대화보다는 맹목적 폭력에 의존하게 될 것이다. 따라서 인간이 협력해서 노동하고 서로 관계해야 하는 사회적 존재인 한에서 대화를 통한 소통은 인간에게 불가피하다. 그렇지만 자유로운 의사소통을 위해 요구되는 것은 단순히 합의와 이를 성취하기 위한 합리적 절차가 아니라 타자를 배제하지 않는 비판적 태도이다. "대화는 어떤 것에 대한 합의, 특히 가치에 대한 합의에 도달해야만 하는 것은 아니다. 대화는 서로에게 익숙해지도록 도움을 주는 것으로도 충분하다."[38]

그러나 소통을 위해 논증적 언어가 불가피한 만큼이나 개념을 통해 규정될 수 없고, 그래서 소통될 수 없는 것과의 닮음을 추구하는 상으로서의 언어도 불가피하다. 이러한 언어의 이중적 성격 때문에 언어를 통한 세계인

---

[37] "하버마스는 『사실과 규범 사이』에서 사람들의 의사소통적 힘이 정치체계에 대한 단순한 영향력에 제한된다고 주장할 때 이성의 범위를 심각하게 제한한다. 시민들이 (예를 들어 시민사회 속에 있는 몇몇 새로운 운동과 활동 속에서) 의사소통적 힘을 생산하는데 성공할 때조차, 의사소통적 힘은 의회와 법정보다 낮은 자리를 감수해야 한다." 결국 "의사소통적 힘의 실행은 전적으로 정치적 결정과정과 절차에 종속된다." Deborah Cook, *Adorno, Habermas, and the Search for a Rational Society*, (Routledge, 2004), 95쪽.

[38] K. W. Appiah(김민영 외 옮김), 『세계시민주의』, 바이북스, 2008, 166쪽.

식은 곤경(Aporie)에 처하며, 언어를 통해 경험을 분류하고 규정하는 인식은 불가피하게 변증법적일 수밖에 없다. 그러나 이러한 당혹스러움의 순간이 진리에 맞닥뜨리는 순간이다. 진정한 진리의 경험은 논증적 사유가 그 한계에 부딪치는 순간이다. 그러한 순간의 언어는 논증적 언어에 머무를 수 없다. 왜냐하면 어떤 것도 긍정적인 것으로 고정될 수 없기 때문이다. '난점'이나 '당혹' 혹은 '곤경'을 의미하는 아포리(Aporie)라는 개념은 그리스어 아포로스(aporos)에서 나왔다. 아포로스는 통과할 수 없거나 통과하기 어려운, 글자 그대로 통로가 없음을 의미한다.[39] 자연연관으로부터 해방되기 위해서는 합리성을 포기할 수 없으며, 그럼에도 이러한 합리적 사고를 통해 경험의 미메시스적 차원을 배제할 수 없는 한, 철학은 끊임없이 아포리에 맞닥뜨리고 이러한 아포리가 철학을 변증법으로 강제한다. 철학에 당혹스러운 것은 규정할 수 없고, 그래서 말로 완전히 표현할 수 없는 것을, 그럼에도 말로 규정하고 표현해야 하는 역설적 상황이다.[40] 그러므로 모든 것을 언어로 완전히 전환하고 표현할 수 있는 그러한 완전한 언어를 가지지 않은 인간의 사유는 변증법적일 수밖에 없다.

결국 과학적인 분류적 사고가 지워버리고 싶지만 지울 수 없는 객체와의 유사성인 미메시스적 요소가 제거될 수 없는 것은 분류적 사고가 의존하는 개념이 완전한 것이 아니라 불충분하기 때문이다. 그 자체 자족적이지 않은 개념은 그것의 의미를 위해 객체의 경험과 얽혀 있을 수밖에 없으며, 그렇기 때문에 가장 추상적인 개념조차도 객체와 유사성의 계기를 완전히 떨쳐 버릴 수 없다. 반면에 인식의 보편성을 위해 유사성을 거부함으로써 개념을 자기 충족적인 것으로 물신화하고 이를 통해 주체의 객체 우월적 지

---

39 Martin Moris, *Rethinking the Communicative Turn*, (State University of New York Press, 2001), 132쪽.
40 "비트겐슈타인에 반하여 말할 수 없는 것을 말해야 할 것이다…… 철학적 자기반성의 노력은 저 역설을 푸는 데 있다." Th. W. Adorno, ND. 21쪽.

위를 확보하려는 계몽주의 기획은 역설적이게도 어떤 것도 경험할 수 없는 공허하고 무기력한 주체 중심주의로 머무를 수밖에 없다. 왜냐하면 자족적이고 그 자체 완결되어 있으며, 그 때문에 폐쇄적일 수밖에 없는 주체는 자신 바깥에 있는 어떤 것과도 관계할 수 없으며 관계할 필요도 없기 때문이다. 결국 말과 사물, 인식과 경험, 인간과 자연, 인간과 인간의 철저한 분리에 기초하는 동일성 철학은 에코와 나르키소스와 같은 독백론적 길을 걷는다.

1.4 에코의 길과 나르키소스의 길

플라톤 이래로 인간의 자연 지배적 우월성을 확보하고 정당화하기 위해 주체와 객체의 상호성을 거부하고 철저히 분리된 것으로 가정하는 서양 사상은 에코의 길과 나르키소스의 길을 걷는다. 이 두 방향은 상호성[41] 관계를 포기한 독백론적 길이다.

오비디우스가 전하는 그리스 로마 신화에서 에코(Echo)는 나르키소스만을 사랑한다. 타고난 수다쟁이였던 숲의 요정 에코는 다른 요정과 밀애 중인 유피테르를 찾고 있던 유노를 방해하고 만다. 수다로 유피테르가 도망치는 것을 도와준 것이다. 화가 난 유노는 에코에게 다른 사람의 마지막 구절만 반복할 수 있는 형벌을 내린다. 에코는 언어를 빼앗긴 것이다. 그런데 어느 날 에코는 사냥을 하다 홀로 숲 속으로 들어온 나르키소스를 보고 사랑에 빠진다. 잘 알려진 것처럼 모든 사람의 사랑을 받을 만큼 아름다웠던 나르키소스는 아무도

---

41 물론 여기서 상호성은 주관주의를 위장하는 주체들 간의 상호성이 아니라 인간과 자연, 인간과 인간이 서로 관계하고 서로를 통해 구성된다는 의미의 상호성을 말한다. 왜냐하면 '상호 주관성'은 주관주의와 마찬가지로 인간과 자연의 상호 유사성과 의존성을 거부하기 때문이다.

사랑하지 못하고 오직 자기만을 사랑한다. 이런 나르키소스를 사랑한 에코는 자기를 사랑할 수 없다. 더구나 에코는 자신의 사랑을 고백할 수 없다. 사랑을 고백하려고 시도하면 할수록 그녀는 모든 사랑을 거부했던 나르키소스의 끝말만을 되풀이하게 된다. 사랑이 커질수록 실연의 고통이 더 깊어지고, 다시 그만큼의 사랑이 커진다. 고통의 순환 고리에서 헤어나지 못한 에코의 몸은 아름다움을 잃고 한줌의 재가 되어 사라진다. 남의 말만 되풀이하는 그녀의 목소리는 메아리가 되어 우리 모두에게 영원히 되돌아온다. 에코의 비극은 나르키소스에 대한 사랑에서 시작된다. 자기를 상실한 사람의 가장 큰 비극은 자기밖에 모르는 사람을 사랑하는 것이다. 에코는 그녀의 사랑을 처참하게 물리치며 그녀를 죽음으로 내몰았던 나르키소스의 죽음 앞에서도 여전히 그의 말을 되풀이할 수밖에 없다.[42]

자기밖에 사랑하지 않는, 자기 바깥의 타자를 인정(認定)하지 않고 타자와 관계하지 않는, 자기 안에서 자족적인 만족상태에 빠져 자신 속에 갇히는 것을 나르시시즘(narcissism)이라 한다. 자신 바깥의 타자를 인정하지 않고 차단하며 철저히 배격하는 나르키소스는 '안'과 '밖'을 구분하고, 안을 경계 지운 다음, '밖'을 배제시키는 현대의 주관주의(인간중심주의)를 닮아 있다. '밖'을 인정하지 않고 자신 속에 갇힌 채 '밖'과 대화하지 않는 나르키소스는 물속에 비친 자신의 모습을 탐닉한다. 자기 속에 사로잡힌 사람의 비극은 자신 이외의 그 누구도 사랑하지 못하는 것이다. 나르키소스는 자신의 생각만을 옳다고 여기고 자신 속에 갇힌 채 타자의 소리에 귀 기울이지 않는 현대인의 모습 속에 투영된다. 타자의 생각을 무시하고 배제시키면서 끊임없이 타자와 대결하고, 이를 통해 나와 다른 어떤 사람도 인정하지 못하고 그 누구도 사랑할 수 없는, 혹은 '사랑'이라는 이름으로 타자를 구속하는 오늘날 우리들이 나르키소스의 후예가 아닌가? 사랑은 자신 속에 사랑하는 사람을

---

[42] 박구용, 「에코의 비극」, 『사회와 철학』, 사회와 철학연구회, 2009. 제17호, 145~146쪽 참조.

소유하고 구속시키는 것이 아니라 사랑하는 사람의 다름을 인정하고, 지배나 위계 없이 사랑하는 사람과 '서로 함께'하는 것이다. 지배나 소유가 아닌 사랑은 어렵다. 그러나 그렇기 때문에 소중하다.

이에 반해 에코는 너무나 타자를 탐닉한 나머지 자신을 사랑하지 못하고 타자에 모든 것을 맡긴 채 타자와 진정한 대화를 하지 못하는 직관주의와 닮아 있다. 직관주의는 자신 바깥에 초월적인 타자를 상정하고 자신의 존재와 인식의 모든 근거를 그러한 타자에 의존한다. 그렇게 함으로써 직관주의는 자율적이고 비판적인 자아를 수동적이고 나약한 자아로 전락시킨다. 수동적이고 무기력한 자아는 단지 타자의 부름에 수동적으로 귀 기울일 뿐이다. 자신의 말을 잃어버린 에코는 타자와 대화하지 못한다. 타자에 너무나 경도된, 타자와 대화할 말을 잃어버린 에코는 타자에 대한 자신의 사랑을 표현하지 못한다. 타자에 대한 직접적 경험이 가능하다 하더라도 처음부터 언어의 매개를 벗어던진 주체는 어떤 식으로든 자신의 경험을 다른 사람에게 전달할 수 없다. 단지 조용히 말 걸어오는 타자의 '언어가 아닌 언어'를 되풀이할 따름이다. 자신을 사랑하지 못하는 에코는 타자를 사랑하지 못한다. 단지 타자에 집착할 따름이다. 사랑은 사랑하는 사람에 대한 집착이 아니다. 타자에 대한 집착이든 자신 속의 구속이든 이 두 가지 길은 독백론적이고 고독한 자기 소외이다. 따라서 유사성을 거부함으로써 상호성을 포기한 결말은 자기 파괴이다. 어느 누구도 에코와 나르키소스처럼 되어서도 안 되고 어느 누구도 에코와 나르키소스처럼 고립시켜서도 안 된다.

비합리적 직관주의를 포함한 객관주의나 개념적 형식을 통해 객체를 동일화하는 주관주의 모두 주체와 객체의 이분법에 기초해 있다. 이들 사상 모두 주체와 객체를 철저하게 분리된 것으로 파악함으로써, 주체를 객체로 환원하거나 객체를 주체로 환원하는 환원주의에 빠지게 된다. 아도르노는 이들 두 갈래 길을 비판하면서 이들과는 다른 제3의 길을 가려한다. 아도르노에 따르면 주체와 객체는 고립된 것이 아니라 주체는 객체를 통해 매개되며, 객체 또한 주체를 통해 매개된다. 서로 철저하게 분리된 적대적 관계가 아니라 서로를 매개한다는 의미에서 주체와 객체는 서로 의존한다. 이러한 상호 관계가 인정될 때만 자신의 타자를 인정하지 않고 배제하려는 동일성 논리의 폭력성은 제거될 수 있을 것이다. 마치 사랑은 다른 두 사람이 하나 되는 것이 아니라 다른 두 사람이 서로의 차이를 인정하고, 이러한 인정을 통해 서로 존중하고 배려하는 것이듯이, 나 이외의 타자에 대한 인정은 나와 다른 사람이 서로 관계하는 존재라는 인식에 기초해야 한다. 이러한 주체와 객체의 상호성은 인간과 인간, 인간과 자연의 적대주의가 아니라 다름의 인정을 통한 지배 없는 존중과 배려의 윤리와 정치를 이끌어 낼 것이다. 그러나 적대적 지배관계가 존속하는 한 상호성의 인정은 아무런 노력 없이 자연스럽게 성취되는 것이 아니다. 그것은 적대적 지배의 전제가 되는 절대적 분리와 동일성 원리에 대한 비판과 저항을 통해서만 가능할 것이다.

2
개념적 추상화와 실제적 추상화

이 장에서 보여주려 하는 것은 개념이 순수한 것도 그렇다고 단순한 주관적 고안물이나 천재적 사상가에 의한 발명물이 아니라 발생된 것이며 그런 한에서 자기 충족적인 것이 아니라는 것과, 그리고 개념이 경험을 추상화함으로써 형성된 것이기 때문에 사회 외적인 것이 아니라 사회적 총체성을 반영하고 있다는 것이다. 먼저 개념이 객체에 대한 경험을 추상화함으로써 발생한 것이라는 생각은 첫째, 개념이 모든 것을 완전히 규정할 수 있고 환원할 수 있는 완전한 인식의 도구가 아니라는 주장의 근거가 된다. 역으로 개념이 발생적이라는 것을 거부하는 것 없이 개념을 순수하고 자족적인 것으로 위장함으로써 주체를 절대적인 것으로 고양하려는 관념론은 실패할 수밖에 없다. 그러나 개념이 발생적인 한에서 불완전하고 불충분한 개념적 분류에 의존하는 인식도 완전하고 충족적인 것이 될 수 없다. 둘째, 개념이 발생했다는 것은 개념적 규정이 영원히 불변적인 것으로 고정된 것이 아니라 경험이 변함에 따라 변한다는 것을 의미한다. 이러한 의미에서 개념은 역사적 성격을 가진다. 셋째, 개념이 경험을 통해 발생한 것이기 때문에 개념과 개념의 객체는 유사성을 가진다. 왜냐하면 발생한 것은 발생이 이루어진 영역과 전적으로 분리될 수 없기 때문이다. 다른 말로 개념과 경험이 같은 영역에 속하는 한에서 개념은 경험의 객체와 유사성을 가지며, 역으로 개념이 그것의 객체를 규정할 수 있는 것은 객체와 유사성을 가지기 때문이다. 이러한 의미에서 개념의 발생, 더 나아가 추상화의 발생은 주체·객체 상호성의 근거가 되며, 아도르노의 부정 변증법을 이해하기 위한 핵심적인 요소다.

다음으로 인식론에서 술어의 범주로 사용되는 추상적 개념을 통해 주어를 분류하고 규정하는 추상적 동일성 판단은 교환사회에서 일어나는 교환 원리의 실제 추상화와 결합되어 있다. 이런 점에서 아도르노에게 인식론은 두 가지 결정적 중요성을 지닌다. 즉 인식비판을 통해 교환적 합리성의 보편적 확장과 더불어 점점 더 추상화되고 수동적으로 되는 주체의 능동적이고 경험 비판적인 힘과 역할을 회복하려는 것과, 이러한 인식비판이 주관 내적 행위에 그치는 것이 아니라 인식이 사회적 관계를 반영하는 한에서 인식비판을 통해 사회 내에 작동하는 비합리적인 합리성을 비판하는 것이다. 따라서 아도르노에게 인식론은 간단히 건너뛸 수 없는 철학의 핵심적인 부분이다. 예를 들어 주체와 객체의 이분법에 사로잡혀 있다는 이유로 인식론을 부정하고 건너뛰어 버린 철학들이 근대, 특히 칸트 인식론이 확보한 주체의 반성적이고 비판적 역할을 오히려 퇴행시켜 버리고, 초월적인 것에 매달리거나 비합리적인 현실을 긍정하는 이데올로기로 머무르고 만다. 특히 이 장에서는 아도르노가 체계적으로 다루지 않았지만, 인식경험에서 범주로 사용되는 개념이 추상화를 통해 발생했으며, 더 나아가 이러한 개념화를 가능하게 하는 주체의 추상화 능력 또한 실제 교환의 추상화를 통해 발생했다는 것을 보여줌으로써 아도르노의 인식비판이 단순히 주관적이고 사회 외적인 것이 아니라는 것을 증명하려 한다. 이러한 증명은 또한 개념적 장치에 의존하지 않는 경험이 비판적 사유에 왜 그렇게 중요한지의 근거가 될 뿐만 아니라 주체·객체 상호성의 결정적 근거가 된다.

2.1 판단형식으로서 개념과 동일성 원리

우리의 인식경험은 판단을 통해 이루어진다. 인식판단은 개별적인 객체(주어)를 보편적인 개념(술어)을 통해 분류하고 규정한다. 이러한 인식판단(S is P)에서 개념은 술어로 사용되어 주어를 분류해주는 범주 역할을 한다. 즉 어떤 것을 범주로 분류함으로써 그것이 어디에 속하는지, 그래서 무엇으로 규정되는지를 알게 되는 것이다. 이런 점에서 인식판단은 범주로 사용되는 개념을 통해 주어를 분류하고 동일화하는 동일성 판단이다. 따라서 인식판단에서 범주로 사용되는 개념이 인식을 가능하게 하는데 결정적 역할을 한다. 역으로 주어를 분류하고 고정시키는 범주로서 개념이 없다면 어떠한 앎도 불가능할 것이며, 설사 다양한 방식의 다양한 경험이 가능하다 하더라도 그러한 경험은 뿔뿔이 흩어져 버릴 것이다. 그렇다면 이와 같이 인식을 가능하게 하는 범주로서 개념이란 무엇인가?

영어에서 개념을 의미하는 'concept'은 동사 'conceive'에서 왔다. 일상적으로 파악한다는 의미의 'conceive'는 원래 '임신하다'는 의미를 가진다. 어떻게 '임신하다'는 의미에서 '파악하다'는 의미로 의미의 확장이 이루어졌을까? 임신한다는 것은 수정란을 자궁이 꽉 움켜잡아야 한다는 것을 의미한다. 그렇지 않으면 생명이 위태로울 수 있다. 마찬가지로 우리가 어떤 것을 안다는 것은 흐르는 강물처럼 변하는 경험을 개념을 통해 꽉 움켜잡음으로써 분류하고 고정시키는 것이다. 같은 이유로 독일어에서도 개념을 의미하는 'Begriff'는 '움켜잡다', '체포하다'를 의미하는 동사 'greifen'에서 왔다. 개념이 '움켜잡음'을 의미하는 이러한 일치는 우연이 아닐 것이다. 우리가 어떤 것을 안다는 것, 즉 인식한다는 것은 범주로 사용되는 개념을 통해 주어를 꽉 움켜잡고 고정시키는 것이다. 판단에서 주어와 술어를 연결하고 종합하는 역할을 하는 것이 계사 '이다'이다. 계사 '이다'는 범주로 사용되는 개념이 주어를 움켜잡도록 작용하는 역할을 한다. 계사 '이다'는 개별적인 주어가 술어의 범주로 분류될 수 있고, 따라서 범주에 속한다는 것을 의미하며, 더 나아가 주어가 범주로서의 개념과 동일하다는 것을 의미한다. 계사 '이다'의 종합에 의해 우리는 동일성 판단을 하게 되는 것이다. "계사는 '그것은 그러하며 다른 것이 아니다'라고 말한다. 계사가 대리하는 종합의 행위는 그것이 다른 것일 수 없다는 것을 나타낸다. 그렇지 않다면 종합은 성취되지 않을 것이다."[1] 이러한 계사 '이다'를 통한 종합은 결국 개별적 주어를 술어 개념을 통해 움켜잡고 변화할 수 없도록 고정시키는 것이다. 이러한 의미에

---

1   Th. W. Adorno, ND. 150쪽.

서 개념은 변화하는 것을 불변적으로 고정시키는 역할을 하기 때문에 개념의 특징은 불변성이다. 예를 들어 '이 사과는 빨갛다'라는 판단은 이 사과가 빨강이라는 범주로 분류될 수 있고, 빨강이라는 범주에 속하며, 빨강이라는 범주로 동일화된다는 것을 의미한다. 이렇게 동일화됨으로써 인식이 성립하는 것이다. 따라서 인식판단은 기본적으로 동일성 판단이다.

인식을 이러한 구조로 이해한 최초의 인물은 아리스토텔레스였다. 그는 인간이 세계를 인식하는 방식이 언어의 매개를 통해 이루어진다는 것을 아마도 최초로 체계화했다. 어떤 측면에서는 그의 논리학이 논증 중심의 서양사상의 방향을 결정했다 하더라도 과언이 아니다. 플라톤이 형상이 가지는 추상적 성격을 파악했으면서도 형상을 이데아로 실체화함으로써[2] 인식을 이데아의 반영이나 모사로 퇴행시킨 것과는 달리, 아리스토텔레스에게 논리학은 세계를 이해하기 위한 도구였다. 그에게 있어서도 하나의 명제는 주어(ousia)와 이를 분류해주는 범주, 그리고 주어와 술어를 연결해주는 계사로 이루어져 있다. 아리스토텔레스는 범주로서 사용되는 개념이 순수 정신적인 것이 아니라 정신 바깥에 그것의 객관적 실재를 가진다고 생각했다. 그에게 개념은 실체에 속한 공통적인 성질이다. 아리스토텔레스는 개념을 실체에 속한 성질로 간주함으로써 개념을 통해 실체를 완전히 규정할 수 있다고 생각한 것이다. 그는 개념이 범주로 사용됨으로써 판단이 이루어지고, 이러한 판단을 내용으로 가지는 명제와 명제의 논리적 관계를 통해 항상 참인 결론에 이르는 연역추론을 할 수 있다고 생각했다. 그러나 그는 연역추론에서 사용되는 대전제가 귀납적 일반화를 통해 만들어지기 때문에 대전제가 항상 참이라는 것을 보증할 방법이 없다는 것을 알았다. 즉 인식판단

---

[2] 칸트의 선험적 도식을 연상시키는 플라톤의 형상이 가지는 추상적 성격은 그가 개별자들이 이러한 형상을 본받아 모사하는 것이라고 생각할 수 있기 위해서는 필수적이다. 이러한 개별자들을 추상한 것이 전통적 의미에서 다름 아니라 개념이다. 따라서 플라톤은 실제로 "개념을 이데아로 승격시키고" 이를 실체화한다. Th. W, Adorno, ÄsT. 129, 139쪽.

에서 술어로 사용되는 범주는 경험적이기 때문에 보편적 참을 보증해줄 수 없다. 대전제가 거짓일 수 있다면 아무리 타당한 연역추론을 구성한다 하더라도 결론이 항상 참이라는 것을 보증해주지 못한다. 따라서 그는 항상 참인 전제를 찾기 위해 형이상학으로 넘어갈 수밖에 없었다. 결국 진리는 지적 직관과 관계하기 때문에 언어를 초월한다.

근대 이후 영국 경험주의자들은 인식이 언어의 매개를 통해 이루어진다는 것을 간파하지 못했다는 점에서 아리스토텔레스의 인식판단에서 후퇴했다. 그들은 인식의 원천을 경험이라고 생각했으며 이러한 경험은 최초에 우리의 감각기관을 통해 단순관념으로 주어진다고 생각했다. 인식에 대한 이러한 경험주의자들의 이해는 몇 가지 점에서 인간인식의 이해에 있어 퇴보였다. 첫째, 그들은 인식이 언어적 매개에 의해 이루어진다는 것을 간과해버렸다. 엄밀한 의미에서 그들이 말한 관념은 사물들에 대한 감각적 상이었다. 언어는 이러한 상에 대한 단순한 기록이 된다. 둘째, 개념과 달리 관념은 원칙적으로 경험에 의해 왜곡될 수 없다는 것을 함의하기 때문에 권위적이다. 즉 관념은 사물들과 대응한다는 것을 포함하고 있다. 이러한 의미에서 관념은 사물에 대한 인식의 불변적 원천이 된다. 셋째, 실제 객관적으로 존재하는 것에 대한 관념의 상이 객체를 대신한다. 따라서 경험주의자들에게 인식은 현상에 제한된다. 이후 칸트에게서 객체가 가진 개별적 다양성보다 그것에 대한 표상이 객체 자체로 대체된다. 이러한 의미에서 경험주의자들에 의해 경험은 감각적 지각으로 전환되고, 인간의 경험능력도 감각기관의 수동적 수용으로 위축된다.

그러나 다른 의미에서 진전이 없었던 것은 아니다. 아리스토텔레스가 실체와 실체에 속한 성질을 객관적 실재로 보았던 것과는 달리, 로크는 실체에 속한 성질을 제1성질과 제2성질로 분리시킨다. 그에 따르면 연장, 모양, 운동, 정지와 같은 제1성질은 물체 그 자체에 속하는 성질이며, 색, 음, 맛, 향기 같은 제2성질들은 우리 정신 속에 대상과 일치하지 않는 관념을 생성시키는 힘이다. 다른 말로 제2성질은 물체 자체에 속하는 것이 아니라 물체 자체에서 전달된 힘에 대한 정신의 주관적 번역이라는 것이다. 따라서 모든 성질이 순수하게 실체에 속하기 때문에 성질을 통해 실체를 완전히 이해할 수 있다는 것은 소박한 생각이다. 결국 흄에 이르러 인상은 내부의 주관적 상태이며, 우리는 인상이나 관념 넘어 나갈 수 있는 어떤 방법도 없다고 말하게 되는 회의주의에 빠지게 된다.

아리스토텔레스처럼 인식을 판단구조로 이해한 사람은 칸트였다. 칸트는 관념을 개념으로 대체하면서도 감성과 지성을 결합시키기 위해 상상력에 의한 표상을 삽입한다. 칸트에게서 판단 범주로서 개념은 객체 자체에 직접 적용될 수 없고, 직관형식에 의해 주관적으로 번역된 감각적 다양에만 지성형식이 부여된다고 주장된다. 아리스토텔레스와 달리 칸트는 범주로서 사용되는 순수 개념은 실체의 속성을 추상화한 경험적인 것이 아니라 주관의 선험적 형식이라고 생각한다. 이러한 선험적 형식에 의해 보편적 인식이 이루어진다는 것이다. 이를 도식적인 판단구조로 설명하면 주어는 이제 객체 자체가 아니라 객체의 현상이며, 이를 규정하는 지성 범주는 주관의 선험적 형식이다. 칸트는 보편적 인식을 위해 객체 자체에 대한 경험을 과감히 버리고 인간인식을 현상에 제한시켜버렸다. 왜냐하면 선험적 형식은 객체 자체로서 물자체와 직접 결합할 수 없기 때문이다. 선험적 형식이 물자체와 결합된다면 그것은 더 이상 순수 형식일 수 없다. 판단에서 범주로 사용되는 개념을 순수 개념으로 형식화함으로써 이제 형식은 물자체라는 객체에 적용될 수 없는 공허한 주관적 형식이 되어버렸다. 그렇다면 이러한 순수 형식으로서 개념은 어디서 왔는가? 데카르트처럼 생득적으로 주어진 것인가? 순수 개념은 감각적 인상만큼이나 인식주체에 선물로서 주어진 것이다. 즉 순수 소여이다.

아도르노도 칸트처럼 합리적 인식은 판단구조로 이루어진다는데 동의한다. 그러나 두 가지 점에서 칸트와 의견을 달리한다. 첫째, 객체에 대한 인식에서 주어는 현상이 아니라 개별적 존재자이다. 물론 개별적으로 존재하는 객체가 그것에 대한 표상과 완전히 분리될 수 있다고 생각하지는 않았지만, 표상이 그것의 객체와 동일한 것도 아니기 때문이다. 흄의 전언처럼 표상도 주관적 번역이다. 따라서 객체의 자리에 표상을 대체함으로써 인식론적으로 구성된 대상(이러한 의미에서 칸트는 구성주의자다)은 객체와 동일할 수 없다. 둘째, 가장 중요한 점인데 헤겔처럼 아도르노도 개념이 주관의 선험적 형식이 아니라 발생적이라고 생각한다. 그러나 헤겔이 개념을 발생범주라고 생각하면서도 절대정신이 자신을 표현하는 세계에 대한 경험을 통해 형성된 범주로 파악함으로써 다시 관념화시킨 것과는 달리, 아도르노에게 개념은 인간 활동과 경험을 통해 형성된 것이며, 이는 절대정신을 인식하기 위한 범주가 아니기 때문에 절대적인 것도 영원한 것도 아니다.

> 철학이 자체의 규정들의 유한성 속에 본질을 사로잡을 수 있다는 환상은 포기되어야 한다. 많은 관념론적 철학들이 자체의 개념장치의 (헤겔의 개념장치를 포함해 그 장치의 의도에도 불구하고) 불충분한 유한성에 대한 괴로운 회의를 진정시키려 하기 때문에 관념론적 철학들은 '무한'이라는 말을 그렇게 쉽게 내뱉을 수 있었을 것이다. 전통 철학은 자신들의 대상들을 무한히 소유한다고 믿으며, 그 때문에 철학으로서 유한하고 폐쇄적으로 된다.[3]

그러나 개념은 개념의 대상을 나머지를 남기는 없이 완전히 규정할 수 있는 절대적인 것이 아니다. 개념이 절대적인 영원한 범주가 아니라는 것은 개념이 자기 충족적이라는 개념 물신주의가 기만이라는 것을 의미한다. 개념이 자족적이지도 불변적이지도 않다는 것은 개념을 통한 매개인 인식 또한 자족적이지도 불변적이지 않다는 것을 의미하고, 이러한 불충분한 개념을 통해 의식 활동을 하는 인간 정신도 완전하거나 자족적인 것이 아니라 불완전

---

3   Th. W. Adorno, ND. 24-25쪽.

하고 불충분하다는 것이다. 따라서 중요한 것은 형식과 형식을 부여하는 능력을 순수한 선험적인 것으로 전환하거나 형식을 자족적인 것으로 절대화함으로써 주체를 경험영역에서 분리시키고 경험할 수 없는 공허하고 추상적인 자아로 만드는 것이 아니라, 진정 주체의 형식과 형식을 부여하는 능력의 유한성을 자각함으로써 새로운 경험의 가능성에 주체를 열어놓는 것이다. 인간주체는 대상을 전적으로 규정할 수 있는 순수 형식이나 절대적 형식으로서의 개념을 가지고 있지 않기 때문에 객체에 대한 경험은 형식과 형식을 부여하는 작용에 제한되지 않는다. 다른 말로 불완전하고 불충분한 개념은 객체에 대한 경험을 전적으로 분류하고 규정할 수 없으며, 그렇기 때문에 불완전하고 불충분한 개념을 통한 인식은 객체에 대한 경험과 동일할 수 없다. 경험은 형식적 규정 이상이다. 이러한 의미에서 불충분한 개념에 의존하는 인간인식이 불충하고 불완전하다는 비판적 자각은 개념적 규정으로 위축되고 제한된 경험을 해방시킬 것이다.

2.2 발생된 개념

칸트가 경험의 가능성 조건을 물었던 것처럼 개념의 순수성을 거부하는 아도르노는 역으로 경험을 가능하게 하는 개념의 가능성을 묻는다. 만일 개념이 보편적 경험을 가능하게 하는 조건이라면, 개념은 순수한 것이어야 한다. 왜냐하면 개념이 순수한 것이 아니라면 보편적 인식은 불가능할 것이기 때문이다. 개념이 순수한 것이라면 개념은 경험적인 것이 아니라 선험적인 것이어야 한다. 개념이 경험을 통해 형성된 경험적인 것이라면 개념은 순수할 수 없다. 왜냐하면 경험적 개념에서 경험적 요소를 완전히 정화시키는 것은 불가능하기 때문이다. 설령 그러한 정화가 가능하다 하더라도 완전히 정화된 개념은 경험적 내용을 가지지 않는 추상적 기호에 불과하며 어떤 내용적인 것과도 관계할 수 없다. 선험적인 것으로서 개념은 글자 그대로 선험적인 것이기 때문에 경험적인 것과 관계할 수 없으며, 선험적인 것으로서 순수 개념이 순수하지 않은 경험적 요소와 관계한다면 그 개념은 순수하지 않게 된다. 따라서 어떤 것에 대한 개념이어야 할 개념이 어떤 것과 관계할 수 없는 공허한 것이 된다. 이러한 의미에서 경험적인 어떤 것과 관계해야 하는 개념은 선험적으로 주어진 것이 아니며, 선험적으로 주어진 것이 아니기 때문에 개념은 순수한 것이 아니다. 결국 순수한 것이 아니기 때문에 개념은 경험과 경험의 객체에 적용될 수 있다.

개념이 선험적으로 주어진 것이 아니라면 판단에서 범주로 사용되는 형식으로서 개념은 어떻게 가능한가? 인식경험을 가능하게 하는 개념이 경험과 결합하려면 오히려 경험적인 것이어야 한다. 왜냐하면 어떤 것이 다른 것과 관계하기 위해서는 같은 영역에 속한 것이어야 하기 때문이다. 전적으로 다른 것은 서로 관계할 수 없다. 그렇기 때문에 인식경험을 가능하게 하는 조건인 개념은 순수한 것으로 주어진 것이 아니라 발생된 것이며, 개념이 발생된 것이라는 것은 경험을 통해 형성된 것이라는 것을 의미한다. "형식 일반을 통해 사유가 저 사태적인 것을 떨쳐버릴 수 있다는 것, 즉 절대적 형식을 가정하는 것은 환상이다. 사태적인 것의 경험이 형식 일반을 구성한다."[4] 개념이 순수하다는 것이 거짓이라 하더라도, 인식판단에서 개념이 주어를 분류하는 형식으로 사용됨으로써 인식경험은 이루어진다. 단지 순수하지 않은 개념은 주어를 영원히 고정된 것으로 움켜잡을 수 없기 때문에, 이러한 인식경험은 영원히 보편적인 것이 아니다. 인식경험이 보편적인 것이 아니라는 것은 객체와의 경험이 변함에 따라 경험을 통해 형성된 개념도 변하며 우리의 인식도 변한다는 것을 의미한다. 이러한 의미에서 인식판단에서 객체를 분류해주는 범주로서 역할을 하는 개념은 주체의 순수 형식이

---

[4] Th. W. Adorno, ND. 139쪽.

아니라 경험을 추상화한 것이며, 따라서 발생한 것이다. "능동적인 규정은 순수 주관적인 것이 아니며, 그 때문에 저 자연에 법칙을 정하는 주권적 주체의 승리는 공허하다."[5]

비록 아도르노가 개념의 발생을 체계적으로 분석하지 않았다 하더라도, 개념이 발생했다는 논증은 다음과 같은 의미에서 그의 철학을 이해하는 데 결정적인 중요성을 가진다. 첫째, 발생한 개념은 칸트의 경우처럼 순수 형식이 아니라[6], 자신의 지시대상과 결합된 내용을 가진 형식이다. 이 내용은 객체에 대한 경험을 통해 매개된 것이다. 따라서 형식과 그것의 지시내용을 철저하게 분리시킬 수 있다는 생각, 즉 순수 형식을 가정하는 것은 기만이다. 개념이 자신의 지시대상을 온전히 지시하지 못할 때, 다른 말로 개념이 자신의 지시대상의 의미를 제대로 움켜잡지 못할 때, 개념도 변하게 된다. 만일 개념이 순수 형식이라면 개념은 변하지 못할 것이다. 어떤 개념도 객체 가운데 비개념적인 요소를 완전히 규정할 수 없기 때문에, 개념과 비개념적인 것의 차이는 개념이 불변적이라는 것을 부정한다. 둘째, 이 때문에 개념은 역사성을 가진다. 개념이 경험을 통해 발생한 것인 한 개념은 영원히 불변적인 것일 수 없다. 우리가 어떤 것의 개념을 이해하는데 있어서도 우리는 그 개념의 역사를 추적한다. 개념을 역사적으로 이해한다는 것은 개념을 통해 규정되어 왔던 객체의 역사성을 이해하는 것이다. 셋째, 발생한 개념은 헤겔의 경우처럼 그 자체 충족적인 것일 수 없으며, 불충분하고 불완전한 것이다. 왜냐하면 발생한 개념은 대상을 완전히 포섭할 수도 드러낼 수도 없기 때문이다. 이러한 불충분한 개념에 의존하는 인식도 불충분하며, 인식활동을 하는 주체도 불충분할 수밖에 없다. 역으로 주관주의적

---

5 Th. W. Adorno, ND. 143쪽.
6 개념은 어떤 것에 대한 개념이다. 만약 순수 형식이라면 개념은 공허할 것이다. 또한 순수 형식이라면 아리스토텔레스가 제기한 문제에 직면할 것이다. 즉 어떻게 순수한 것이 그것의 지시대상과 결합할 수 있는가? 그것의 지시대상과 결합한다면 개념은 어떤 식으로든 내용을 가진다는 것인데, 개념이 내용을 가진다면 그것은 순수 형식일 수 없지 않은가?

관념론은 개념을 자족적인 것으로 실체화함으로써 주체를 절대적인 것으로 실체화하려 한다. 따라서 사유수단인 개념이 절대적으로 자족적인 것이 아니라는 것을 증명하는 것은 주관주의적 관념론을 붕괴시키는 것이다. 마지막으로 개념이 객체에 대한 경험을 추상화한 것인 한에서 개념은 경험의 대상과 동일한 영역에 속한다는 것을 의미하며, 그렇기 때문에 개념은 경험의 객체와 유사성을 가진다. 개념이 객체와 공통적인 어떤 것을 가지는 유사한 것이기 때문에만 개념은, 비록 제한적이라 하더라도, 객체와 관계하고 객체를 규정할 수 있다. 역으로 이러한 유사성을 거부하는 것은 개념을 그 자체 이외의 어떤 것에도 적용될 수 없는 추상적 기호로 만드는 것이다.

그러나 개념이 발생적이라 하더라도 "개념에 내재된 요구는 개념 아래 파악된 것의 변화에 맞서 질서를 창조하는 불변성이다."[7] 이러한 개념의 형성원리는 추상화이다. 어떤 것을 추상한다는 것은 어떤 것을 다른 것과 구별하고, 그것을 경계지운 다음, 다른 것을 배제시킨다는 것을 의미한다. 이러한 의미에서 추상화를 통해 형성된 개념과 객체와의 관계를 도식적으로 다음과 같이 설명할 수 있다. 첫째, 개념은 인간 활동을 통해 그 필요에 의해 발생된 것이며, 개별 존재자들에 대한 경험들의 공통 요소를 추상화한 것이다. 물론 개념은 특별한 개인에 의해 개별적으로 고안된 것이 아니며, 인간 활동과 분리되어 형성된 것도 아니다. 따라서 개념을 도구로 사용하는 사유는 인간의 유적 활동과 완전히 분리될 수 없다. 다른 말로 행위로부터 사유를 완전히 추상하는 것은 불가능하다. 둘째, 이러한 인간 활동이 이루어지는 무대가 사회적 총체성이며, 이러한 의미에서 사회적 총체성은 객체에 규정적 영향을 미친다. 즉 개념은 자의적으로 만들어진 것이 아니라 사회적 총체성 속에서 객체가 지니는 역사적 위치 값을 반영한다. 따라서 개념은 사회적 총체성을 반영하는 사회적 지평을 가진다. 그렇기 때문에 개념

---

7 Th. W. Adorno, ND. 156쪽.

에 대한 분석은 그 사회의 인식 지평을 형성하는 전통에 대한 분석이며, 그러한 정도로 인식비판은 사회비판이고 사회비판은 인식비판이다. 셋째, 개념은 발생적이지만 유사-선험적 지위를 가진다. 개념은 정신의 순수 형식도 정신에 선험적으로 주어진 자족적인 것도 아니지만 사회적 전통 속에서 객체를 어떤 것으로 규정하는 **유사-선험적** 인식도구로서 역할을 한다. 우리는 사회적 총체성 속에서 전통이 우리에게 전해주는 개념을 통해 혼돈스러운 경험을 고정시킨다. 이 때 개념은 개별적 개인에게 선행해 있다는 의미에서 선험적이다. 그럼에도 이러한 개념이 불변적이고 영원히 고정되지 않는다는 의미에서 유사-선험적이다. 인간은 전통이 전해주는 개념을 학습함으로써 사유하고 판단하는 기능을 수행하며, 이러한 기능을 수행함으로써 객체를 규정하는 개념과 객체의 관계를 재반성한다.

> 아무리 선험적 계기의 반대라 하더라도, 전통적 계기는 유사-선험적이며, 점적인 주관성이 아니라 본래 구성적이며, 칸트에 따르면 영혼의 심연 속에 은폐된 메커니즘이다…… 그러나 전통에 대한 철학의 관여는 오직 전통의 규정된 부정일 것이다.[8]

따라서 넷째, 인식 도구로서 유사-선험적인 개념은 객관적으로 매개된 것이라 하더라도, 영원하고 절대적인 것이 아니며 사회적 활동 속에서 변화하는 객체와의 관계에 의해 개념도 또한 변한다. 개념과 객체의 관계는 영원히 고정된 것이 아니다. 다섯 째, 그렇기 때문에 객체에 대한 개념의 사용과 용도의 축적이 이루어지며, 객체는 개념의 역사적 침전 과정을 통해 개념적 성질을 획득한다. 다른 말로 객체 자체가 내재적 역사성을 가지는 것은 아니지만 객체 자체에 대한 개념적 규정의 역사를 가진다. 개념적 규정의 불충분성이 다시 객체를 규정하는 개념을 운동하게 한다. 이러한 의미에

---

[8] Th. W. Adorno, ND. 64쪽.

서 개념은 객체에 대한 임의적 규정이 아니라 불충분한 개념을 통해 전적으로 규정될 수 없는 비동일적 객체에 의해 요구된 것이다. 이러한 객체에 의해 요구되는 것을 규정하는 개념은 사회적 총체성을 반영하기 때문에, 객체의 역사성은 사회의 역사성과 전적으로 분리될 수 없다. 즉 객체의 위치 값은 사회적 총체성 속에서 이루어지는 사회적 합리성을 반영하기 때문에 사회의 지배적 합리성이 변함에 따라 규정되는 객체의 의미도 변하며, 객체에 대한 형식적 규정도 바뀐다. 따라서 판단에서 형식적 범주로 사용되는 개념도 변한다. 이러한 정도로 개념은 지배적 합리성에 영향 받는다. 이러한 의미에서 어떤 것을 무엇이라고 규정하는 인식은 단순히 주관적 규정이 아니라 사회적 맥락과 관계한다. 역으로 사회의 지배적 합리성은 인식론적 방법을 체계화함으로써 정당성을 획득한다. 오늘날 모든 것을 교환할 수 있는 것으로 환원하는 교환 원리의 동일성은 인식론적 동일성 원리에 의해 정당화되며, 그 역도 마찬가지다.

2.3 개념 물신주의와 상품 물신주의

대상을 인식하기 위한 도구이자 인식내용을 다른 사람에게 전달하기 위해 사용되는 개념은 교환가치를 표기하는 교환 매체인 돈을 너무나 닮아있다. 직접적인 물물교환의 단계를 지나 교환대상을 매개시켜주는 교환 매체인 돈은 교환가치를 반영한다.[9] 교환가치는 교환 원리를 통해 교환대상이 가지는 질적 가치를 평균노동시간이라는 양으로 환원한 양적 가치다. 양으로의 환원을 통해 질적인 차이는 배제되고 모든 상품은 교환 가능한 교환가

---

9 "추상적인 사회적 노동은 교환가치의 형태로 나타나고, 그것의 척도는 돈이다." Stefan Breuer, *"Adorno's Anthropology"*, *The Frankfurt School: Critical Assessments Volume III*, ed. by Jay Bernstein, (Routledge, 1994), 118쪽.

치로 규정된다. 마찬가지로 개념의 동일성 원리는 보편적이기 위해 그것의 지시대상이 가진 질적인 부분을 양적인 것으로 환원시켜버린다. 이러한 정도로 개념의 동일성 원리는 교환의 동일성 원리를 반영한다. 교환가치의 동일성이 없다면 교환이 작동될 수 없는 것처럼, 개념의 동일성이 없다면 인식판단은 작동될 수 없다. 이런 의미에서 추상적 개념을 통해 객체를 규정 가능한 것으로 환원하는 동일성 원리에 대한 비판은 모든 것을 교환 가능한 것으로 규정하는 교환의 동일성 원리에 대한 비판이다.

마르크스는 자본주의 사회에서 교환가치가 인간노동의 결과가 아니라 상품 자체의 내재적 성질인 것처럼 가상을 띠게 된다고 주장한다. 이러한 방식으로 상품교환에서 상품이 환상적인 자율성을 부여받는 방식을 마르크스는 '상품 물신주의'라고 불렀다.[10] 여기서 '물신'은 숭배자에 의해 자율적인 마법 또는 신성한 권력을 부여받은 생명 없는 대상이다.[11] 고대 사람들이 바위나 나무에 정령이 깃들여 있다고 믿고 이를 숭배하듯이 현대 사람들은 상품이 그 자체로 자립적인 내적 가치를 가지는 것처럼 숭배한다. 따라서 상품은 신성한 것으로 되었고 신성한 상품의 가치를 규정하는 돈은 절대정신이 되었다. 돈이 절대정신이 되었기 때문에 돈으로 규정할 수 없는 어떤 것도 존재하지 않는다. 생산은 살아 있는 것을 위해서가 아니라 죽은 것, 즉 교환가치를 위한 교환가치의 생산으로 물화된다. "인간으로부터 주체의 분리는 자본의 객관성을 반영한다. 물화가 모든 사회적 관계로 일반화된 것은 '살아 있는' 노동의 전적인 물화를 반영한다."[12] 살아 있는 것과 살아 있는

---

10 "종교세계에서는 인간 두뇌의 산물들이 스스로 생명을 가진 자립적인 인물로 등장해 그들 자신들 사이 그리고 인간과의 사이에서 일정한 관계를 맺고 있다. 마찬가지로 상품 세계에서는 인간 손의 산물들이 그와 같이 등장한다. 나는 이것을 물신숭배라고 부르는데, 이것은 노동 생산물이 상품으로 생산되자마자 거기에 부착되며, 따라서 상품생산과 분리될 수 없다." K. Marx(김수행 옮김), 『자본론 1권』, 비봉출판사, 2009, 93쪽.

11 Simon Jarvis, *Adorno: A Critical Introduction*, (Polity Press, 1998), 53쪽.

12 Nigel Gibson, *Rethinking an Old Saw: Dialectical Negativity, Utopia, and Negative Dialectic in Adorno's Hegelian Marxism, Adorno: A Critical Reader*, ed. by Nigel Gibson and

관계를 물화시키는 교환 원리의 합리성이 전지구적으로 확장된 오늘날, 상품은 단순히 상품 구매자의 욕구를 충족시키는데 그치는 것이 아니라 그의 지위와 위신, 인견마저도 대변하며, 사실상 상품 구매자는 상품의 질적 가치가 아니라 상품의 교환가치에 집착한다. 그래서 그토록 사람들은 명품에 열광하는가? 사람들이 명품에 집착하면 할수록(실제로 그들은 상품 브랜드와 가격에 집착한다) 그 사람은 상품을 규정하는 자본의 속성에 속하게 되며, 그러한 정도로 그 사람의 의식은 물화된다. "주체는 물화에 의해 소비된다."[13]

놀랍게도 아도르노는 물신주의를 판단에서 범주로 사용되는 개념으로 확장한다. 이런 생각 속에는 개념이 사회적 총체성을 반영한다는 그의 믿음이 깔려 있다. 교환사회에서의 상품처럼 보편적 인식을 위해 개념은 자족적인 것으로 간주되어야 한다. 이를 아도르노는 '개념 물신주의'라 부른다. 상품 물신주의에서 교환가치가 인간노동의 결과가 아니라 상품 자체의 내재적인 성질인 것처럼 가정됨으로써 상품의 절대적 규정으로 되는 것처럼, 개념 물신주의는 사태 자체를 의식의 사실로 환원하고 이와 같이 환원된 사실을 개념을 통해 완전히 규정할 수 있다는 가정에 기초한다. 따라서 모든 것을 완전히 규정할 수 있는 개념은 그 자체로 자족적이고 자립적인 것이라는 가상을 띠게 된다.

> 논증은 그것의 형식적 보편성 때문에 개념을 너무나 물신적으로 받아들인다. 이 때 개념은 그 영역 내에서 철학적 사유가 그것에 대해 어떤 것도 할 수 없는 자족적인 총체성으로 소박하게 해석된다.[14]

사유는 불가피하게 개념을 수단으로 해야 한다. 이러한 사유의 개념 의존성

Andrew Rubin, (Blackwell, 2002), 282쪽.
13 같은 책, 282쪽.
14 Th. W. Adorno, ND. 23쪽.

은 관념론자들로 하여금 개념을 자족적인 것으로 고양시키도록 강제한다. 왜냐하면 인간 주체를 고양시키기 위해 관념론자들은 인간 사유가 의존하는 개념을 물신화해야 하기 때문이다. 거대한 기계 속의 부품처럼 체계화된 사회에서 원자화된 개인은 무력하고, 이러한 무력함을 관념론자들은 주체의 고양을 통해 위로하며 합리적 체계를 구성함으로써 정당화하려 한다. 이러한 의도에서 그들은 주체를 무한한 능력을 가지는 것으로 고양하기 위해 사유수단인 개념을 자족적이고 궁극적인 것으로 실체화한다. 이와 같이 개념을 자족적인 것으로 실체화함으로써 개념적 규정을 통해 판단하고 추리하는 이성은 자족적인 것으로 고양될 수 있기 때문이다. 마치 교환 원리가 교환시장 바깥에 어떤 것도 남겨두어서는 안 되는 것처럼, 개념 바깥에 어떤 것도 남겨두어서는 안 된다. 그러나 이러한 개념의 자족성을 통해 이루어진 동일성 판단은 더 이상 개념 바깥에 있는 것과 관계할 필요가 없기 때문에, 마치 칸트가 비판한 이성주의자들의 분석판단처럼 공허하다. 왜냐하면 어떤 것에 대한 개념이어야 할 개념이 어떤 것과도 관계하지 못할 뿐만 아니라 관계할 필요도 없기 때문이다.

"개념들을 가지고 조작해야 하는 철학의 필요로부터 개념의 선험성에 대한 미덕이 만들어져서는 안 된다."[15] 개념이 완전히 자족적이고 자립적이려면 개념은 순수해야 한다. 개념이 순수하려면 개념은 경험적 요소와 얽혀서는 안 되며, 이러한 개념의 순수성에 대한 요구가 개념을 선험적인 것으로 강제한다. 왜냐하면 경험적인 개념은 순수할 수 없으며, 순수하지 않은 개념은 보편적일 수 없기 때문이다. 마찬가지로 그 자체로 어떤 질적 가치도 가지지 않는다는 의미에서 교환가치의 매체인 돈은 순수하다. 교환 매체인 돈이 순수하기 위해서는 사용가치와 직접 관련되어서는 안 되며 오직 교환 원리를 통해 추상화된 교환가치만을 양적으로 나타내야 한다. 이런 의미

---

15 Th. W. Adorno, ND. 23쪽.

에서 인식수단인 개념과 교환 수단인 교환가치는 너무나 밀접하게 닮아 있고, 그런 한에서 둘 다 실제적으로는 추상화를 통해 형성된 것이지만 외관상으로는 선험적 형식이라는 가상을 띠고 있다.

> 선험적 주체에 관한 학설에는 개별 인간들과 그들의 관계로부터 분리된 추상적인 합리적 관계의 선행성이 충실하게 나타난다. 그러한 관계는 교환에서 자신의 모델을 가진다. 만약 사회의 표준적인 구조가 교환형식이라면, 그것의 합리성이 사람들을 구성한다. 그들이 자신에 대해서 무엇인가, 혹은 그들이 스스로를 무엇으로 간주하는가는 부차적이다.[16]

아도르노는 인식비판을 인식론 영역에 제한하지 않는다. 우리가 세계를 이해하는 방식과 세계를 이해하는 구조는 사회의 합리성과 분리될 수 없으며, 사회의 합리성이 교환 원리에 기초한다면 이러한 교환 원리의 합리성이 인식이론을 지배한다고 생각한다. 따라서 대상을 인식하면서 형성된 자기의식도 교환적 합리성에 지배받는다. "의식의 통일이 객관성에 따라 형성되고, 또한 대상의 구성 가능성에서 그것의 척도를 가지는 한에서, 자기의식의 통일은 사회 속에 있는 생산 활동의 총체적이고 빈틈없는 결합의 개념적 반영이다. 그러한 생산 활동을 통해 상품의 객관성, 그것의 대상성은 비로소 형성된다."[17] 이러한 의미에서 아도르노에게 인식비판은 단순히 인식이론에 제한된 것이 아니라 인식이론에 영향을 미치는 교환적 합리성에 대한 비판이다. 교환적 합리성이 교환될 수 없는 것을 추상화하는 동일성 원리에 기초하고 있기 때문에, 동일성 원리에 기초한 인식이론에 대한 비판은 교환적 합리성의 동일성 원리에 대한 비판이다.

교환 원리를 통해 전적으로 규정될 수 없는 것과의 관계가 없다면 교환

---

16 Th. W. Adorno, SO. 745쪽.
17 Th. W. Adorno, ND. 181쪽.

가치가 그 자체로는 무의미한 것처럼, 경험과 관계하고 의미를 위해 그것의 지시대상과 관계해야하는 개념은 자족적인 것으로 실체화될 수 없으며, 관념론자들이 믿고 싶어 하듯 순수 선험적인 것이 아니라 추상화를 통해 형성된 것이다. 왜냐하면 경험은 추상적 범주로서의 개념적 규정으로 완전히 환원될 수 없는 비개념적이고 비동일적인 것에 대한 관계를 포함하기 때문이다. 이러한 정도로 교환적 합리성의 동일성 원리에 대한 비판과 개념적 합리성의 동일성 원리에 대한 비판은 상품이 자립적이고 독립적이라는 상품 물신주의와, 개념이 자립적이고 독립적이라는 개념 물신주의에 대한 비판이다.

2.4 개념적 추상화와 실제적 추상화

개념이 선험적으로 주어진 것이 아니고 추상화를 통해 형성된 것이라면 추상화는 무엇을 의미하고, 어떤 식으로 작용하며, 어떻게 가능한가? 개념의 형성 원리가 추상화라면 너무나 당연하게도 추상화는 개념적 합리성의 발달에 결정적인 역할을 한다. 다른 말로 추상화가 없다면 개념화도 없을 것이고 동일성 원리도 불가능할 것이다. 이러한 의미에서 추상화는 이중적으로 이루어진다. 즉 개념화를 위해 그리고 그러한 추상적 개념을 적용하는 동일성 판단을 위해 추상화가 이루어진다. 그 자체 추상적인 개념이 판단형식에 적용될 때 판단대상을 추상화한다. '추상한다'는 의미의 'abstract'는 '체로 걸러내다'를 의미한다. 마치 원하는 크기의 모래알을 얻기 위해 보다 큰 모래알을 체로 걸러내듯이, 어떤 것을 추상한다는 것은 원하지 않는 부분을 걸러낸다는 것을 의미한다. 이와 같은 추상화를 통한 개념화는 개념과 동일화되지 않는 비개념적인 것을 재단하고 제거함으로써 동일한 요소로 일반화·보편화시킨다는 것을 의미한다. 이러한 추상화를 통해 형성된 개념이 주어를 분류하는 범주로 사용되는 판단에서, 개별 대상이 가진 질적 차이를 걸러내지 않으면 동일성 판단이 이루어지지 않기 때문에 동일성 판단에서 추상화는 본질적이다. 어떤 것을 규정한다는 것은 어떤 것을 다른 것과 구별하고, 그것을 경계지운 다음, 다른 것을 배제한다는 의미에서 어떤 것을 개념이 적용될 수 있도록 재단함으로써 추상화하는 것이다.[18] 개념화와 개념적 규정을 통한 인식이 추상화에 의존하기 때문에 "추상화 자체는 주체를 주체 일반으로 만드는 원리이며 주체의 고유한 본질이다."[19]

추상화가 없다면 동일성 판단은 불가능하며, 심지어 개념도 형성되지 않을 것이다. 따라서 추상화는 인간이 자연과 분리되기 위한 인간의 본질적 조건이다. 그렇다면 추상화는 어떻게 가능하게 되었는가? 정신의 추상화 능력은 인간에게 생득적으로 주어지거나 우연히 획득된 것이 아니다. 만일 추상화가 선험적으로 주어진 영혼의 심연 속에 있는 능력이라면 인간사에서 전언어적 단계, 따라서 전역사적 단계는 없었을 것이다. 추상화할 수 있는 능력이 선험적으로 주어진 것이 아니라면 오히려 추상화는 협력하여 노동하고 서로 관계를 형성하는 인간의 삶의 방식에서 획득된 능력으로 보는 것이 합당할 것이다. 추상화 능력은 인간의 관계방식을 통해 발생된 것이며, 발생한 것이기 때문에 개념과 마찬가지로 역사성을 가진다. 사회를 형성하여 살아가는 인간에게 추상화는 인간과 인간의 거래 방식, 특히 교환 방식의 발달과 관련된다.[20] 제물교환에서부터 물물교환, 상품교환으로 이어지

---

18 엄마가 어린 아이들에게 처음 말을 가르칠 때를 상상해보라. 엄마는 '나무'를 가르치기 위해 나무와 나무가 아닌 것을 구별하고 나무가 아닌 것을 부정하는 행위를 반복하도록 한다. 이러한 반복된 학습을 통해 아이는 나무와 나무가 아닌 것을 구별하고 나무를 나무로 확인한다. 이때 나무가 아닌 것과 나무를 구별하여 나무를 나무로 규정하기 위해, 즉 '이것은 나무다'라고 판단하기 위해 나무가 아닌 것들이나 나무들 사이의 차이는 재단되거나 배제되는 추상화가 이루어진다. 따라서 개념화뿐만 아니라 추상적 개념을 통한 동일성 인식은 추상화를 통해 작동된다.

19 Th. W. Adorno, ND, 182쪽.

20 아도르노는 추상화의 발달을 '제물교환의 진보'로서 나타낸다. Martin Moris, *Rethinking the*

는 과정은 추상화가 발달해온 과정이다. 명목상 동등한 교환이 이루어지려면 교환되는 대상의 사용가치가 배제되고 양적인 것으로 환원되어야 한다. 왜냐하면 교환이 이루어지기 위해서는 교환하는 것이 교환되는 것과 동등한 가치를 가진다고 간주되어야 하며, 어떤 것이 다른 것과 동등한 가치를 가진다고 가정할 수 있으려면, 동등한 가치를 가진다고 평가되기 어려운 질적인 부분은 측정 가능한 양적인 것으로 환원되어야 하기 때문이다. 질적인 것의 양적인 것으로의 전환 속에 이미 환원 불가능한 질적인 것의 추상화가 일어난다. 이와 같이 추상화는 교환관계와 밀접하게 관련되며, 교환관계가 발달하면 할수록 추상도도 발달한다. 따라서 교환관계의 발달은 개념적 추상화의 발달과 결합되어 있다.

이런 측면에서 왜 동양에서와는 달리 서양에서 강력한 추상적인 동일성 원리가 발달했는가를 검토하는 것이 결실 없는 것은 아닐 것이다. 더욱 구체적으로는 특히 서양에서 개념적 동일성에 기초한 논증적 합리성이 발달했는가? 더 이상의 검토가 필요하겠지만 일차적으로는 지중해를 배경으로 하는 고대 유럽의 경제활동과 동북아의 농경생활 위주의 삶의 방식의 차이에서 추리해볼 수 있을 것이다. 특히 고대 지중해 연안의 도시국가들은 그 자체로 자립경제를 이루지 못했다. 이러한 지중해 연안 국가들의 공통된 경제활동의 특징은 해상무역과 해상무역의 주도권을 장악하려는 전쟁이다. 초기부터 유럽의 도시국가들은 무역을 통한 교환활동이 활발히 이루어졌고, 상인들은 많은 이윤을 남기고 싶어 했기 때문에 자연스럽게 계산적 사고가 발달했다. 이러한 생활환경은 추상화의 발달을 가져왔다. 왜냐하면 서로 다른 물건을 교환하기 위해서는 그 물건들이 가진 질적 가치를 추상해야 하기 때문이다. 예를 들어 곡괭이 한 자루와 쌀 한가마를 교환하기 위해서는 교환되는 대상이 동등한 가치를 가진다고 생각되어야 하며, 곡괭이와 쌀

Communicative Turn, (State University of New York Press, 2001), 60쪽.

이 동등한 가치를 가진다고 생각하기 위해서는 그것들이 가진 질적 가치는 추상화되어야 한다. 거래방식의 발달과 더불어 발달한 추상화는 수학의 발달과 이에 기초한 논증적 사고의 발달을 가져왔다. 반면에 상대적으로 자족적이고 자립적인 농경생활에 바탕을 둔 동양에서는 계산적 사유방식이 상대적으로 경시되었으며, 계산적 사고에 바탕을 둔 논증적 합리성보다는 경험대상을 극단적으로 추상화하지 않는 사유방식의 발달이 이루어졌다. 어떤 의미에서는 자연과 유사성을 간직하고 타자를 배제하지 않는 사유방식. 이러한 상상력이 설득력이 있든 없든 간에, 적어도 동일성 원리의 발달은 실제적 상품교환에서 '추상화'의 발달과 분리될 수 없다는 것이다. 왜냐하면 동등하지 않은 사용가치를 지닌 상품이 교환되기 위해서는 사용가치가 추상화되어 교환가치로 일반화되어야 하기 때문이다. 이러한 의미에서 교환원리의 본질적 특징은 추상화이다.

용왕의 노여움으로부터 자신들을 보호하기 위해 상인들은 심청이를 인당수에 던져야 한다. 상인들은 심청이를 용왕에게 제물로 바침으로써 용왕과 거래하는 것이다. 다른 말로 용왕은 상인들을 살려주는 대가로 심청이를 먹고 떨어져야 한다. 우리는 동해 용왕의 직접적인 생각[21]은 알 수 없지만, 제물을 바치는 상인들의 생각은 상상할 수 있을 것이다. 적어도 그들은 동해의 용왕이 심청이와 자신들의 생명이 동일한 가치를 가진다고 생각할 것

---

21 상인들은 이미 심봉사로부터 심청이를 공양미 3백석에 샀다. 적어도 명목상으로는 심봉사와 상인들의 등가교환이 이루어진 것이다. 따라서 심청이의 교환가치는 공양미 3백석이다. 만일에 동해의 용왕이 상인들의 생명을 보존해주는 대가로 심청이를 제물로 받아들인다면, 용왕은 공양미 3백석을 먹고 떨어진 셈이다. 그러나 거래에 익숙하지 않은 용왕은 심청이 대신에 공양미 3백석을 바치려 한다면 이 거래를 받아들이지 않을 것이다. 왜냐하면 그는 아직 심청이의 질적 가치가 공양미 3백석이라는 양적 가치로 환원될 수 있다고 생각할 수 없기 때문이다. 그는 아직 계몽되지 않은 신화 속의 신이다. 그렇기 때문에 그는 제물을 완전히 추상적인 교환가치로 보지 않는다. 그렇지만 오늘날 계몽된, 따라서 탈신화되고 탈마법화된 신은 제물 자체보다 현금을 받는다(많은 종교단체의 헌금이나 시주를 생각해보라). 계몽된 신은 상인들만큼이나 거래에 능수능란하다. 그러한 정도로 신은 세속화된다. 이와 같이 세속화된 신은 신인가?

이라는 것을 확신했을 것이다. 등가교환이 이루어지기 위해서는 용왕뿐만 아니라 상인들도 심청이와 자신들의 생명이 동일한 가치를 가진다고 생각해야 하며, 심청이와 자신들이 동일한 가치를 가진다고 생각하기 위해서는 심청이와 상인들의 질적인 부분은 추상되어야 한다. 질적인 것을 추상화하여 동등한 가치를 가진다고 생각함으로써 상인과 용왕의 거래는 합리적인 동등한 교환이 된다. "교환이 희생의 세속화라면, 희생 자체가 이미 주술적인 형태로 된 합리적 교환으로서 신들을 지배하기 위한 인간의 고안물이다. 신들은 신들에게 바치는 바로 그 경배 장치에 의해 무너지는 것이다."22 이와 같이 가장 초보적인 제물교환에서도 이미 추상화가 이루어지고, 교환 형식의 발달은 더욱더 세련된 추상화의 발달을 가져오며, 추상화가 발달할수록 세계를 더욱 계산적으로 이해하려는 합리적 사고 유형이 발달한다.

그러므로 추상화할 수 있는 능력은 선험적으로 인간에게 주어진 선물이 아니라 사회생활, 특히 교환을 통해 발생한 것이다.23 교환형식이 발달할수록 추상화도 발달하며, 추상화가 발달한 정도로 개념적 추상화도 발달한다. 그런 점에서 교환 원리가 사회의 지배적 규정 원리로 발달한 후기 자본주의 단계에서 개념은 개념의 대상을 보편적으로 규정할 수 있기 위해 순수 형식으로 추상화되었다는 것은 우연이 아니다. 그러나 교환 원리의 보편적

22　M. Horkheimer/Th. W. Adorno, DA. 67, 85쪽.
23　이와 같이 획득된 추상화능력은 인류에게 언어의 학습을 통해 전승된다. 왜냐하면 언어를 수단으로 하는 사유능력은 본질적으로 추상화와 결합되어 있기 때문이다. 예를 들어 이제 초보적인 개념어를 배웠고 아직 미술교육을 별도로 배우지 않은 초등학교 1, 2학년 쯤 되는 아이들을 지리산 천왕봉 밑에 데려가서 그림을 그리게 해보라. 그들은 눈에 보이는 그대로의 천왕봉을 그리는가? 아마도 둥그런 봉우리 세 개가 있는 도식적인 산을 그릴 것이다. 귀찮으면 가까운 소나무 밑에 데려가서 나무를 그려보라고 해보라. 아마도 보지 않아도 어떻게 그리는지 상상이 갈 것이다. 그들은 왜 눈에 보이는 그대로 그리지 않는가? 이미 언어를 배운 아이들은 사물들을 있는 그대로 보지 않는다. 언어를 통해 매개된 산, 나무에 대한 표준적인 표상으로 본다. 즉 추상화된 산과 나무의 상을 보는 것이다. 이러한 정도로 언어적 추상화는 인간의 인식능력에 영향을 미친다. 역으로 사물들은 존재하는 그대로 합리화된 우리의 의식에 의해 지각되지 않는다.

확장과 사회적 합리화 과정의 증가가 밀접하게 관련을 가지며 이러한 관계가 인식이론에 반영되었다고 생각한다 하더라도, 아도르노가 보편적 역사법칙을 주장하는 것은 아니다. 하버마스가 역사과정을 부분적으로 "사회적 거래 형태의 성숙"이라고 규정한 것처럼[24], 아도르노는 이러한 과정이 역사법칙에 속한다고 생각한 것이 아니다. 아도르노가 그리고 있는 것은 역사법칙이 아니라 역사적 사실이며, 이것이 의미하는 것은 반드시 이러한 과정으로 역사가 전개되어야 한다고 말하는 것이 아니라는 것이다. 오히려 아도르노는 인간이 사유하기 위해 동일성 원리가 불가피하다 하더라도, 동일성 논리에 의해 배제된 타자를 인정하고 존중하는 사고유형이 가능할 것이라는 것을 부정하지 않으며, 서구의 교환 원리에 기초한 합리성이 절대적이고 미래 사회도 이러한 합리성에 기초해야 한다고 주장하지 않는다. 오히려 그는 이러한 배타적 합리성을 부정하고 비판한다.

추상화와 교환관계의 관련성은 단지 "교환의 실제 추상화가 이론적 의식의 형식적 추상화를 위한 조건"[25]이라는 것을 말한다. 즉 개념적 동일성 원리와 실제 교환의 동일성 원리의 공통적인 특징이 추상화라는 것이다. 두 원리 모두 추상화가 본질이며 이러한 추상화가 없다면 작동하지 않을 것이다.

> 선험적 보편성은 자아의 한갓 나르시스적 자기고양이나 자율성의 오만이 아니라 등가교환 원리를 통해 침투되고 영속되는 지배이다. 철학에 의해 찬양되고 인식하는 주체에만 기인된 추상화 과정은 사실적 교환사회에서 일어난다. 기능성과 보편성에 결합된 필연성으로서 선험적인 것의 규정은 인류의 자

---

24 Deborah Cook, *Adorno, Habermas, and the Search for a Rational Society*, (Routledge), 2004, 77쪽. 이런 측면에서 쿡은 하버마스가 아도르노가 강조적으로 거부했을 역사관, 즉 "야만으로부터 인도주의로" 이끄는 보편사를 제시하고 있다고 주장한다. 그에 따르면 이런 관점에서 역사주의자는 아도르노가 아니라 하버마스다. 즉 거래관계의 성숙과 결합된 의사소통적 합리성을 발달시켜 온 과정으로서의 보편적 역사.

25 Martin Moris, *Rethinking the Communicative Turn*, (State University of New York Press,2001), 88쪽.

기보존 원리를 나타낸다. 그것은 추상화를 위한 권리근거이면서, 그렇지만 그러한 추상화 없이는 진행되지 않는다. 추상화는 자기 보존적 이성의 수단이다.[26]

개념의 형성과 인식판단에서 개념의 적용이 추상화를 통해 이루어지는 것처럼, 형식적으로 동등한 것의 교환도 상품의 질적 가치(사용가치)를 추상화함으로써 이루어진다. 사실상 공약가능하지 않은 상품들을 공약 가능한 것으로 환원하는 교환은 추상적 보편 개념으로 환원하는 개념적 동일화 원리의 모델이다. "동일화 원리는 교환에서 자신의 사회적 모델을 가지며, 교환은 동일화 원리 없이는 있을 수 없을 것이다. 교환을 통해 비동일적인 개별 존재와 행위는 공약가능하고 동일적인 것으로 된다."[27] 교환적 추상화가 실제적인 이유는 교환 원리의 추상화가 공약 불가능한 것을 공약 가능한 것으로 만든다는 점에서 가상이지만, 그럼에도 이러한 가상이 현실적 영향력을 가지며 사회관계를 물화시키기 때문이다. 마찬가지로 교환적 추상화를 반영하는 개념적 추상화도 비개념적인 것을 은폐하거나 제거함으로써 개념을 자립적인 것으로 위장한다는 점에서 가상이지만, 이러한 가상은 경험 자체를 양적인 것으로 환원하며 경험을 측정 가능하고 조작 가능한 것으로 물화시킨다는 점에서 실제적이다. 이러한 실제 추상화와 결합된 개념적 추상화가 사람들의 의식과 세계 이해방식에 결정적 영향력을 행사하는 동시에 역으로 실제 추상화를 정당화한다. 이러한 개념적 추상화가 교환 원리가 가장 발달한 후기 자본주의에서 가장 발달된 모습을 보여준다는 것은 우연이 아니다. 왜냐하면 후기 자본주의 시대에 경험은 추상화된 거짓 모조품과 관계하기 때문이다.

    살아 있는 것과의 경험을 상실하고 추상화된 상과 관계하며 이를 분류

---

26   Th. W. Adorno, ND. 180쪽.
27   Th. W. Adorno, ND. 149쪽.

하고 동일화함으로써 대상을 꽉 움켜잡는 이성은 결국 현실에 순응하는 무기력한 주체의 모습이다. "선험적 주체처럼 교환을 통해 무의식적으로 동일성을 설립하는 주체들의 고유한 이성은 이성을 공통분모로 가지는 주체들에게 공약불가능하다. 즉 그것은 주체의 적으로서 주체이다."[28] 그러나 교환 원리의 동일성 원리가 이념상 동등한 것의 교환이지만 실제적으로 동등하지 않은 것의 교환이기 때문에 단순히 폐기할 수 있는 것은 아니다. 만일 교환 원리를 폐기한다면 갖고 싶은 것을 직접적으로 빼앗는 폭력이 등장할 것이다. 마찬가지로 사유의 동일성 원리를 폐기한다면 사유는 불가능하게 될 것이며, 사유하지 않는 인간은 자연과 분리될 수 없고 결국에는 자연 상태로 돌아갈 것이다. 사유하는 인간으로서 우리는 추상적 동일성 원리를 포기할 수 없지만, 이러한 동일성 원리에 만족한 채 머물러서도 안 된다. 왜냐하면 동일성 원리는 객체에 대한 진정한 경험을 추상함으로써 경험을 인식 경험으로 제한하고 위축시키기 때문이다. "구체적 철학함에 구속력 있게 도달하기 위해 추상화라는 얼어붙은 황무지를 통과해야 한다."[29]

그러나 추상화라는 얼어붙은 황무지를 단순히 추상화되지 않은 것에 직접적으로 호소함으로써 통과할 수는 없다. 추상화 체계를 통해 동일화되지 않은 것에 다가가기 위해서는 추상화와 추상적 동일성에 대한 규정된 비판을 통해서만 가능하다. 역설적이지만 왜곡되지 않은 경험을 차단하는 개념적 동일성 원리가 그러한 경험을 향해 의식을 열어놓는 수단이 된다. 물론 동일성 원리에 대한 규정된 비판을 통해. 이것이 아도르노가 인식비판을 그렇게 강조하는 이유이다. 개념적 추상화와 실제 추상화가 결합되어 있다는 생각은 첫째, 개념적 추상화가 단순히 세계를 이해하는 인식 영역에 한정된 것이 아니라 현실적 교환사회에서 일어나는 실제 추상화와 결합되어 있기 때문에 어떤 사회비판이론도 인식론을 간단히 건너뛸 수는 없으며, 둘

---

28 Th. W. Adorno, ND. 22쪽.
29 Th. W. Adorno, ND. 9쪽.

째, 동일성 원리에 대한 이론적 비판은, 그것이 교환의 동일성 원리에 대한 비판이든 개념적 동일성 원리에 대한 비판이든, 단순히 동일성 원리를 부정하고 폐기하려는 것이 아니라 동일화되지 않은 것, 교환될 수 없는 것의 핵심적 가치와 의미, 즉 경험 구성적 역할을 조명하는데 있다. 교환될 수 없는 것과 그러한 것에 대한 비동일적 경험은 오직 동일성 원리에 비추어서만 의미 있게 된다.

2.5 동일성 원리의 불가피성

아도르노는 동일성 철학이 전제하고 있는 주체와 객체의 이분법을 비판하면서도 주체와 객체의 분리를 폐기해야 한다고 주장하지 않는다. 오히려 그는 이러한 분리가 비판적으로 유지되어야 한다고 주장한다. 더 나아가서 일관되게 동일성 원리를 비판하면서도, 동일성 원리 자체를 폐기할 수 없다고 주장한다. 왜냐하면 "그는 자연에 대한 맹목적인 종속으로부터 인간이 해방되기 위해, 강제적 동일성이 특정한 역사적 단계에 필수적이라는 것을 알았기 때문이다."[30] 이러한 그의 생각이 그의 사상을 이해하는데 많은 난점을 초래한다. 만일 동일성 원리가 어떤 모순을 가지고 있고 이것이 문제가 된다면, 동일성 원리를 부정하고 폐기하는 것이 가장 손쉬운 해결책일 것이다. 그리고 이러한 방식으로 진행되는 이론은 상대적으로 쉽게 이해될 수 있을 것이다. 그러나 아도르노의 비판방식은 비판대상을 전면적으로 부정하고 비판하는 것이 아니라 '규정된 부정(bestimmte Negation)'이다. 규정된 부정은 비판이 비판 대상의 모순에 규정되어 있다는 것을 의미한다.[31] 아도

---

30 Peter Dews, *"Adorno, Post-Structuralism, and the Critique of Identity"*, *The Frankfurt School: Critical Assessments IV*, ed. by Jay Bernstein, (Routledge, 1994), 114쪽.
31 아도르노에게 있어 '부정'은 형식논리학에서처럼 전면적이고 완전한 부정을 의미하지 않는

르노에게 어떤 이론도 그 이론이 가지고 있는 부분적 모순 때문에 전면적으로 부정될 수 없으며, 그 이론에 대한 총괄적 판결이 내려져서도 안 된다.[32] 이런 의미에서 아도르노의 규정된 부정은 전면적 부정이 아니라 모순에 한정된 '특정한 부정'이다. 누군가가 아도르노가 헤겔을 비판하기 위해 칸트를 동원하고 칸트를 비판하기 위해 헤겔을 끌어들인다고 주장한다면, 즉 그가 변증법을 양날의 칼처럼 이용한다고 주장한다면, 이러한 주장은 부분적으로는 옳다. 왜냐하면 아도르노가 칸트를 비판하고 헤겔을 비판할 경우에, 어떤 식으로든 칸트 이론이 혹은 헤겔 이론이 가지고 있는 모순된 측면을 비판하고 부정하지, 이들 이론이 모순적인 계기를 가지고 있다고 해서 그 이론 전체가 부정되고 폐기되어야 한다고 생각하지 않기 때문이다. 아도르노는 칸트에 대한 규정된 비판을 하면서 이에 대한 근거로서, 혹은 칸트 이론 속에 있는 모순을 해소하는 모델을 제시한다는 점에서 헤겔을 끌어들이기도 하고, 그 역도 마찬가지의 방법을 사용한다.

규정된 부정의 관점에서, 아도르노가 동일성 원리를 비판하는 것은 동일성 원리가 가지고 있는 폐쇄적이고 배타적인 측면을 드러냄으로써 오히려 동일성 원리의 폭력성을 경계하고 해소하며 건전한 동일성 원리가 작동되도록 하려는 것이다. 즉 진정으로 동일성 원리의 이상이 실현되도록 하려

다. 이러한 의미에서 '부정'은 부정되어야 할 대상의 모순에 한정된 '규정된 부정'이며, 그런 한에서 '특정한 부정'이다. 어떤 것을 부정한다는 것이 어떤 것의 전면적 부정이 아니기 때문에 부정된 어떤 것을 다시 부정함으로써 긍정이 도출되지 않는다. 변증법적 의미에서 부정은 긍정으로 귀결되는 것이 아니라 '끊임없는 부정'이며 모순된 것을 부정하는 영원한 운동이다.

32 이런 의미에서 동서양을 막론하고 지금까지 전승되어 온 사상들은 단순히 변화된 시대에 맞지 않다거나 소박하다는 이유로 혹은 일정 부분 모순을 안고 있다는 이유로 간단히 부정될 수 없을 것이다. 오랜 기간 동안 사람들에게 텍스트로 간주되어 왔던 것은 그것이 안고 있는 소박함이나 단순한 모순 이상의 것들을 가지고 있기 때문일 것이다. 이러한 전통 사상들과 끊임없는 대화와 대결을 통해 이론은 새로워질 것이다. 순수하게 새로운 것은 없으며 새로운 것은 오직 전통에 대한 규정된 비판을 통해 가능할 것이다. "전통에 대한 철학의 관여는 오직 전통의 규정된 부정일 것이다." Th. W. Adorno, ND. 64쪽.

는 것이다. "어떤 사람도 자신의 살아 있는 노동의 한 부분도 빼앗기지 않는다면, 합리적 동일성은 성취될 것이며 사회는 동일화하는 사유를 넘어 설 것이다."[33] 현실에서 동등한 것의 교환이라는 교환적 합리성의 이념이 성취된다면 교환 원리를 반영하는 사유도 배타적인 추상적 동일성에 머무르지 않을 것이며, 인식수단인 개념을 통해 전적으로 환원될 수 없는 비동일적인 타자를 배제하거나 추방하는 것 없이 그것의 경험 구성적 역할을 인정하고 존중할 수 있을 것이다. 이러한 타자의 인정에 기초한 상호성은 사회관계에서 어떤 사람도 다른 생각, 가치관, 종교관, 그리고 문화적·인종적 차이 때문에 배제되지 않는 상호 존중의 윤리를 이끌어 낼 것이다. 이러한 정도로 개념적 동일성이든 실제적 동일성이든 간에 동일성에 대한 아도르노의 비판은 동일성 자체의 전면적 부정이 아니다. 오히려 동일성 논리가 동일화되지 않은 것과의 모순을 재생산한다 하더라도 동일성 논리에 대한 비판을 통해 동일성 논리를 전적으로 폐기할 수 있다고 생각하지 않는다.[34] 따라서 동일성에 대한 규정된 비판은 동일성 원리에 의해 배제된 타자를 인정하고 존중하는 동일성 사유를 의도한다. 그러한 사유만이 추상적 동일성을 넘어 설 것이다.

---

33 Th. W. Adorno, ND. 150쪽.

34 이러한 의미에서 "아도르노는 동일성 사유의 비판이라는 점에서 포스트구조주의자들의 내용을 선취하고 있지만, 여전히 개념적 사유와 이성을 포기하지 않는다." 강순전, 「헤겔 변증법 이후의 변증법 비판과 변증법 기획」, 『철학연구』, 대한철학회, 제 100집, 2006, 159쪽. 포스트구조주의 이론가들이 아도르노의 동일성 논리에 대한 비판에 동조하면서도 그가 의식철학을 극복하지 못하고 이성주의로 회귀했다고 생각하는 것이 이러한 측면일 것이다. 아도르노가 이성을 자연지배의 도구로 사용하는 합리성을 비판하지만 그렇다고 이성 자체를 폐기하지 않는다는 점에서 이들의 비판은 옳다. 그러나 아도르노가 자신이 비판하는 도구적 이성으로 회귀하지 않는다는 점에서 이들의 비판은 틀렸다. 즉 아도르노는 이성이 자연과 다른 인간을 지배하기 단순한 도구가 아니라 이성이 미메시스적 능력도 포함하고 있으며, 따라서 이성 자체가 그 스스로를 비판하고 교정하는 능력을 가지고 있다고 생각한다. 만일 이성의 도구적 사용이 모순을 낳는다고 해서 이성 자체를 폐기한다면 인류는 다시 자연 상태로 되돌아가야 하는가?

앞에서 살펴본 것처럼, 동일성 원리는 주체의 형성 원리이자 인간이 자연으로부터 벗어나기 위한 수단이 된다. 그러나 이러한 동일성 원리의 문제는 끊임없이 인식되는 것을 개념이라는 인식 규정을 통해 동일화시키고 동일하지 않은 것을 배제시키며 손상시킨다는 데 있다. 따라서 동일성 원리에 대한 비판은 동일성이 가지고 있는 배타적이고 배제적인 성격에 대한 비판이지 동일성 자체의 제거가 아니다. 만일 동일성 원리가 가진 폭력성 때문에 동일성 원리를 제거한다면 인간은 더 이상 자연연관과 분리되지 않은 자연 상태로 되돌아 갈 것이다. 왜냐하면 인간이 자연연관으로부터 독립할 수 있었던 것은 사유할 수 있게 됨으로써 가능하게 되었으며, 이러한 사유를 가능하게 한 것이 동일성 원리라면, 동일성은 인간이 맹목적 자연연관으로부터 해방되기 위한 불가피한 조건이기 때문이다. 결국 이러한 동일성 원리의 불가피성은 인간인식 능력의 불충분성 때문에 야기된다. 단순히 어떤 것이 있음을 인지하는 것이 아니라 그것이 무엇인지를 인식하고, 인식한 것을 소통하기 위해 인간은 언어, 특히 어떤 것을 무엇으로 분류하는 범주로서 사용되는 불충분하고 불완전한 개념에 의존해야 하기 때문이다. 만일 우리가 어떤 것이 무엇인지를 알기 위해 불충분한 추상적 개념에 의존할 필요 없이 직접적으로 인식할 수 있고 다른 사람에게 완전하게 전달할 수 있다면 개념적 동일성 원리가 필요하지 않을 것이다. 그러나 인간이 인식과 소통을 위해 어떤 것을 무엇이라고 규정하는 동일성 판단에 의존하기 때문에, 이러한 판단이 불충분하고 동일화될 수 없는 것을 배제시킨다 하더라도, 동일성 원리는 인간이 인간이기 위해 불가피하다.

인식적 사유에서 동일성 원리가 폐기될 수 없는 것과 마찬가지로 교환 원리의 동일성도 폐기될 수 없다. 교환 원리의 동일성이 이념적으로 동등한 것의 교환을 의도하지만 현실적으로 동등하지 않은 것의 동일화인 불평등한 교환이며, 따라서 교환 대상이 가진 질적 가치가 배제되기 때문에 폐기되어야 한다고 주장한다면, 이러한 주장은 교환을 불가능하게 할 것이다.

개인이 자신의 생존과 만족을 위해 모든 것을 스스로 생산할 수 있는 자기 충족적인 존재라면 구태여 교환은 필요 없을지 모른다. 그러나 인간은 그 자체 자기 충족적인 존재가 아니기 때문에 협력과 분업을 필요로 하고, 협력과 분업을 통해 생산된 것을 교환함으로써 욕구를 충족시킬 수밖에 없다. 따라서 교환 원리를 폐기한다면 욕구하는 것을 직접적으로 빼앗으려는 만인에 대한 만인의 투쟁이 벌어질 것이다.

> 사람들이 비교가능성의 척도를 단순히 폐기한다면, 이데올로기적이긴 하지만 약속으로서 교환 원리에 내재하는 합리성 대신에 직접적인 전유, 폭력이 등장할 것이다. 또는 오늘날처럼 독점기업과 도당들의 적나라한 특권이 등장할 것이다. 사유의 동일화하는 원리로서 교환 원리에 대한 비판은 오늘날까지도 한갓 변명에 불과한 자유롭고 정당한 교환의 이상이 실현되기를 의도한다. 그것만이 교환을 초월한다.[35]

이러한 의미에서 교환 원리에 대한 내재적 비판은 교환 원리의 추상적 동일성과 이러한 동일성 원리에 의해 야기된 모순, 즉 동등하지 않은 교환을 부정하고 비판하는 규정된 부정이다. "핵심은 교환을 중단시키는 것이 아니라 외관상 공정한 교환에서 잘못된 동일화, 동등하지 않은 것의 교환을 보여주는 것이다."[36] 이를 통해 동등한 교환이라는 교환의 이념을 실현하도록 하는 것이다.

이러한 정도로 동일성 원리를 비판하는 사유는 사유로부터 동일성 원리를 제거하는 것이 아니라 동일성 원리의 불충분성을 증명함으로써 동일성 원리의 배타적인 폭력성을 중단시키는 것이다. 그러한 비판적 사유가 가능하려면, 사유는 동일성 원리와 전적으로 무관한 것이어서는 안 되며, 비

35　Th. W. Adorno, ND. 150쪽.
36　Simon Jarvis, *Adorno: A Critical Introduction*, (Polity Press, 1998), 167쪽.

동일적인 것을 전적으로 포섭할 수 없는 개념의 불충분성을 의식하는 동일성 사유이어야 한다. 왜냐하면 어쨌든 사유에 내재하는 잠재적 폭력성을 치유하는 것도 사유이기 때문이다. "사유는 자체의 고유한 법칙성에 만족할 필요가 없다. 사유는 자체를 희생시키는 것 없이 사유 자체에 반하여 사유할 수 있다."[37] 즉 인간이 자연으로부터 해방되기 위해 개념적 동일성 원리가 불가피하다면, 개념적 동일성의 불충분성을 의식함으로써 동일성 원리의 배타성을 부정하는 비판적 사유 또한 개념적 동일성에 기초한 사유이다. 어쨌든 사유는 동일성 원리가 없다면 작동할 수 없기 때문이다. "동일성이라는 가상은 사유의 고유한 형식상 사유 자체에 내재한다. 사유한다는 것은 동일화한다는 것을 의미한다."[38] 그럼에도 동일성 원리에 기초한 사유가 비판적일 수 있는 것은 사유는 개념적 동일성 원리의 불충분성을 스스로 의식할 수 있기 있기 때문이며, 사유가 이러한 개념적 동일성 원리의 불충분성을 의식할 수 있는 것은 개념적 장치로 환원될 수 없는 것에 대한 비동일성의 경험이 가능하기 때문이다. 개념적 동일성 사유는 교환될 수 없는 비동일적인 것에 대한 경험을 통해 끊임없이 교정되어야 한다. 결국 이러한 교정은 개념과 동일하지 않은 것의 비동일성 경험을 통해 이루어진다. 이러한 비동일성의 경험 때문에 사유는 형식적 동일성에 만족한 채 머무르는 것이 아니라 변증법적 운동을 한다. 불충분하고 불완전하기 때문에 개념과 개념적 규정은 영원히 고징된 것이 아니라 아도르노의 표현대로 수직적이다. 즉 역사적이다.

    객체가 필요로 하는 주관적 반응방식은 그의 편에서 끊임없이 객체를 통한 교정을 필요로 한다. 그러한 교정은 정신 경험의 효소인 자기반성 속에서 실행된다. 철학적 객관화 과정은 은유적으로 말하자면 수평적이고 추상적으로

---

37 Th. W. Adorno, ND. 144쪽.
38 Th. W. Adorno, ND. 17쪽.

양화하는 것에 반하여 수직적이고 시간 내적이다.[39]

　　동일성 원리의 배타성을 비판하지만 동일성 원리를 폐기할 수 없는 것처럼, 주체와 객체의 절대적 분리를 비판하지만, 그러나 그러한 분리가 폐기될 수 없을 것이다. 왜냐하면 주체와 객체의 절대적 분리를 상정하는 것은 두 계기를 서로 관계할 수 없는 것으로 만들기 때문이며, 그렇다고 두 계기를 분리되지 않은 것으로 상정한다면 관계라는 말조차 성립되지 않을 것이기 때문이다. 절대적으로 분리된 것으로 상정된 두 계기를 결합시킬 필요성에 의해 강제의 논리인 동일성 원리가 나온다. 그러나 이러한 결합은 한 계기를 무화시키고 다른 계기로 환원시키는 것이므로 공허한 일원론이 된다. 따라서 주체와 객체의 철저한 분리를 상정하고 이를 통일시키려는 긍정적 변증법은 기만이다. 다음 장에서 우리는 모든 것을 교환 가능한 것으로 환원하는 교환적 동일성 원리를 존재하는 모든 것에 침투하도록 매개하는 문화산업과, 문화산업에 의해 야기된 경험의 빈곤과 상실을 비판하며, 교환가치로 환원될 수 없는 것에 대한 경험과 그러한 경험을 다시 동일성 논리로 강제하지 않는 아도르노의 사유 모델인 '함께-배열하기'를 다룰 것이다.

39　Th. W. Adorno, ND. 57쪽.

3

물화되지 않은 경험과 함께-배열하기(Konstellation)

"오늘날 완전히 사회학은 이해할 수 없는 일, 즉 비인간으로 인간의 진입을 이해해야 할 것이다."[1] 왜냐하면 경험대상의 상실을 통한 인간 경험능력의 퇴행은 인간을 비인간적인 것으로 만들며, 이러한 경험의 상실은 단순히 개인에게 책임이 있는 것이 아니기 때문이다. 경험 상실은 경험을 지속적으로 왜곡시키고 경험능력의 미성숙을 조장하는 사회구조로부터 야기된 것이다.[2] 교환적 합리성이 지배하는 오늘날의 자본주의 사회에서 모든 경험대상이 상품으로 전락했기 때문에 경험 자체도 질적이지 않은 추상적 대상에 대한 경험으로 위축되고 제한되었다. 이러한 경험의 전환을 인식론은 인식방법을 체계화함으로써 정당화한다. 이로써 모든 경험은 논리적인 개념적 인식으로 환원된다. 이제 살아 있는 것과의 살아 있는 경험은 죽은 것에 대한 죽은 경험으로 변질된다. 따라서 경험의 위기는 단순히 인식론에 제한된 문제가 아니라 경험대상을 재단하는 실제 추상화와 결합된 문제이며, 개념적 추상화와 실제 추상화를 매개하는 메커니즘인 문화산업에 의해, 경험이 질 없는 상품과 질 없는 추상적 기호의 관계로 왜곡되었기 때문에 발생한 문제이다. 왜냐하면 문화산업의 발달과 더불어 인간 경험이 관계하는 모든 대상은, 심지어 문화마저도 산업의 논리, 즉 생산을 위한 생산의 논리에 따라 생산되고 상품화되기 때문이다. 이제 어떤 것도 시장을 벗어날 수 없고 모든 것은 시장에서 시장의 논리에 따라 거래된다. 그러한 정도로 경험은 시장의 지배를 받는다. 따라서 추상적 규정으로 환원될 수 없는 것에 대한 경험, 즉 교환가치로 교환될 수 없는 것에 대한 경험을 구제하는 것은, 모든 것을 교환가치로 평준화하는 교환적 합리성과 이를 생활세계에 침투시키고 확장하는 문화산업에 대한 규정된 비판을 통해 가능하기 때문에, 철학에서 주변적이거나 철학 외적인 문제가 아니다.

1　Th. W. Adorno, *Gesellschaft, Soziologische Schriften* I, Gesammelte Schriften Bd. 8(Ffm,), 12쪽.

2　허재훈, 『아도르노의 비판이론과 변증법의 부정성』, 경북대학교 대학원, 1999, 113쪽.

그럼에도 불구하고 개념이라는 범주적 장치로 환원되지 않은 경험을 이야기하는 것은 그만큼 부담이 되는 주제이기도 하다. 왜냐하면 그것은 소박한 실재론으로 오인되기도 하고, 때로는 신비적인 것이나 절대적인 것에 직접적으로 호소하는 것이라고 쉽게 오해받을 수 있기 때문이다. 물론 모든 경험이 합리적 동일성 규정으로 환원되는 시대에, 모든 것이 시장 논리에 따라 관리된 세계에서, 이러한 오해로부터 전적으로 벗어날 수 있는 길은 없을지 모르지만, 여기서 우리의 논의는 경험이 어떤 방식으로 왜곡되었으며, 이러한 왜곡이 어떤 방식으로 확장되고 정당화되는지를 추적하고 분석하고자 한다. 이를 통해 우리는 먼저 교환적 합리성을 매개하는 문화산업에 의해 조작되고 은폐된, 환원되지 않은 경험을 교환적 합리성과 이를 정당화하는 개념적 동일성 원리에 대한 규정된 비판을 통해 확인하고, 그런 다음 아도르노가 다루지 않았지만 이러한 경험의 매개적 역할과 인식에 대한 경험의 우선성을 논증하며, 마지막으로 이러한 경험에 대해 아도르노가 제시하는 좀 더 적극적인 접근방식인 '함께-배열하기'를 다루고자 한다. 이것은 역으로 인간이 긍정적 수단인 개념적 매개를 통해 세계를 인식하는 방식 때문에 환원되지 않은 경험을 글자 그대로 표현할 수 없는 불충분성을 논증함으로써, 개념적 동일성 원리의 불충분성을 증명하는 것이다. 이를 통해 우리는 불충분한 동일성 판단으로 환원될 수 없는 것을 또 다시 동일성 인식으로 환원하지 않는 사유 모델인 '함께-배열하기'를 이해하려는 것이다.

3.1 문화산업과 경험의 위기

"가다머가 언급했던 것처럼 경험 개념은 철학자들이 가장 명료하게 하지 않은 채 사용하는 개념들 가운데 하나이며, 가장 자주 호소하는 개념들 가운데 하나이기도 하다."[3] 경험은 인간인식과 사유의 출발점이기도 하지만, 그럼에도 경험이 지닌 우연성 때문에 철학자들이 가장 극복하고자 했던 개념이다. 칸트에게도 경험 개념은 애매하다.

> 그러나 비록 우리의 모든 인식이 경험과 더불어 일어나기는 하지만 그렇다고 그러한 인식이 모두 경험에서 나오는 것은 아니다. 왜냐하면 우리의 경험적 인식조차도 우리가 인상(각인되는 것)을 통해서 수용하는 것과 (단지 감성적 인상을 통해 촉발되어) 우리 자신의 인식 능력이 자신에게서 내놓는 것이 결합되어 이루어진 것일 수 있기 때문이다.[4]

이 때 경험은 인식과 동일한 것이 아니다. 인식은 경험과 우리의 인식능력이 내놓는 것, 즉 지성형식과 결합되어 이루어진 것이다. 이에 반해 경험은 감각기관에 직접적으로 주어진 감각적 인상이다. 이러한 감각적 인상이 인식의 순수 재료가 된다. 이런 의미에서 경험은 지성형식이 결합되기 전에 우리가 외부로부터 감각기관을 통해 수동적으로 받아들인 인상에 한정된다. 칸트가 경험과 인식을 구별할 필요를 가지는 것은 인식을 가능하게 하는 지성의 순수 형식이 경험적인 것이라면 보편적 인식이 불가능하기 때문이다. 보편적 인식을 위해 지성형식은 외부로부터 수동적으로 받아들인 경험과 분리되어야 한다. 그러나 "경험은 의심할 것 없이 우리 지성이 감각의 원료를 가공해서 산출하는 최초의 산물이다."[5] 혹은 "모든 경험은 어떤 것이 주어지는 감각직관에 더하여 직관 속에 주어지거나 현상하는 대상의 개념을 포함한다."[6] 이 때 경험은 단순히 감각기관을 통해 수동적으로 수용된 직관만이 아니라 주체의 자발적 능력을 통해 직관을 손질하는 개념의 작용을

---

3 Simon Jarvis, *Adorno: A Critical Introduction*, (Polity Press, 1998), 158쪽.
4 I. Kant(김석수 옮김), 『순수이성비판 서문』, 책세상, 2002, 81쪽.
5 같은 책. 63쪽.
6 I. Kant(최재희 옮김), 『순수이성비판』, 박영사, 2002, 123쪽 참조. 영어판은 I. Kant(tr. by Paul Guyer and Allen W. Wood), *Critique of Pure Reason*, (Cambridge, 1998), 224쪽.

의미한다. 이런 의미에서 경험은 단순히 직관의 수동적 수용만이 아니라 지성의 능동적 작용과 관계한다. 즉 경험은 인식과 동일한 의미를 가진다.

이러한 칸트의 경험 개념의 애매함은 단순히 칸트의 실수나 착오가 아니다. 이러한 애매함은 단적으로 인식론에서 경험이 가진 위상이나 역할의 변화를 말해주며, 이러한 경험에 대한 관점의 변화는 현실 사회에서 경험이 위축되고 제한되며 추상화되고 있다는 것을 반영하고 있는 것이다. 교환 원리가 지배적으로 됨에 따라 사람들이 관계하는 경험대상은 추상적 상품으로 변질되고, 그에 따라 살아 있는 것에 대한 살아 있는 경험은 죽은 것에 대한 죽은 경험으로 전환된다. 인식론적으로 자연에 대한 과학적 인식은 자연을 분류하고 재단하는 인식방법을 과학적 합리성으로 무장하고 이를 통해 자연을 조작 가능한 것으로 추상함으로써 가능하게 되듯이, 현실적으로 사회관계에 대한 교환적 합리성의 지배는 지배방법을 합리적으로 무장하고 이를 통해 사람들 사이의 관계와 문화를 조작 가능한 상품으로 측정하고 재단할 수 있도록 추상함으로써 가능하게 된다. 칸트에게 『순수이성비판』의 핵심적인 과제는 보편적 인식을 위해 합리적 인식방법을 마련하는 것이다. 경험론과 합리론의 종합을 통해 보편적 인식의 가능성을 확보하려는 칸트의 방법론적 모델은 상품생산이다.[7] 마치 상품이 추상적 노동을 통해 생산된 원료에 구체적 노동이 가해짐으로써 생산되듯이, 경험도 순수 직관형식을 통해 생산된 감각적 원료에 순수 개념이 적용됨으로써 생산된다. 경험은 경험대상에 대한 경험이기 때문에, 상품의 원료가 추상적 노동이 가해짐으로써 생산되듯이 순수 직관형식을 통해 가공된 경험의 대상인 표상은 실제 객체가 아니라 추상된 원재료이며, 직관형식을 통해 순수 개념이 적용될 수

---

[7] 이것은 칸트가 의도적으로 상품생산을 모델로 해서 자신의 선험적 인식방법을 만들었다고 말하는 것이 아니다. 칸트가 의도했든 않든 간에, 칸트의 인식론은 생산을 위한 생산의 보편적 확장을 통해 경험대상의 추상화가 가속화되고 경험대상이 추상화됨으로써 경험은 물화되고 추상적 대상을 분류하며 동일화하는 인식으로 위축되고 전환되는 시대상황을 반영하고 있다는 것이다.

있도록 일차적으로 가공된 인식의 재료이다. 이렇게 가공된 원재료를 순수 개념이 재단함으로써 구체적 인식대상은 제작된다. 따라서 경험의 추상화는 경험대상의 추상화에 수반된다. 이러한 경험대상의 추상화는 인식 메커니즘 내에서만 작동하는 것이 아니라 인식론적 방법이 작동하도록 매개하는 현실적 경험대상의 추상화를 통해 야기된다. 결국 교환적 합리성의 보편적 지배를 매개하고 가속화하는데 결정적 역할을 한 것이 상품경제의 급속한 발달과 더불어, 실제 추상화를 가장 정신적인 문화에까지 침투시키고 확장시킨 '문화산업(Kulturindustrie)'의 발달이다.

    호르크하이머와 아도르노는 문화산업이 칸트의 선험적 도식과 동일한 기능을 수행한다고 생각한다. 그들의 생각에 따르면 선험적 도식과 문화산업은 서로 다른 것들을 관계시키기 위해 매개하는 유사한 역할을 하지만, 다른 결과를 낳는다는 것이다. 즉 선험적 도식은 주체가 자신의 형식을 자발적으로 현상에 적용할 수 있도록 하지만, 문화산업의 도식으로서의 역할은 개인이 선택할 수 있는 상품의 목록을 미리 분류해 놓음으로써 개인의 자발성을 빼앗아버리고 선택을 강요한다는 것이다.

> 칸트의 도식이 주체에게 기대했던 실행, 즉 감각적 다양을 미리 근본 개념들과 관련시키는 실행을 산업은 주체에게서 떼어낸다. 산업은 고객에 대한 가장 큰 봉사로서 그러한 도식을 작동시킨다…… 소비자가 분류할 어떤 것도 더 이상 존재하지 않는다. 왜냐하면 생산의 도식 자체 속에서 이미 보는 것이 분류되어 있기 때문이다.[8]

그러나 이후의 아도르노의 비판에서 제기되듯이, 칸트가 기대했던, 능동적이고 자발적으로 감각적 다양을 분류할 수 있도록 하는 선험적 주체의 능력은 현실적으로 작동하지 않으며 단지 개념으로 환원될 수 없는 객체에 대한

---

8   M. Horkheimer/Th. W. Adorno, DA. 145-146, 174-175쪽.

장벽만을 만드는데 머무른다. 왜냐하면 상상력이 선험적 도식에 따라 직관의 다양을 통일하여 표상한다면, 선험적 도식은 문화산업과 마찬가지로 표상을 미리 분류한 셈이기 때문이다. 즉 순수 형식이 적용될 수 있도록 하기 위해 상상력을 통해 재현된 표상은 선험적 도식에 따라 분류된 것이다. 이러한 관점에서 본다면 선험적 도식은 문화산업과 동일한 역할을 한다. 따라서 칸트의 선험적 도식이 인식에서 주체가 자신의 형식을 자발적으로 현상에 적용할 수 있도록 하는 반면에, 문화산업은 이러한 자발적 작용을 박탈해버린 것이라는 호르크하이머와 아도르노의 비유는 적절하지 않다. 그러나 호르크하이머와 아도르노의 의도는 모든 것을 상품화하고 소비자들에게 상품의 목록을 제시함으로써 결국 소비자들이 미리 분류된 상품들의 목록에 따라 상품을 선택하게 된다는 사실에 주목하고, 이러한 방식으로 문화산업이 주체의 능동적 분류능력을 박탈해버리고 심지어 주체의 욕구마저 통제하고 관리하는 것을 비판하는 것이다. "문화산업은 소비자의 모든 욕구를 실현할 수 있는 것으로 나타내지만 그 욕구들은 문화산업에 의해 미리 정리된 것이다."[9] 모든 것을 '마케팅'(marketing)[10]함으로써 상품화하는 현대사회에서 더욱더 중요한 것은 문화산업이 한편으로는 교환적 합리성을 생활세계에 침투시키고, 다른 한편으로는 언어 특히 개념 형성과 개념 적용을 교환적 합리성에 따라 이루어지도록 하는 매개 역할을 한다는 것이다.

칸트의 선험적 도식은 동질적이지 않은 감각적 표상과 순수 개념을 결합시키기 위해 이 둘과 동질적이면서 이 둘을 매개하는 요소로서 도입된다.

---

9 M. Horkheimer/Th. W. Adorno, DA. 164, 197쪽.
10 생산자가 상품이나 서비스를 소비자에게 유통시키는 모든 과정을 처리하는 기업의 체계적 기능을 의미하는 마케팅은 글자 그대로 모든 것을 상품화함으로써 시장에 유통시키는 활동을 총칭한다. 이는 제품 계발에서부터 광고, 선전, 판매촉진책 등에 이르는 기능을 수행한다. 오늘날 기업의 경영에서 마케팅, 특히 광고가 차지하는 비중이 커지면 커질수록 상품을 생산하는 산업은 문화산업과 엄격하게 분리되지 않는다. "체계의 강제 아래 모든 상품이 광고기술을 이용함으로써 광고기술은 문화산업의 특성, 즉 '양식'으로 진입했다." M. Horkheimer/Th. W. Adorno, DA. 186, 222쪽.

왜냐하면 인식은 표상과 개념의 결합을 통해 성립하지만 표상과 순수 개념은 전적으로 다른 것이기 때문이다. 전적으로 다른 것을 관계시키기 위해 이 둘을 매개하는 은밀한 메커니즘이 영혼의 심연 속에서 작용해야 한다. 그렇지 않으면 전적으로 다른 것은 관계할 수도 결합할 수도 없다. 보편적 인식을 위해 동질적인 객체와 개념을 동질적이지 않은 것으로 상정함으로써, 전적으로 분리된 이들 두 요소들을 다시 관계시키기 위하여 객체와 관계하는 경험은 현상으로 추상화되어야 한다. 그러나 이러한 의식의 현상도 순수한 것이 아니기 때문에 순수 개념이 적용되기 위해서는 이를 매개하는 선험적 도식이 필요하다. 이제 경험은 더 이상 환원될 수 없는 객체에 대한 비동일적 경험이 아니라 선험적 도식의 매개를 통해 표상에 순수 개념이 적용되는 인식으로 전환된다. 마찬가지로 오늘날 모든 것을 상품화하는 자본주의 사회에서 문화산업은 상품 소비자의 욕구를 관리하고 창조함으로써 상품의 사용가치가 아니라 교환가치를 통해 상품을 소비하도록 한다. 문화마저 상품화하는 문화산업은 거짓 욕구를 만들어냄으로써 추상화된 상품의 교환가치와 소비자를 매개하는 역할을 한다. 이제 사람들의 경험은 질적인 것을 가지지 않는 교환가치로 규정된 상품과 관계한다. 따라서 문화산업은 경험대상을 교환 가능한 상품으로 추상함으로써 경험을 추상화하는 교환적 합리성이 개별 주체에게 침투되고 확장되도록 매개하고, 허위 욕구를 만들어내는 동시에 그러한 욕구 충족에 탐닉하도록 함으로써 개인들의 비판적이고 능동적인 판단능력을 무력하게 한다. 문화산업을 통해 "강요된 수동성과 이와 결합된 경험 상실은 상상작용을 마비시킨다. 그러나 정확한 상상력(Phantasie)은 예로부터 기존 사회의 문제와 모순을 변화시키고 해결하기 위한 결정적 전제이다."[11] 문화산업에 의한 경험대상의 상실을 통한 경험 상실

---

11 Kurt Lenk, *"Adornos "Negative Utopie": Gesellschaftstheorie und Ästhetik", Soziologie im Spätkapitalismus: Zur Gesellschaftstheorie Theodor W. Adornos*, Hrsg. von Gehard Schweppenhäuser, (Darmstadt, 1995), 141-142쪽.

은 현실 사회의 모순에 대한 비판과 새로운 것의 가능성을 상상하는 것을 불가능하게 한다. 결국 문화산업이 새로운 것과 심지어 새로운 것의 가능성에 대한 꿈조차도 제어했으며, 그러한 정도로 모든 것을 교환가치를 통해 공약 가능한 것으로 통분하는 교환적 합리성은 정당화된다. 예를 들어 자본주의의 문화에 상대적으로 덜 오염된 지역과 그곳의 자연경관도 상품으로 팔리며, 우리는 그러한 지역의 가치도 여행사가 마케팅한 상품 가격으로 평가한다. 모든 경험의 대상은 교환될 수 있는 상품으로 되었기 때문에 교환될 수 없는 것에 대한 경험은 무가치하고 무의미한 것으로 배제된다.

그러므로 문화산업은 경험대상을 교환 가능한 추상적 상품으로 만들고 이를 통해 경험의 빈곤과 상실을 초래하며, 더욱이 경험대상과 주체의 능동적 관계를 추상적이고 수동적인 것으로 만들고, 결국 새로운 것을 경험할 수 있는 능력을 잃어버린 주체를 무기력하게 함으로써, 생산을 위한 생산의 합리성에 결정적으로 기여한다. 이런 측면에서 주체를 무기력하게 하는 "경험의 빈곤은, 배타적으로는 아니라 하더라도, 문화산업의 영향과 연결된다."[12] 왜냐하면 대중 기만장치로서 문화산업은 가장 사물적인 것과 거리가 먼 정신적 산물인 문화마저도 교환가치를 통해 그 가치가 평가되는 상품으로 만듦으로써 문화를 향유하는 대중들이 수동적으로 생산을 위한 생산의 합리성을 받아들이고 따르도록 하기 때문이다. 이러한 문화상품의 지구적 확장은 문화의 대량 생산과 대량 복제를 가능하게 하는 기술을 통해 이루어진다. "오늘날의 문화는 새로운 기술에 의존하고, 대중은 기술이 가져다 준 물질적 만족에 안주한다."[13] 이를 통해 문화를 대량 생산하고 복제하는 문화산업은 개인의 미성숙 상태를 조장하고 유지시키는 역할을 한다. 특히 이러한 미성숙을 조장하는 문화산업은 "사회현실에 대한 비판의식을 마비시키

12　Espen Hammer, *Adorno & the Political*, (Routledge, 2006), 87쪽.
13　문현병, 「프랑크푸르트학파의 사회철학에서 문화비판」, 『시대와 철학』, 한국철학사상연구회, 1995, 181쪽.

고 허위 욕구를 부추겨 자기성찰이나 자아실현의 요구와 같은 고차적인 욕구를 억압함으로써 개인을 현실에 대해 무비판적이고 순응하는 수동적이며 조작적인 대상으로 전락시켜버린다."[14]

이러한 미성숙을 조장하고 유지하는 문화산업은 첫째, 거짓 특수성의 세계를 창조한다.[15] 즉 문화산업이 생산하고 유행시키는 거짓 특수성은 대중들이 그러한 유행에 참여하도록 강제하는 유사-독창성이다. 그것이 유사-독창적이라는 것은 문화산업을 통해 생산된 전형이 어쨌든 수동적으로 물화된 소비자들에게 신선한 것으로 위장되어야 하며, 그렇지만 이러한 거짓 특수성은 "소비자에게 교환가치를 위한 교환가치의 소비를 마치 그것이 대체할 수 없는 사용가치의 소비인 것처럼 오해하도록 한다는 것이다."[16] 예를 들어 오늘날 문화산업에 창조된 아이돌스타는 문화소비자들에게 우상이며 영웅들이다. 신화 속의 영웅이 우월한 능력자로서 세상을 구제하는 역할을 담당했다면, 오디세우스 이후의 계몽된 영웅은 지식과 계산으로 무장하고 인간을 야만으로부터 문명으로 이끈다. 오늘날 새로운 영웅인 스타는 적대적 현실을 미화하고 정당화하며, 현실적으로 비판적 의식을 상실한 무기력한 개인은 자신을 이들 스타들과 동질화함으로써 스스로 위안 받는다. 이들 스타는 문화산업에 의해 창조된다. 스타가 되기 위해 어릴 때부터 대형기획사에 들어가 춤과 노래를 끊임없이 단련해야 하고 기존의 연예인과 차별화되기 위해 성형을 해야 하며 살을 빼야 하고 키를 키워야 한다(생물학적으로 안 된다면, 키높이 구두를 신고 키 높이 깔창을 깔아야 한다. 왜냐하면 소비자들의 우상이 되기 위해서 그들과 다른 우월한 존재여야 하기 때문이다). 결국 그들이 제공하는 차별성은 실제로는 유사한 것이다. 이와 같은 거짓 특수성을 창조하기 위해서 문화산

---

14 선우현, 「문화산업 논리의 구현체로서 디즈니 만화영화: 문제점과 극복방안」, 『사회와 철학』, 사회와 철학연구회, 2008. 10, 제16호, 112쪽.
15 Simon Jarvis, *Adorno: A Critical Introduction*, (Polity Press, 1998), 74쪽.
16 같은 책, 74쪽.

업의 제작자는 어느 누구보다 시장의 요구를 치밀하게 분석하고 조사해야 하며 시장의 요구에 부합하는 상품을 만들고, 오히려 시장의 요구를 주도적으로 창조할 수 있어야 한다. 현대 사회에서 유행은 문화산업 제작자의 치밀한 계산에 의해 창조된다.

> 중세의 성직자가 신적인 사랑이라는 계율에 따라 귀신들린 자에게 어느 정도의 고문을 가할지를 결정하는데 있어 보여주는 주도면밀성은 대형영화 제작책임자가 주인공으로 하여금 어느 정도의 고문을 받게 할지 또는 여주인공의 치마를 어느 정도 높이까지 들어 올릴지를 결정하는데 있어 보여주는 치밀성을 따라가지 못한다.[17]

따라서 문화산업에 의해 강조된 차이는 사태 자체로부터 나오는 것이라기보다는 소비자들을 분류하고 조직하며 장악하기 위한 차이에 불과하며, 실제로 가치의 유일한 척도는 얼마나 이목을 끄는가 또는 얼마나 포장을 잘하는가에 달려 있다.[18] 이와 같이 문화산업에 의해 만들어진 거짓 특수성을 너무나 신뢰하는 것은 문화비판의 핵심적인 임무, 즉 이러한 환상적 차이성 배후에 있는 실질적 동질성을 이해하는 것을 포기하는 것이다. 그것은 경쟁적 생산물의 환상적 다원주의를 인간 자유의 실제적 다원주의와 혼동하는 것이다.[19] 지배적 가치가 몰락했다는 점에서 현대는 다원주의 시대이고 다가치사회이다. 그러나 이러한 다원주의 배후에 작동하고 있는 것은 교환가치를 위한 교환가치의 생산인 절대적 자본이며, 세계는 자본의 무한 증식을 정당화하는 교환적 합리성에 의해 일원화된다. 헤겔의 절대정신이 붕괴된 이후에 자본이 절대적 가치인 동시에 모든 것의 평가 기준인 절대정신으로 등극한 셈이다. 따라서 오늘날 다원주의를 글자 그대로 받아들이는

---

17 M. Horkheimer/Th. W. Adorno, DA. 149, 178쪽.
18 같은 책, 172-173쪽.
19 Simon Jarvis, *Adorno: A Critical Introduction*, (Polity Press, 1998), 74쪽.

것은 그 배후에 작동하는 교환적 합리성을 은폐하고 그러한 합리성의 보편적 지배를 정당화하는 것이다.

그러나 소비자들은 단순히 문화산업의 수동적 객체가 아니다. 소비자들의 적극적 참여가 없다면 문화산업은 그것의 영향력을 상실할 것이다. 문화산업은 문화소비자들이 문화생산물에 보조를 맞추지 못한다면 사회의 낙오자가 될지 모른다는 불안감을 증대시키고 이러한 불안감은 문화소비자들 사이에 확장된다. 따라서 문화산업은 둘째, "영원한 성인식이다."[20] 왜냐하면 문화상품을 소비시키기 위해 문화산업은 끊임없이 거짓 특수성을 창출하고 소비자들은 이렇게 생산된 문화상품에 끊임없이 참여하도록 요구되기 때문이다. "문화산업에 소비자들이 열성적으로 참여하는 것은 그들의 어리석음을 증언하는 것이 아니라 문화적 생산에 보조를 맞추지 못함으로써 사회적으로 배제될지 모른다는 충분한 이유가 있는 불안감을 증언한다."[21] 오늘날 실제로 문화소비자들은 유사-독창적인 것으로 창조된 아이돌 가수들의 노래나 춤뿐만 아니라 그들의 의상에서부터 머리모양, 심지어 얼굴생김새까지 모방한다. 다른 사람들에게 '촌놈'으로 무시당하지 않기 위해서는 최신 유행가를 알아야 하고 최신 개그를 할 수 있어야 하며 창조된 현대의 영웅들의 일거수일투족에 대한 정보를 꿰고 있어야 한다. 현대는 새로운 영웅들에 대한 정보전쟁터다. 이러한 '성인식'을 끊임없이 치르도록 함으로써 사람들은 더 이상 사유하지 않는다. 더 이상 새로운 것에 대한 경험이 없기 때문에 더 이상 고민하고 생각할 거리가 없다. 따라서 사람들의 말은 조건반사적으로 된다.[22]

---

20   M. Horkheimer/Th. W. Adorno, DA. 176, 211쪽.
21   Simon Jarvis, *Adorno: A Critical Introduction*, (Polity Press, 1998), 75쪽.
22   오늘날 인터넷의 발달과 스마트폰의 보급을 통해 언어는 더욱더 기호화된다. 'ㅎㅇ, ㅇㅇ, ㅋㅋ, ㅠㅠ' 등등의 추상적 기호들과 '멘붕(영어와 한자의 조합인 멘탈붕괴의 약자)'과 같은 수많은 신생 조합어가 난무한다. 언어가 기호화되면 될수록 의미의 전달기능을 하는 말은 더욱더 조건반사적으로 된다. 따라서 더욱더 사유하지 않는 대화가 이루어진다.

산업기술의 발달과 더불어 문화산업도 발달함에 따라, "수많은 사람들은 조건반사에 불과한 말이나 표현들을 사용한다."[23] 사유수단인 언어가 의미내용과 분리된 조건반사적인 기호가 됨으로써 의사전달은 더욱더 분명하게 되었지만, 역으로 언어가 너무나 투명하게 표현되고 전달된다는 것은 사유를 자신의 고유한 본질로 가지는 인간의 사유가 정지한다는 것을 의미한다. 사유는 순수하게 글자 그대로인 기호 앞에서 정지한다. 왜냐하면 너무나 투명한 것에 대해서는 어떤 고민도 회의도 있을 수 없기 때문이다. "언어가 완전히 [전달로] 해소되면 될수록, 그리고 말이 실질적인 의미담지자라기보다는 질을 상실한 기호가 되면 될수록, 그래서 언어가 순수하고 투명하게 의도를 전달하면 할수록, 동시에 언어는 더욱더 이해하기 어렵게 된다."[24] 결국 문화산업은 경험대상과 사유수단인 언어를 추상적 기호들의 나열로 전락시킴으로써 사유하고 경험할 수 있는 능력을 퇴행시키고, 이를 통해 사람들을 미성숙 상태로 유지함으로써 문화산업의 성인식을 끊임없이 치르도록 강제한다.

오늘날 대중의 퇴행은 들을 수 없는 것을 자신의 귀로 듣고, 붙잡을 수 없는 것을 자신의 손으로 만질 수 있는 능력의 결핍을 의미한다. 이러한 퇴행은 결국 모든 정복된 신화들을 다시 해체해버리는 새로운 형태의 현혹이다. 모든 관계와 감정을 하나로 묶는 총체적 사회의 매개에 의해 인간은 또 다시, 강제적으로 유도된 집합성 속에서의 고립으로 인해 하나 같이 비슷한 존재, 즉 단순한 유적 존재가……된다.[25]

문화산업은 인간이 경험하는 대상과 인간 자신마저도 환상의 전형을 만들고 이를 유행시키며 이러한 전형에 끊임없이 참여하도록 함으로써, 살

---

23 M. Horkheimer/Th. W. Adorno, DA. 189, 226쪽.
24 같은 책, 187, 224쪽.
25 같은 책, 54, 68-69쪽.

아 있는 것과의 경험을 차단하고 경험하는 개인을 공허하고 무기력하게 하는 동시에 그것이 주권적인 선험적 주체의 본성이라고 기만한다. 즉 선험적 주체는 세상의 자질구레한 일에 신경 써서는 안 된다는 것이다. 탈세속적인 선험적 주체는 현실적으로 무기력한 인간 주체의 퇴행을 위로하고 기만하는 말장난이다. 그러나 오늘날 대중이 퇴행했다는 것은 글자 그대로의 의미가 아니다. 만일 대중들의 의식이 물화되었다는 것이 글자 그대로의 의미라면, 어떻게 물화된 의식의 사람들이 의식의 물화를 강제하는 논리를 비판적으로 의식할 수 있는가와 같은 '수행적 모순'을 불러일으킬 것이다. 마치 하버마스의 아도르노 비판처럼 이성이 전적으로 권력의 도구가 되었다면 비판적 힘을 상실한 이성이 어떻게 도구적 이성을 비판할 수 있는가와 같은 모순에 직면할 것이다.

> 도구적인 것으로서 이성은 권력에 동화되고, 자신의 비판적 힘을 포기하였다…… 그렇지만 비판적 능력의 자기파괴에 관한 이 서술은 역설적이다. 왜냐하면 그것은 서술의 순간에 죽었다고 천명한 비판을 사용해야 하기 때문이다.[26]

그러나 이성이 도구화되었다는 것은 그만큼 이성이 지배도구로 사용되고, 또한 지배를 정당화하는 도구적 합리성이 전면적으로 확장되었기 때문에 도구적 이성에 대한 비판이 그만큼 절박하고 시급한 문제라는 것을 강조해서 표현한 것이다. 마찬가지로 대중들이 경험능력과 비판적 사유능력을 상실하고 퇴행했다는 것은 강조적 표현이다. 오히려 이러한 퇴행을 강제하는 교환적 합리성과 이를 생활세계에 침투시키고 정당화하는 문화산업에 대한 저항과 비판이 절박하다는 역설적 표현일 것이다.

지금까지 살펴본 것처럼, 문화산업은 경험의 대상을 교환될 수 있는 상

---

26 J. Habermas(이진우 옮김), 『현대성의 철학적 담론』, 문예출판사, 1994, 150쪽.

품으로 추상함으로써 경험을 상품화된 대상과 이러한 대상을 지시하는 기호의 관계로 환원하는 교환적 합리성의 생활세계로의 침투와 확장을 매개하고 가속화한다. 이를 통해 새로운 것에 대한 경험을 상실한 사람들은 더 이상 고민하고 사유하지 않는다. 기계적으로 말하고 기계적으로 계산한다. 모든 것을 문화산업의 필터를 통해 걸러냄으로써 교환적 합리성을 보편적으로 확장하는 문화산업은 인간의 의식 활동과 경험능력의 퇴행을 가져온다. 결국 경험의 위기는 개인들이 살아 있는 공동체의 언어체계를 상속하고 이를 통해 대상들과 관계하며 인식하는 언어적 기준과 개념 형성을 문화산업을 매개로 통제하고 지배하기 때문에 야기된다.

> (우리가 적용하기 위해 선택하는 공식적 기준에 의존하여 사물이 이러 저러한 표제 아래 분류될 수 있다는 것을 아는 것과 반대되는, 그 사물이 무엇인지를 인식하는) 개념 형성 자체는 문화산업에 의해 제공된 패러다임과 이미지들에 의해 체계적으로 영향 받는다. 개인이 살아 있는 언어적 공동체로부터 능동적으로 상속하는 언어적 기준에 의해 어떤 것에 책임이 있다고 가정되기보다, 차라리 언어적 혹은 개념적 기준의 구성과 존속은 아무도 책임을 갖지 않는 메커니즘에 의해 식민화되고 통제된다.[27]

문화산업을 통한 경험대상의 추상화와 사유수단인 언어의 추상화는 결국 경험의 빈곤을 초래하며, 살아 있는 것에 대한 경험의 상실은 사유를 공허하게 만든다. 이러한 사유의 빈곤은 사유하는 존재로서 인간을 맹목적으로 만들고 타율적으로 유행을 쫓는 수동적 존재로 퇴행시킨다. "이러한 퇴행은 육체를 매개로 이루어지는 감각 세계에 대한 경험뿐 아니라 동시에 감각적 경험을 굴복시키기 위해 그로부터 분리된 독재적인 지성도 병들게 한다. 감각을 지배하기 위해 지적 기능을 통일시키는 것, 즉 사유를 일치의 산출로

---

27 Espen Hammer, *Adorno & the Political*, (Routledge, 2006), 88쪽.

퇴보시키는 것은 경험의 빈곤뿐 아니라 사유의 빈곤을 의미한다. 두 영역의 분리는 양자 모두를 훼손시킨다."[28]

3.2 순수하지 않은 개념과 순수하지 않은 객체의 상호작용

진정한 경험의 객체는 문화산업에 의해 왜곡된 한갓 추상적 상품이 아니며 인식수단인 개념도 객체에 대한 경험을 분류하고 규정하는 한갓 추상적 기호가 아니기 때문에, 경험은 질 없는 기호와 질 없는 상품과 같은 대상의 결합으로 환원되거나 왜곡될 수 없다. 따라서 경험은 추상적 개념의 적용인 인식으로 환원될 수 없다. 그렇지만 어떤 식으로든 인간이 어떤 것이 무엇인지를 알기 위해서는 동일성 판단으로서의 인식 방법이 필요하기 때문에 개념 장치로 환원되지 않은 것에 대한 비동일성의 경험은 동일성 인식과 상호작용해야 한다. 그러한 정도로 경험은 인식과 분리되지만 철저하게 분리될 수 있는 것이 아니다. 만일 인식에서 경험을 철저하게 분리시키고 배제한다면 인식은 다시 교환 원리에 의해 규정되는 상품만큼이나 추상적 작용으로 변질될 것이다. 마찬가지로 합리적 수단과 매개되지 않은 경험은 구체화되지 못하고 신비적인 것으로 머무를 것이다.

인식과 경험이 철저히 분리될 수 없다는 것은 인식수단인 개념과 경험 대상인 객체가 철저히 분리될 수 없다는 것을 의미한다. 객체는 개념이 적용될 수 있도록 다듬어진 순수 재료가 아니며, 개념도 경험을 완전히 추상화한 무의미한 기호나 순수 기호가 아니다. 이러한 의미에서 개념이 순수한 것이 아니라 경험적으로 발생한 것이라는 사실은 어떤 의미에서는 개념이 경험의 객체와 관계하기 위해, 즉 객체를 어떤 것으로 규정하기 위해 필수

---

28 M. Horkheimer/Th. W. Adorno, DA. 53, 67-68쪽.

적이다. 왜냐하면 개념이 경험 영역과 관계없는 것이라면 개념은 객체에 대한 경험을 분류할 수 없을 것이기 때문이다. 개념이 경험을 고정시키는 형식적 보편성에도 불구하고 경험적으로 발생했다는 의미에서 경험적인 개념이기 때문에, 개념은 객체에 대한 경험과 관계할 수 있으며 경험내용을 분류하고 고정시킴으로써 인식판단을 가능하게 한다. 따라서 칸트의 인식론에서 순수한 지성범주가 순수하지 않은 대상과 어떻게 관계하는가가 가장 큰 난점이라면, 아도르노에게 이러한 문제는 해프닝이다. 그에게 인식판단은 순수하지 않은 경험적 개념이 순수하지 않은 경험의 객체에 적용됨으로써 이루어지기 때문에, 객체에 대한 경험을 분류해주는 범주로서의 개념과 경험적인 객체가 결합하는데 따르는 문제가 발생하지 않는다. 따라서 칸트처럼 순수한 것과 순수하지 않은 것을 매개시켜주는 선험적 도식과 같은 제3의 요소가 필요치 않다.

그러나 순수하지 않은 개념이 순수하지 않은 경험의 객체에 적용되는 인식판단은 칸트의 우려대로 영원한 보편적 인식일 수 없다. 왜냐하면 판단의 범주로 사용되는 순수하지 않은 개념은 경험적이고 그 자체 불충한 것이기 때문이다. 그렇기 때문에 불충분한 개념을 통한 인식은 객체를 완전히 포섭하지 못하는 불충분한 판단이다. 그렇지만 보편적 인식을 가능하게 하는 칸트의 순수 지성범주 또한 불충분한 것이다. 왜냐하면 "인식을 운동하게 하는 것 자체는 인식되지 않기"[29] 때문이다. 칸트의 순수 개념은 '순수'하기 때문에 순수하지 않은 객체와 직접적으로 관계할 수 없다. 이러한 의미에서 "범주의 한계는 인간의 한계로서 이것은 인간의 존재론적 운명이기도 하다."[30] 하물며 칸트의 생각과 달리 경험적으로 발생한 개념은 그 자체로 불충분하고 불완전하다. 불충분하고 불완전한 개념이 그것의 지시대상을

---

29 Tilo Wesche, *Negaive Dialktik: Kritik an Hegel, Adorno-handbuch*, herausgegeben von Richard Klein, Johann Kreuzer, Stefan Müller- Doohm, (J. B. Metzeler, 2011), 320쪽.
30 김석수, 「칸트의 초월철학과 범주의 역사성」, 『칸트연구』, 한국칸트학회, 2003, 56쪽.

소진해서 동일화할 수 없기 때문에 인식은 불충분한 인식이 된다. 결국 이러한 인식의 불충분성은 불충분한 개념에 의지하기 때문이며, 인식의 개념 의존성은 인식 자체와 인식하는 주체의 불충분성을 의미한다. 즉 인식하는 주체는 인식되는 객체와 관계하기 위해 불가피하게 개념에 의존할 수밖에 없기 때문에, 개념의 불충분성은 인식하고 사유하는 주체의 불충분성을 의미한다. 이러한 주체의 불충분성은 관념론자들이 주체의 고양을 통해 그토록 극복하고자 했던 인간의 유한성을 의미하지만, 관념론자들이 불안해하는 만큼 이러한 불충분성이 부정적 의미만을 가지는 것은 아니다. 완전성이 고정되고 정지되어 있는 폐쇄성을 의미한다면, 불완전성은 완전성을 향해 열려 있는 개방성의 의미도 가진다. 불완전하고 불충분한 사유도구인 개념에 의존하는 주체는 그 자체 불완전하고 불충분하지만, 불충분하기 때문에 오히려 역동적이고 밖을 향해 열려있다. 불충분한 경험적 개념은 경험의 객체와 유사성을 단절할 수 없다. 오히려 경험의 객체와 유사성을 단절할 수 없기 때문에 개념은 불충분하다. 그렇지만 그 때문에 인식하는 주체는 새로운 것에 대한 경험 가능성을 가지며, 끊임없는 새로운 것에 대한 경험은 인간 사유를 어떤 긍정적인 완전한 인식에서 정지시키는 것이 아니라 끊임없이 고민하고 회의하며 반성하게 함으로써 사유를 움직이게 하고 확장시킨다. 따라서 사유수단인 자족적이지 않은 개념을 통해 객체를 완전히 동일화할 수 없는 사유의 이러한 불충분성에 대한 비판적 의식이 사유를 유동하게 하고 열어 놓는 변증법적 사유로 몰고 간다. 변증법적 사유가 가진 가장 긍정적 의미도 완전한 인식을 위해 자족적인 것으로 정지한 것이 아니라 밖을 향해 열려 있는 역동적이라는 것이다.

    개념이 경험을 통해 발생했고 그런 한에서 불충분하기 때문에 개념은 경험이 변함에 따라 변하며, 그러므로 어떤 개념도 영원히 고정될 수 없다. 이러한 불충분성 때문에 개념적 인식을 건너뛰어 순수 직관에 매달리거나 개념을 자족적인 것으로 위장한다면, 사유는 공허하게 되고 사유하는 주체도 공허하게 될 것이다. 왜냐하면 만일 "개념이 없다면 개별적 경험은 어떤 연속성도 가지지 못할 것"[31]이며, 개념이 자족적이라면 개념은 개념의 타자에 대한 어떤 경험내용도 가질 수 없기 때문이다. 개별적인 객체는 개념을 통해 규정됨으로써 구체적인 어떤 것이 된다. 이러한 의미에서 '구체적'이라는 용어가 콘크리트'concrete'로 사용되는 것은 우연이 아닐 것이다. 이 때 개념은 개별적인 것들을 함께 결합시키는 시멘트 역할을 한다. 이와 같이 시멘트(개념)에 의해 개별자들(모래)이 결합되어 고정될 때 그것은 하나의 대상으로 굳어진다. 개별적인 모래를 결합시키는 시멘트 없이는 어떤 것도 구체적인 것으로 굳어지지 않는 만큼, 개별적인 모래 없이는 어떤 것도 구체적인 대상으로 형성되지 않는다. 그러나 불충분한 개념은 개별적인 대상을 완전히 구체화할 수 없고 단지 추상화를 통해 걸러진 요소만을 결합한다. 따라서 개념적 규정에서 개념이라는 범주로 동일화되지 않는 비개념적이고 비동일적인 요소는 배제된다.

그러므로 개별적인 객체는 술어로서의 개념적 규정에 저항한다. "의도하든 않든 간에 모든 판단은 판단 내에 단순히 주어 개념과 동일하지 않은 어떤 것을 진술해야할 요구를 지닌다."[32] 객체는 단순히 개념의 예가 아니라는 점에서 개념의 '그 이상의 것'이다. "언어를 언어로 만들어 주는 '그 이상의 것'이 없다면 어떤 개념도 생각될 수 없으며, 더욱이 어떤 것도 가능하지 않을 것이다."[33] 그래서 객체는 주체의 불충분한 개념을 통해 부분적으로 규정되지만 주체에 대해 언제나 타자로서 보존된다. 이러한 차이가 개념의 보편적 규정을 부정하고 개념을 운동하게 한다.

개념은 어떤 다른 것과 마찬가지로 변증법적 논리 속에 있는 한 요소이다.

---

31 Th. W. Adorno, ND. 56쪽.
32 Th. W. Adorno, ND. 78쪽.
33 Th. W. Adorno, ND. 112쪽.

개념 속에는 그의 편에서 비개념적인 것의 개념임을 정초하는 그것의 의미에 의해 비개념적을 통해 매개된다는 사실이 남아 있다. 비개념적인 것에 관계한다는 것이 개념의 특징이며, 개념 아래에 파악된 존재의 추상적 통일로서 존재하는 것과 멀어지는 것은 그 반대이다. 개념성의 이러한 방향을 바꿔 비동일성을 향하게 하는 것이 부정 변증법의 경첩이다. 개념 속에 있는 비개념적인 것의 구성적 성격을 통찰함으로써 개념이 (그와 같은 중단시키는 반성이 없다면) 지닐 수밖에 없는 동일성 강제는 사라지게 될 것이다.[34]

이러한 의미에서 순수 개념도 순수 객체도 없다. 객체는 개념을 통해 자신을 드러내고 개념의 의미는 객체에 의해 매개된다. 객체가 순수한 추상적 재료로 될 수 없는 한에서 경험은 개념적 인식으로 환원될 수 없다. 개념으로 환원될 수 없는 경험의 비동일적인 요소는 개념과 얽혀 있고, 그럼으로써 개념의 의미를 제공하지만, 그것은 언제나 개념과의 차이로서 유지된다. 따라서 철학적 반성은 개념 속에서 차이를 확인하는 것이며 이러한 차이를 통해 비개념적인 것을 확인하는 것이다.

그렇지 않다면 칸트의 경고에 따라 개념은 공허할 것이고 결국에는 도대체 더 이상 어떤 것에 대한 개념이 아니며, 따라서 아무 것도 아닐 것이다. 그것을 인식하는 철학은 개념의 자족성을 제거하고 눈가리개를 벗는다. 개념이 아무리 존재자를 다룬다 하더라도 개념이 개념이라는 사실은 개념이 그의 편에서 비개념적인 전체-개념은 그것에 대립하여 개념을 개념으로 만드는 자신의 물화를 통해 오직 응축된다-속에 얽혀 있다는 것에서 어떤 것도 바꾸지 못한다.[35]

"철학은 개념을 통해 개념을 넘어서려는 노력이다."[36] 이와 같은 정도로 개

---

34 Th. W. Adorno, ND. 24쪽.
35 Th. W. Adorno, ND. 23~24쪽.
36 Th. W. Adorno, ND. 27쪽.

념과 객체는 상호 얽혀있으며, 개념을 물신적으로 받아들이지 않는 인식은 추상적인 개념과 개별적인 객체의 상호작용이다. 인식경험을 이러한 상호작용으로 파악할 때 개념에 의해 굳어지지 않는 요소, 즉 비개념적인 요소가 배제되지 않고 우리의 경험을 가능하게 하는 것으로 인정될 것이다. 비개념적인 것에 대한 비동일성의 경험이 개념의 불변성을 반박한다. 이러한 비판을 통해 개념은 비개념적인 객체에 접근한다. 개념이 가지는 강제적 성격에 고정되는 것 없이 개념들을 인식되어야 할 사태 중심으로 함께-배열함으로써 인식은 객체에 접근하는 것이다.

3.3 개념적 인식과 환원되지 않은 경험의 상호작용

경험을 추상화함으로써 발생한 추상적 개념과 개념의 지시대상인 객체는 유사성을 가지며, 철저히 분리된 것이 아니라 유사성을 가지기 때문에 개념과 객체는 상호작용한다. 즉 개념의 매개를 통해 객체는 규정되며, 개념의 내용은 객체에 대한 경험을 통해 매개된다. 그런 한에서 개념적 규정을 통한 인식과 개념의 지시대상인 객체에 대한 경험은 어느 것으로 환원되는 것 없이 상호작용한다. 이와 같이 상호작용을 한다는 의미에서 인식과 경험은 철저히 분리되거나 그렇다고 전적으로 동일한 것이 아니라 서로 관계하는 상호성을 가진다. 인식이나 경험 가운데 어느 하나를 토대 원리로서 실체화하는 이론만이 상호관계와 작용을 의미하는 상호성을 거부할 것이다. 왜냐하면 상호성의 거부 없이는 인식과 경험 가운데 어느 것도 근본적인 것으로 실체화될 수 없기 때문이다. 이 절에서는 인식과 상호작용하는 환원되지 않은 경험이 무엇을 의미하는지, 그리고 이러한 경험이 인식비판에서 어떤 역할을 하며 어떤 중요성을 가지는지를 다룰 것이다.

지금까지 살펴본 것처럼 인식은 개념을 통한 분류이며 규정이다. 인식

경험이 범주로 사용되는 불충분한 개념의 분류에 의존하는 한, 인식은 비개념적이고 전달가능하지 않은 것을 전적으로 규정하지 못한다. 이와 같이 개념적 분류를 통해 동일화될 수 없는 비동일적인 것은 개념으로 동일화될 수 없기 때문에 추상화되고 배제된다. 이러한 의미에서 개념적 인식은 적대적 동일성 판단이다. 그럼에도 불구하고 앎이 성립하려면 추상적이라 하더라도 개념에 불가피하게 의존해야 하며, 그런 한에서 인식에서 비동일자를 배제하는 동일성 원리도 불가피하다. 왜냐하면 인간은 어떤 것이 무엇인지를 알기 위해 어떤 것을 직접 손아귀에 움켜쥘 수 있는 것이 아니라 어떤 것에 대한 경험을 추상적 개념을 통해 분류해야 하며, 이러한 분류를 정당화하기 위해 경험을 '추상적 감각'으로 환원해야 하기 때문이다. "이론의 객체는 이론이 직접적인 것의 주형을 집으로 끌고 갈 수 있는 것이 아니다. 인식은 국가경찰처럼 자신의 대상들의 앨범을 소유하지 않는다."[37] 따라서 인식은 개념을 통해 규정하는 것과 규정되지 않은 것의 차이로 머무를 수밖에 없는 불충분하고 불완전한 인식이다. 그렇다면 아도르노는 인식 가능한 것과 인식 불가능한 것을 구분하고 인간 경험능력을 칸트처럼 형식으로서 개념을 부여하는 것에 제한하는 것인가? 만일 이러한 제한이라면, 칸트의 경우처럼 범주가 적용되는 현상 영역은 인식 가능하고 범주가 적용될 수 없는 물자체와 같은 객체는 인식 불가능한 것으로 남을 수밖에 없다. 그렇다고 칸트처럼 적어도 범주가 적용되는 현상에 한에서 보편적 인식이 가능한 것도 아니다. 왜냐하면 칸트는 보편적 인식을 가능하게 하는 개념이 순수한 것이며 이러한 순수한 개념이 현상에 적용됨으로써 보편적인 판단이 가능하게 된다고 주장하기 때문이다. 그러나 아도르노에게 인식은 개념의 순수성을 거부함으로써 현상에 대해서도 보편적 인식이 불가능한 상대주의로 머무르게 될 것이다.

---

37 Th. W. Adorno, ND. 206쪽.

그러나 칸트와 달리 경험은 인식경험에 제한되지 않는다. 즉 경험과 인식은 다르다. "만약 우리의 경험이 다르다면, (자유를 경험하고 물자체를 인식하는 것에 관한) 선험적 장벽이 더 이상 작용하지 않을 것이다."[38] 그렇지만 아도르노는 개념적 분류로 환원되지 않은 경험을 말한다 하더라도, 인식과 경험을 분리해서 분석하고 이를 통해 그 관계를 고려하기보다 경험을 개념적 인식과의 차이로서 부정적으로 제시하고, 특히 경험의 매개적 역할을 고려하지 않으며, 더 나아가 인식에 대한 경험의 우선성을 다루지 않는다. 물론 아도르노가 인식과 경험을 분리해서 분석하지 않는 것은 인식과 경험이 철저하게 분리될 수 있는 것이 아니기 때문이며, 그런 만큼 경험에 대한 아도르노의 이해는 불가피하게 칸트만큼이나 애매하다. 그렇지만 인식과 경험이 철저히 분리될 수 없기 때문에 이러한 애매성이 불가피하다 하더라도, 인식과 경험은 동일한 것이 아니기 때문에 서로 얽혀있는 관계 속에서 인식과 경험의 차이를 분석하는 것은 개념적 장치로 환원되지 않은 경험의 가능성과, 그리고 인식과 경험의 상호작용을 이해하는데 도움이 될 것이다. 또한 환원되지 않은 경험의 매개하는 역할을 고려하지 않는다면 객체의 매개를 통한 객체의 우선성은 객체가 직접적으로 인식하는 주체에 주어지는 것으로 오해될 수 있다. 만일 객체의 매개가 객체에 대한 직접적 직관이나 미메시스에 단순히 호소하는 것이라면, 결국 아도르노의 인식비판은 직접성의 계기를 과도하게 강조하여 직관주의에 빠졌다거나, 미메시스에 과도하게 매달림으로써만 화해를 제시할 수밖에 없다는 비판에 직면할 것이다.[39]

---

38 Simon Jarvis, *Adorno: A Critical Introduction*, (Polity Press, 1998), 157쪽.
39 같은 책, 219쪽 참조. 그러나 이러한 비판은 아도르노 자신에 의해 야기된 측면도 있다. 경우에 따라 아도르노 자신도 환원되지 않은 경험을 지적 직관과 같은 직접성으로 오해될 소지가 있는 언급을 하기 때문이다. 예를 들어 아도르노는 미메시스적 반응의 태곳적 흔적으로 직관적 행동방식이 존재한다는 것을 부인하지 않는다. "그러나 인식이 구체화되려면 합리성을 필요로 한다. 직관적 반응방식은 처음부터 인식도구와 매개되지 않은 방법으로는 자의로 변질될 것이다." Th. W. Adorno, ND, 20-21쪽 참조. 그러나 개념적 장치로 환원되지 않은 경험은 지적 직관과 같은 직접적인 것이 아니라 개념적 매개를 벗어나 있다는 의미

그렇지만 비동일적인 객체는 지적 직관처럼 인간 정신에 직접적으로 주어지는 것이 아니라 육체적 경험(köperliche Erfahrung)[40]을 통해 매개된다. 즉 개념과 전적으로 동일하지 않은 경험의 객체는 개념의 매개를 통해 구체화되지만, 개념의 의미는 객체에 대한 육체적 경험을 통해 매개된다. 만일 경험을 통한 객체의 매개가 없다면, 직접적으로 객체와 관계해야 하는 주체는(자연 상태에서처럼) 그 자체 객체이거나 객체를 본질 직관하는(경험 너머 있다는 의미에서) 선험적 주체가 될 것이다. 주체는 객체의 전적인 타자가 아니라 하더라도 객체와 동일한 것일 수 없으며, 객체는 육체의 매개 없이 순수한 소여로서 인식 주체에 직접적으로 주어지지 않는다. 만일 주체가 객체와 동일하다면 객체에 대한 주체의 능동적 작용은 불가능하고, 주체는 다시 자연 연관으로 돌아갈 것이다. 오히려 인식을 운동하게 하는 객체 자체는 불충분한 개념을 통해 완전히 인식될 수 없지만, 그러나 육체적 경험 너머에 있는 것이 아니다. 만일 그것이 경험 너머에 있는 것이라면, 주체와 객체는 철저히 분리된 것으로 파악되어야 하며, 이런 식으로 철저히 분리된 주체는 객체와 관계할 수 없다. 그렇기 때문에 인간 주체는 개념의 매개를 통해 객체에 대한 경험을 분류하고 규정하지만, 그러한 인식 규정의 내용은 객체에 대한 육체적 경험을 통해 매개된 것이어야 한다. 이와 같이 육체적 경험이 객체를 매개하는 것으로 파악할 경우에만 아도르노가 제기하는 객체의 우선성은 실체화되는 것 없이 이해될 수 있을 것이다(경험의 우선성과 관련된 객체의 우선성은 6장에서 상세히 다루어질 것이다). 다른 한편 이러한 사실은 인간 인식이 이중적으로 제한된다는 것을 의미한다. 즉 인간 인식은 개념이라는 불충분한 장치에 제한되며, 또한 개념적 분류의 내용으로서 육체적 경험에 제한

에서 직접성이며, 이러한 직접성이 육체적 경험의 매개를 벗어나 있다거나 개념적 매개와 아무 상관없는 것을 의미하는 것은 아니다.

[40] 관념론이 감각으로 환원하려 하지만 경험의 육체적 계기는 이러한 추상적 감각으로 환원될 수 없다. 감각을 매개하지만 완전히 감각으로 환원될 수 없는 육체적 계기에 대한 상세한 논의는 5장과 6장에서 다루어진다.

된다는 것을 의미한다. 의식의 현상으로서 감각적 사실이 육체적 경험을 통해 매개된 것인 한에서, 감각적 다양의 분류인 인식은 육체적 경험에 제한된다. 이러한 의미에서 육체적 경험은 인식의 원재료이다. 그러나 육체적 경험 또한 객체에 대한 완전한 인식의 재료가 아니다. 이것은 객체를 매개하는 육체적 경험이 지적 직관처럼 객체에 대한 완전한 이해가 될 수 없다는 것을 의미한다. 따라서 육체적 경험은 지적 직관처럼 실체화될 수 있는 것이 아니며, 타자에 직접적으로 의존하는 것도 아니다. 어떤 식으로든 인간으로서 주체가 자신의 타자와 처음으로 관계하는 것은 타자와의 유사성을 가지는 육체이며, 이러한 육체를 통해 매개된 객체에 대한 경험을 개념을 통해 분류함으로써 인식이 이루어진다. 따라서 경험은 인식에 우선성을 가진다.

어떤 것이 무엇인지를 아는 것과 어떤 것 자체를 경험하는 것은 철저히 분리된 것이 아니지만 동일한 것도 아니다. 인식과 경험은 전적으로 일치하지 않는다. 더 나아가 인식은 경험에 부차적이다. 경험이 없으면 인식은 없다. 그러나 그 역은 성립하지 않는다. 왜냐하면 인식은 다양한 경험들을 분류함으로써 성립하기 때문에 경험이 없다면 인식이 가능하지 않지만, 역으로 인식판단이 이루어지지 않는다고 해서 경험이 없는 것은 아니기 때문이다. 이러한 의미에서 경험이 인식에 우선한다. 경험과 인식이 이러한 비대칭적인 관계를 가지며 경험이 가진 타율적이고 우연적인 성격 때문에, 경험은 어떤 식으로든 손봐야 할 것으로 오래 동안 관념론을 괴롭혀 왔던 것인지도 모른다. 관념론은 육체적 경험을 추상적인 감각적 사실로 위축시키고, 그리고 이러한 추상적인 감각적 사실이 주관 내적 상태라는 사실로부터 경험을 정신적 현상으로 전환한다. 이제 경험은 경험의 객체와 관계하는 것이 아니라 정신적 현상에 대한 인식으로 환원된다. 더 나아가 이러한 인식경험이 언어로 표현될 수 있을 뿐이라는 사실로부터 경험과 경험의 대상이 본질적으로 언어적인 것이라고 선언한다. 이를 통해 모든 경험은 다른 사람에게 전달될 수 있는 것으로 전환된다. 이제 경험은 본질적으로 언어적인 것이기 때문에 언어로 표현될 수 없는 것은 경험이 아니다. 그러나 어떤 것이 언어로 표현될 수 있다고 해서 그것이 본질적으로 언어적이라는 추론이 타당한가? 하물며 그러한 언어적 표현이 불완전하고 불충분하다면? 적어도 어떤 것이 언어로 표현될 수 있다는 것은 언어가 어떤 것과 공통적인 것을 공유하는 유사한 것이어야 한다. 그러나 어떤 것이 유사하다고 해서 전적으로 그것이 언어적이라고 할 수 없을 것이다. 만일 어떤 것이 전적으로 언어적이라면 언어적 규정에 의한 인식은 충분하고 완전한 인식이어야 한다. 그러나 지금까지 살펴본 것처럼 언어, 특히 개념이 발생한 한에서 언어는 완전한 인식의 도구가 될 수 없다. 언어가 완전한 도구가 아니라 불충분하고 불완전한 것이기 때문에 어떤 것을 불충분하고 불완전하게 표현할 수밖에 없다. 따라서 본질적으로 언어적인 것이 아닌 어떤 것에 대한 언어적 규정은 규정되는 어떤 것과의 차이로 머무를 수밖에 없다.

이러한 차이의 경험이 개념의 불충분성과 개념에 의존하는 인식의 불충분성을 자각하게 하며, 더 나아가 개념을 사유수단으로 하는 인간 주체의 불충분성을 자각하게 한다. 이러한 자각을 통해 불충분한 개념을 자족적인 것으로 고양시키고 경험을 인식경험으로 제한하는 동일성 원리를 비판적으로 의식한다. 따라서 동일성 원리의 불충분성과 배타성을 비판적으로 의식하는 정신은 적대적 동일성 원리를 강제하는 현실의 등가교환 원리를 비판하고 교환적 합리성의 지배에 저항한다. 이러한 의미에서 아도르노는 개념적 인식에 한정해서 본다면 상대주의적 입장을 취하는 것으로 보이지만 개념 장치에 의존하지 않는 경험 자체에 대해서는 상대주의적이지 않다. 그러나 이러한 경험이 개념적 매개와 아무 상관없는 초월적이거나 절대적인 경험으로 실체화되는 것은 아니다. 만일 경험의 우선성이 개념적 인식을 폐기하려는 의도라면 이러한 주장은 다시 사유하는 주체를 무기력하고 타율적인 것으로 만드는 것이다. 왜냐하면 에코처럼 타자에 수동적으로 매달리는 것은 결국 사유가 정지하는 지점이 되기 때문이다. 오히려 이러한 경험은 감각적 지각을 매개하지만 그러한 감각적 사실로 환원되지 않는 육체적 경험이며, 인식하는 의식을 통해 대상화되지 않는 비동일적인 객체에 대한 비개념적인 유사성인 미메시스적 경험이다. 그런 한에서 이러한 경험은 한갓 순수 주관적이거나 자족적인 것으로 고양된 개념적 인식이 아니라, 그 자체 불충분한 개념적 인식과 상호작용하는 경험이다. 그러므로 객체를 매개하는 경험의 역할과 인식에 대한 경험의 우선성에 대한 고려는 아도르노의 객체의 우선성을 단순히 반박하는 것이 아니라 오히려 그가 간과한 것을 보완함으로써 그의 유물론에 기초한 비동일성 철학을 더욱 설득력 있게 할 것이다(보다 상세한 논의는 6장에서 다루어질 것이다). 그리고 이와 같이 경험을 인식과 상호작용하는 것으로 파악하는 것은 아도르노의 미학에서 미적 경험을 이해하는데 핵심이다(이 부분은 7장에서 상세히 다루어질 것이다).

지금까지의 논의를 정리하면 다음과 같이 요약될 수 있을 것이다. 먼저 경험은 개념이라는 형식이 적용될 수 있는 감각 현상에 제한되지 않는다. 감관을 통해 주어진 감각적 다양도 이미 의식의 사실로 번역된 것인 만큼 추상화된 것이기 때문이며, 정신의 어떤 생생한 상도 실제로 존재하는 객체와 동일한 것이 아니기 때문이다. 둘째, 경험은 개념이 적용됨으로써 성립하는 인식과 동일한 것이 아니다. 인식을 가능하게 하는 범주로서 개념도 경험을 통해 형성된 것이며, 따라서 경험은 개념화를 가능하게 하지만 그 자체 개념적 인식으로 완전히 환원될 수 없는 비동일적인 객체에 대한 경험이다. 셋째, 인식은 개념을 통해 경험을 분류함으로써 이루어지지만, 인식의 내용은 개념적 인식으로 환원되지 않은 객체에 대한 육체적 경험을 통해 매개된다. 넷째, 그러한 정도로 경험은 인식에 우선성을 가진다. 즉 인식과 경험은 비대칭적이다. 왜냐하면 인식 없는 경험은 가능하지만 경험 없는 인식은 가능하지 않기 때문이다. 객체에 대한 경험이 없다면 개념을 통해 경험을 분류하는 인식도 가능하지 않을 것이다.

이러한 의미에서 개념적 분류로 환원되지 않는 경험을 좀 더 상세히 검토하는 것은 왜 이러한 경험이 철학에서 중요성을 가지는지를 이해하는데 도움을 줄 것이다. 경험은 인식경험과 단적으로 분리되지 않지만, 인식으로 완전히 환원될 수 있는 것이 아니다. 분명 앎은 경험을 개념을 통해 분류함으로써 이루어지지만, 우리가 개념이 적용되지 않기에 어떤 것을 알지 못한다 하더라도 개념이 적용되지 않는 것에 대한 경험이 없는 것은 아니다. 예를 들어 우리가 산행을 할 때 무수히 지나가는 수많은 종류의 이름 모를 나무, 풀, 들꽃, 돌, 바위, 향기와 마주치며 느끼는 육체적 느낌(Körpergefühl)이 있다 하더라도, 그러한 느낌을 분류해줄 개념이 없기 때문에 어떤 인식을 가지지 못하지만, 그러한 것들에 대한 육체적 느낌이 없는 것은 아니다. 즉 이러한 범주들로도 분류될 수 없는 것 자체에 대한 육체적 경험이 없는 것은 아니다. 만약 이러한 범주들로 분류될 수 없는 것들에 대한 경험이 없다면, 모든 인식은 주관 내적 순환이라고 말해야하거나, 모든 것은 근본적으로 개념적이기 때문에 개념을 통해 완전히 규정될 수 있다고 말해야 할 것이다. 그렇지만 비트겐슈타인의 표현을 빌린다면 말로 표현할 수 없는 것에 대해 침묵해야 하는 상황들이 있다. 말로 표현할 수 없는 것에 대한 경험이 있지만, 그럼에도 그것을 적절히 분류해서 표현할 말을 가지고 있지 않기 때문에 뭐라고 표현할 수 없는 경우가 있다. 그러나 철학은 "비트겐슈타인에 반하여 말할 수 없는 것을 말해야 할 것이다."[41] 말로 표현할 수 없는 것을 고려하지 않거나 배제하는 철학은 더 이상 철학이 아니라 말로 표현할 수 있는 것만을 기술하거나 분류하고 설명하는 과학으로 머무를 것이다.

말로 표현할 수 없는 것을 말해야 하는 역설적 상황은 인간이기에 처할 수밖에 없는 숙명과 같다. 그렇기 때문에 인간은 철학을 하고 예술을 하는 것이 아닐까? 인간은 말할 수 없는 것에 대한 경험을 규정하고 말로 표현함

---

[41] Th. W. Adorno, ND. 21쪽.

으로써만 다른 사람에게 전달할 수밖에 없지만, 그러나 이와 같은 방식으로 표현된 규정은 말할 수 없는 것을 부분적으로 왜곡하거나 배제하는 것이기 때문에, 배제되고 왜곡된 것에 대한 경험과 그러한 경험에 대한 주의가 철학과 예술의 근본 동기가 된다. 인식은 존재하는 그대로의 것에 대한 경험을 어떤 왜곡 없이 규정할 수 없으며, 그렇기 때문에 경험은 분류적 인식에 제한되지 않는다. 그런 한에서 경험은 인식과 그러한 인식으로 환원되지 않은 경험 자체라는 이중적 의미를 가진다. 인식과 환원되지 않은 경험이 전적으로 분리될 수 없기 때문에 서로 관계하고 서로를 매개한다. 그렇기 때문에 '경험' 자체는 불가피하게 애매하다. 또한 그러한 정도로 경험과 관계하는 언어도 이중적이다. 즉 분류적 사유의 기관인 기호로서의 언어와, 이러한 분류적 사유에 제한되지 않는 경험과 관계하는 닮음으로서의 언어. 그러나 과학적 합리성의 보편적 확장은 분류적 기호로 환원되지 않는 객체와의 닮음으로서의 언어, 즉 미메시스적 언어를 마법적인 것으로 간주하고 추방한다. 왜냐하면 개념적 분류로 환원되지 않은 경험과 그러한 경험을 표현하는 언어는 동일성 규정으로 규정되지도 표현될 수도 없으며, 그런 한에서 합리적인 절차적 인식방법을 벗어나기 때문이다. 이러한 추방을 통해 경험은 개념적 규정과 관계하는 인식경험으로 왜곡되고 기형적으로 된다.

만일 이러한 추방이 완전하다면, 다른 말로 모든 것이 추상적인 개념을 통해 규정될 수 있고 그럼으로써 완전히 전달가능하며, 따라서 개념 바깥에 남아 있는 어떤 것도 없다면, 기호로서의 개념은 무의미하고, 이러한 개념을 통해 분류하는 인식도 공허하게 될 것이며, 인식된 명제를 근거로 추리하는 인간 이성도 동어반복이 될 것이다. 경험이 RPG게임에서처럼 양적인 것으로 환원됨으로써 새롭고 그렇기 때문에 낯선 것을 더 이상 경험할 수 없는 인간은 더 이상 새로운 것을 꿈꾸지 못하고 거짓 모조품의 반복된 놀이에 몰두할 것이다. 이러한 의미에서 경험의 위축과 살아 있는 경험의 상실은 살아 있는 경험대상의 상실이며, 경험을 통해 경험대상과 관계하면서 형성된 자아도 잃어버린 경험만큼이나 공허하고 추상적 자아가 된다. 따라서 '경험주의에 반하는 경험의 반란'을 꿈꾸는 아도르노는 경험상실을 야기한 자연지배적 합리성과 이러한 합리성의 보편적 확장을 추적하고 분석함으로써 이러한 합리성에 대한 규정된 비판을 한다. 그는 이러한 비판을 통해 살아 있는 경험을 회복시키고 이러한 경험의 회복을 통해 살아 있는 인간 자아의 회복을 의도한다.

그러므로 개념적 장치에 의존하지 않는 경험의 구제는 철학에 가장 절박하고 다른 의미에서는 철학의 가능성이다. 왜냐하면 전적으로 개념적 분류로 환원되지 않는, 새롭고 그렇기 때문에 낯선 것에 대한 경험이 개념적 분류에 만족하는 사유를 운동하게 하며, 그런 한에서 철학적 사유를 가능하게 하기 때문이다. 완전한 인식과 사유에서는 더 이상 낯선 것에 대한 경험이 일어날 수 없기 때문에 어떤 고민도, 의심도, 회의도 일어나지 않는다.

> 관념론적으로 획득된 변증법 개념이 헤겔의 강조와는 반대로 관념론적 장치에 의존하지 않는 경험을 구제하지 못한다면, 철학에게는 내용적 통찰을 거부하고 자신을 과학의 방법론에 제한하며 이러한 방법론을 철학이라고 선언하고 잠재적으로는 자신을 말살하는 체념이 불가피할 것이다.[42]

그러나 환원되지 않은 경험이 단순히 개념적 장치로 환원될 수 없는 객체에 호소하는 것이어서는 안 된다. 오히려 환원되지 않은 경험의 구제는 자연지배적 합리성에 대한 규정된 비판을 통해, 즉 "인간의 자연지배에 의해 최종적으로 제거될 수 없는 것의 흔적을 지적함으로써"[43], 따라서 인식수단인 개념의 불충분성을 자각함으로써 열리는 경험을 의도한다. 개념적 장치에 의존하지 않는 경험의 구제가 단순히 비동일적인 객체에 대한 직접적 경험에

---

42 Th. W. Adorno, ND. 19쪽.
43 Alex Thomson, *Adorno: A Guide for the Perplexed*, (Continuum, 2006), 142쪽.

호소하는 것이라면, 이것은 직관주의처럼 다시금 주체를 단순히 자신의 타자를 수동적으로 수용하는 것으로 만들 것이며, 자신의 능동적 역할을 잃어버린 주체는 수동적으로 현실논리를 따르는 타율적인 것으로 될 것이다. 따라서 개념을 통해 억압된 것과 관계하는 환원되지 않은 경험은 개념과 개념을 수단으로 하는 동일성 판단에 대한 반성을 통해서만 가능한 비동일성의 경험이다. 이런 의미에서 경험을 위축시키고 왜곡하는 합리적 인식방식이 역설적이게도 경험을 구제하는 수단이 된다. 만일 "처음부터 인식도구와 매개되지 않은 경험은 자의로 변질될 것이며,"[44] 더 이상 비동일성의 경험 자체도 가능하지 않을 것이다. 이러한 비동일성의 경험은 인식도구와 동일하지 않은 것을 최종적으로 동일화할 수 없는 사유의 무능력에 대한 경험을 통해 가능한 경험이다. "그러한 경험은 객체 자체에 대한 주관화하거나 논리화된 점유자-논리적 의미에서 객체의 현상인, 직관-라기보다는 차라리 객체의 모든 질적인 복잡성 속에서 진정 객체 자체에 대한 경험일 것이다."[45] 경험이라는 말 그대로의 의미에서 물화되지 않은 경험은 인식과 재단되지 않는 경험의 상호작용 속에서 비치는 진정 객체에 대한 경험이다. 따라서 "미메시스와 합리성은 서로를 필요로 하며, 합리성이 미메시스 속에서 작동하는 만큼이나 미메시스가 합리성 속에서 작동하는 경우에 비로소 적절한 인식이 나타날 것이다."[46]

---

44 Th. W. Adorno, ND, 20-21쪽.
45 Simon Jarvis, *Adorno: A Critical Introduction*, (Polity Press, 1998), 184쪽.
46 Norbert Zimmermann, *Der ästhetische Augenblick: Theodor W. Adornos Theorie der Zeitstruktur von Kunst und ästhetischer Erfahrung*, (Peterlang, 1989), 29쪽.

3.4 물화되지 않은 사유로서 함께-배열하기 (Konstellation)

그러나 실로 개념을 통한 분류에 의존하지 않는 비동일적인 객체에 대한 경험이 가능하다 하더라도, 우리의 인식방법이 추상적 개념에 의존적인 한 이러한 경험은 영원히 개념적 분류와 차이로서만 비치는 경험에 그치고 마는가? 그래서 그러한 경험을 이야기하는 것은 신비적인 것으로 오인되고 비합리적인 것으로 배척되어야 하는가? 단적으로 그러한 경험에 대한 어떠한 규정도 경험을 왜곡시킨다 하더라도, 그러한 왜곡으로 환원하지 않는 사유방식과 글쓰기 방식은 가능할 것이다. 즉 그러한 경험에 알맞은 개념을 적용하여 명제로 환원할 수 있다고 생각하지 않는 사유방식이나, 마치 시적 언어들처럼 표현내용을 직접적으로 규정하지 않는 글쓰기 방식이 가능할 것이다. 아도르노는 왜곡되지 않는 경험에 접근하는 방식으로 **함께-배열하기**[47]를 제시한다.

과학적 언어와 예술적 언어의 완전한 분리를 가정하지 않는 아도르노는 사태를 개념을 통해 전적으로 환원하는 동일성 원리로서는 사태의 왜곡만을 낳을 수밖에 없으며, 이러한 동일성 논리에 기초한 인식판단과는 달리 개념과 비개념적인 것에 대한 유사성의 경험을 보존하는 접근방식을 제시한다. 이러한 방식이 '함께-배열하기'이다. '함께-배열하기'는 '함께'를 의미

---

47 함께 배열하기(Konstellation)는 아도르노가 벤야민에게서 차용한 용어다. 벤야민은 『독일 비극의 근원』에서 별자리가 별에 관계하듯이 관념들이 객체에 관계한다고 선언했다. 그러나 아도르노는 이 개념을 의미 확장했다. 아도르노는 벤야민의 경우처럼 (보편자 아래에 특수한 현상을 분류하거나 포괄하는 방식인) 개념들과 (단순히 긍정적 인식인) 관념들 사이를 철저하게 구별하는 것은 가능하지 않다고 생각했다. 이렇게 구별될 때 관념들은 원칙적으로 경험에 의해 왜곡될 수 없다는 것을 함의하기 때문에 권위적이다. 마치 별이 없으면 별자리가 아무 것도 아닌 것처럼 아도르노의 '함께-배열하기'는 그 자체로는 어떤 것도 아니며 (필연적으로 시간에 제약된) 특수한 것들의 관계이다. 자세한 논의는 Simon Jarvis, *Adorno: A Critical Introduction*, (Polity Press, 1998), 175쪽 참조.

하는 접두사 'kon'과 '세우다', '놓다', '배치하다'를 의미하는 'stellen'을 결합한 것이다. 글자 그대로의 의미는 '함께 세우다', '함께 모아놓다', '함께 배치하다'의 의미를 가지며, 통상 '별자리'를 의미한다. 별이 없으면 별자리가 그것의 의미를 가지지 못하는 것처럼 개념도 관련된 개별자들 없이는 그 의미를 가지지 못하며, 개념을 해명하기 위해 이들 개별자들을 함께 모음으로써, 혹은 어떤 사태를 해명하기 위해 사태를 다양하게 규정하는 다양한 개념들을 모음으로써 개념이나 사태에 접근하는 방식이 함께-배열하기이다. 그러나 그것은 사태를 규정하기 하기 위해 주도적 개념과 그것을 중심으로 개념적 위계구조를 가진 모음이 아니며, 사태를 드러나게 하기 위해 개념들 간의 어떤 위계도 없이 사태를 중심으로 여러 개념들을 '함께' 모으는 것이다. 이러한 개념들의 모음은 무의도적인 모음이 아니며, 사태를 강제 없이 드러나게 한다는 의미에서 단순한 '모음'이 아니라 '배열'이다.[48]

이러한 '함께-배열하기'는 개념으로 환원되지 않은 것을 강제로 하나의 개념을 통해 규정하는 것이 아니라, 규정하고자 하는 사태 주위에 개념들을 집중시켜 함께-배열함으로써 동일성 개념이 잘라버린 개념의 잉여를 표현하는 것이다. 왜냐하면 어떤 비개념적이고 비동일적인 것도 그것에 정확하게 맞아떨어지는 하나의 개념을 통해 규정될 수 없으며, 그런 한에서 개념을 통해 규정되는 것은 개념적 규정 이상을 의미하기 때문이다. 이러한 의미에서 모든 개념적 동일성 규정은 개념과 동일하지 않은 것의 배제이며, 이러한 배제된 것에 대한 관심과 존중이 함께-배열하기의 근본 동기이다.

함께-배열하기는 개념이 내부에서 잘라버린 것, 즉 개념이 될 수 없지만 그만큼 되고자하는 개념의 잉여를 외부로부터 표현한다. 개념들을 인식되어야

---

48 이러한 의미에서 본서는 Konstellation이 통상 별자리를 의미하는 '성좌'로 번역되거나 '자리매김'으로 번역되지만 그대로 사용하지 않으며, 또한 글자 그대로 '함께 모음'이나 '함께 모아놓음'으로도 번역하지 않고 '함께-배열하기'로 번역하였음.

할 사태 중심으로 모음으로써, 함께-배열하기는 잠재적으로 그것의 내적인 것을 규정하고, 사유가 필연적으로 자신으로부터 제거해버린 것에 사유하면서 도달한다.[49]

함께-배열하기는 개별적 객체를 하나의 추상적 개념을 통해 규정할 수 없는 부분, 즉 비동일적 요소를 그와 관련된 여러 개념들을 통해 서로 구속하는 것 없이 규정함으로써 비동일적 요소가 드러나도록 하는 것이다. 동일성 사유가 아니라 함께-배열하기의 사유가 필요한 것은 비록 우리의 인식경험이 대상 구성, 즉 객체에 대한 개념의 적용에 의존한다 하더라도, 객체에 대한 진정한 경험은 개념적 규정을 넘어서기 때문이다. 개념적 규정과 전적으로 동일하지 않은 객체에 대한 경험이 인식적 규정과의 차이로서 의식되고, 이러한 배제된 차이의 요소가 인식적 동일성에 만족한 채 머무르는 우리의 사유를 배제된 비동일적인 것에 대한 주의와 존중을 이끌어 내는 동시에 이를 표현하도록 강제한다.

결국 함께-배열하기로서의 사유와 글쓰기는 분류적 사유에 의해 추방된 것에 대한 비동일성의 경험에 의해 강제된 것이다. 그러나 아도르노는 다른 초월적 경험, 즉 육체적 매개를 넘어선 경험을 상정하는 것이 아니다. 단지 개념적 장치에 의존하지 않는 경험이 있으며, 이러한 경험이 개념과 개념으로 구성된 명제의 의미내용을 구성한다는 것만을 말할 뿐이며, 따라서 우리는 그 경험이 드러나도록 하기 위해 개념이라는 번호들의 배열을 통해 열리는 자물쇠를 조작하는 것이다.

> 함께-배열하기로서 이론적 사유는 이른바 소중하게 보관된 금고의 자물쇠처럼 개념이 확 열리기를 희망하면서 사유가 열고 싶어 하는 개념 주위를 맴돈다. 이러한 자물쇠는 개별 열쇠나 개별 번호를 통해서가 아니라 번호의 조

---

49 Th. W. Adorno, ND, 164-165쪽.

합을 통해서 열린다.[50]

동일성 인식판단에서 사태에 대한 규정은, 마치 자물쇠를 열기 위해 자물쇠에 꼭 맞는 하나의 열쇠를 넣고 돌리는 것처럼, 개념이라는 하나의 열쇠를 가지고 잠겨있는 사태를 조작하는 것이다. 반면에 함께-배열하기는 사태가 이와 같은 하나의 개념으로 열리는 것이 아니라, 번호의 조합으로 열리는 자물쇠처럼 사태를 다양한 측면에서 조명하는 다양한 개념적 번호들을 조합함으로써 사태에 접근하려는 시도이다. 아도르노는 이러한 자신의 함께-배열하기로서의 사유를 설명하기 위해 막스 베버의 글쓰기를 예로 든다.[51] 베버는 '자본주의'를 설명하기 위해 단일한 언어적 정의를 하지 않는다. 그는 자본주의라는 개념을 중심으로 자본주의와 관련된 여러 개념들을 배열함으로써 자본주의를 이해하도록 한다.

[언어적 정의는] 개념적 고정화가 아니라 오히려 추구된 중심 개념 주변에 개념들을 모음으로써 (조작적 목적을 위해 개념의 윤곽을 그리는 대신에) 개념이 향하는 것을 표현하려는 시도이다. 그래서 모든 관점에서 자본주의라는 결정적인 개념은, 마르크스의 경우와 유사하게, 이익충동이나 이윤추구와 같은 고립되고

---

50 Th. W. Adorno, ND. 166쪽.
51 실제로 아도르노 자신의 글쓰기 방식도 이러한 함께-배열하기를 따른다. 아도르노의 텍스트가 독자들에게 난해한 여러 이유들이 있겠지만 그중에서도 이러한 글쓰기 방식이 아도르노의 저작을 이해하고 해석하는데 가장 곤혹스러운 면이다. 아도르노의 텍스트 속에 있는 어떤 개념도 단순하고 직접적인 정의방식을 채택하지 않는다. 이러한 의미에서 아도르노의 텍스트 읽기는 진정으로 해석학적 방법이 필요할 것이다. 텍스트를 해석하는 것은 처음에 등장하는 명제들과 그러한 명제들을 형성하는 핵심 개념들을 정의함으로써 끝나는 것이 아니라, 간단하게 명료화되지 않은 개념들과 씨름하고 해석하면서 텍스트의 마지막에 가서야 텍스트가 전하고자 하는 의미들과 그러한 의미들을 실어 나르는 개념들과 명제들을 이해하게 되는 것이다. 아도르노의 이러한 의도는 자신이 이야기하고자하는 것을 단순히 명제로 규정하고 이를 근거로 논증하는 방식은 자신의 생각을 쉽게 물화시킬 수 있다고 생각하기 때문이다. 사랑은 그렇게 쉽지 않다. 쉽지 않은 나의 사랑을 쉽게 전달하는 것은 쉽지 않은 나의 사랑을 왜곡시키는 것이다.

주관적인 범주들과 강조적으로 분리되지 않는다.[52]

모든 정의되는 객체는 정의체의 범주적 규정을 벗어난다. "베버는 '최근류와 종차'라는 도식에 따라 한계를 정하는 정의방법을 명백히 거부하며, 대신에 사회학적 개념은 그것의 '사회적 현실에서 추측되는 개별적 구성요소로부터 점차 구성되어야 한다'고 요구한다."[53] 이러한 의미에서 함께-배열하기로서 철학적 텍스트를 읽는 것은 해석학적 과정이다. 어떤 사태나 개념을 이해하는 것은 그것을 단순히 정의함으로써 끝나는 것이 아니라 그것과 관련된 개념들의 모음을 다 보고 난 다음에 이루어진다. 텍스트 읽기는 텍스트 전체에 그 텍스트가 말하고자 하는 것을 이해하도록 배열되어 있는 개념들을 해석하는 과정이며 이러한 과정의 축적을 통해 텍스트를 이해하는 것이다.

마찬가지로 우리가 경험하는 객체에 대한 표현은 그것을 규정해왔고 드러내고자 했던 개념들을 읽어가는 과정이며, 객체를 드러내고자 했던 규정들에 대한 해석을 통해 객체 자체에 대해 해석하는 과정의 표현이다. 어떤 사태에 '함께-배열하기'의 방식으로 접근하는 것은 "인식비판 때문에 비로소 그런 것이 아니라 역사의 실제 과정이 함께-배열하기를 추구하도록 강제한다."[54] 개념을 통해 분류하는 정의방식과 이러한 정의와 동일화될 수 없는 사태 사이의 비동일성, 이 때문에 끊임없이 변화해왔고 다양한 측면에서 규정해왔던 개념적 정의 과정이 함께-배열하기를 추구하도록 한다.[55] 개념

52　Th. W. Adorno, ND. 168쪽.
53　Th. W. Adorno, ND. 167쪽.
54　Th. W. Adorno, ND. 168쪽.
55　예컨대 '자유' 개념을 이해하기 위해 우리는 자유를 사전적으로 규정된 정의를 통해서는 극히 자유 개념이 가진 의미의 일부도 제대로 파악하기 어렵다. 따라서 '자유'를 이해하기 위해 자유 개념에 대한 개념사사전을 이용한다. 물론 개념사사전이 함께-배열하기의 전형은 아니지만 개념사사전을 통해 우리는 자유 개념이 변화해왔고 변화해오는 과정 속에 가졌던 특정시기의 의미를 규정하고 있는 개념들을 이해함으로써 자유 개념 자체에 접근하려 한다

의 규정대상이 되는 어떤 객체도 한갓된 정의를 통해 완전히 규정될 수 없기 때문에, 개념과 개념을 통해 동일화될 수 없는 비개념적인 것은 상호작용하고 이러한 상호작용은 역사적 과정을 가진다. 왜냐하면 비개념적인 것은 고정된 개념을 운동하게 하기 때문이다. "인식의 유토피아는 비개념적인 것을 개념과 동일화하는 것 없이 개념을 가지고 비개념적인 것을 여는 것이다."[56] 이를 위해 사유는 개념적 규정을 통한 동일성 인식에 만족한 채 머무르는 것이 아니라 비개념적인 것을 다양한 측면에서 다양한 방식으로 규정해왔던 개념들을 함께-배열함으로써 비개념적이고 비동일적인 것을 맴돌면서 접근한다. 함께-배열하기로서 사유가 객체 주변을 맴돌 때 객체가 말하기 시작할 것이다. 이러한 의미에서 객체에 대한 물화되지 않은 인식은 동일성 인식을 넘어 객체의 목소리에 귀 기울이는 함께-배열하기로서의 사유일 것이다.

는 점에서 유사한 측면을 가진다.
56 Th. W. Adorno, ND, 21쪽.

4
주체와 객체의 상호성으로서 '객체'

그렇다면 개념적 분류로 환원될 수 없는 비동일적 객체란 무엇인가? 개념이 적용되는 의식의 현상이 아니라 개념을 통해 전적으로 규정할 수 없지만 현상을 현상하는 것인 인식의 내용으로서 객체가 없다면, 칸트의 말대로 현상하는 것 없이 현상이 있다고 말해야 하는 모순에 빠지거나, 헤겔의 말처럼 모든 현상은 현상하는 것과 동일한 것이기에 현상 이외에 어떤 다른 객관적인 것도 없다고 말해야 할 것이다. 그럼에도 의식 현상과 동일하지 않으면서 현상으로 환원되지 않는 현상하는 것에 대한 경험이 가능한 한에서, 인식의 내용이면서 인식으로 완전히 동일화될 수 없는 비동일적인 객체가 없을 수는 없다. 왜냐하면 객체가 경험하고 인식하는 주체와 분리되지만 철저히 분리된 것이 아니라 유사성을 가지는 경험의 대상인 한에서, 비동일적인 객체에 대한 경험은 개념적 동일성 규정으로 환원되지 않는 인식의 내용으로 정당화될 것이기 때문이다.

주체와 객체의 이분법을 비판하면서도 주체와 객체의 분리를 포기하지 않는다는 의미에서 아도르노는 그 이후의 철학자들에게 의식철학을 비판하면서도 의식철학에서 벗어나지 못했다고 비판 받는다. 예를 들어 하버마스는 아도르노가 시대착오적인 이분법에 사로잡혀 있으며, 이러한 주체와 객체의 이분법을 상호 주관적 이해로 전환해야 한다고 주장한다.[1] 그렇다면 객체는 어떻게 되는가? 객체는 단순히 없는 것으로 치부되거나 무의미한 것으로 무화되는가? "전통적, 긍정적 철학에 개념과 동일하지 않은 것은 인식될 수 없고, 사유될 수 없으며, 말로 표현될 수 없는 것으로 머물러 있지만, 이러한 사유될 수 없고 말할 수 없는 것은 그것의 목소리를 가진다…… 아도르노에게 부정 변증법의 과정에서 진행되는 주관적 자기반성은 이러한 목소리에 주의를 기울인다."[2] 만일 아도르노의 말대로 사유를 가능하게 하

---

[1] Jürgen Habermas(tr. by Thomas McCarthy), *The Theory of Communicative Action vol 1*, (Beacon Press, 1984), 190쪽.

[2] Eric L. Krakaur, *The Disposition of the Subject: Reading Adorno's Dialectic of Technology*,

고 살아 있는 경험이 관계하는 것이 개념으로 환원될 수 없고 말로 표현될 수 없는 비동일적인 객체라면, 어떤 식으로든 인간 주체와 객체와의 관계가 해명되어야 할 것이다. 이러한 의미에서 4장은 주체와 객체의 상호 얽혀있음의 관계 속에서 개념적 장치로 환원될 수 없는 경험의 객체가 무엇을 의미하는지를 해명해보고자 한다. 이것은 아도르노의 애매한 객체 개념에 대한 이해를 도울 뿐 아니라 더 나아가 주체와 객체의 상호성이 왜 포기될 수 없는지의 이유가 되며, 그리고 이러한 주체와 객체의 상호성은 물화되지 않은 경험의 근거가 된다.

주체와 객체의 상호성을 정당화하기 위한 '객체'에 관한 논의는 다음과 같이 전개될 것이다. 먼저 주체와 객체가 서로 얽혀있기 때문에 객체 개념의 애매성이 불가피한 이유를 살펴보고, 그런 다음 객체는 주체의 개념에 의해 완전히 규정되지 않는다는 의미에서 비동일성으로서 객체를 판단형식을 통해 설명할 것이다. 이를 통해 우리는 서로 관계하고 서로를 통해 서로를 구성하는 그와 같은 방식으로 주체와 객체가 상호 매개하고 의존하는 것으로 파악하며, 이러한 상호 얽힘 속에서 객체는 개념과의 차이를 통해 이해되어야 한다고 주장한다. 그 근거로 부분적으로 주체의 개념에 의해 규정된다는 의미에서 객체의 개념적 성격과, 그럼에도 의미 생산에 있어 주체의 개념은 개념과 다른 것에 의해 매개된다는 의미에서 객체의 비개념적 성격을 논의할 것이다. 이러한 논의는 객체가 두 부분으로 철저히 분리될 수 있다는 것을 의미하는 것이 아니라, 본질적으로 객체에 대한 경험을 공통분모로 통분한 추상적 개념이 개별적인 객체를 부분적으로 규정하지만 전적으로 규정할 수 없다는 것을 의미한다. 따라서 주체와 객체를 깔끔하게 분리시켜 규정하려는 시도는 실패할 수밖에 없다.

(Northwestern University, 1998), 139쪽.

4.1 '객체' 개념의 애매성

전통적으로 철학에서 경험이나 주체 개념만큼 객체 개념은 다양하게 표현되어 왔다. 가장 일반적으로 객체는 정신과 독립해 있는 것으로 자연이라고 지칭되었으며, 형상과 상반되는 개념으로서 질료라고 이해되었다. 이러한 질료는 지, 수, 화, 풍이라는 원소로 구성된다고 생각되기도 했으며, 또한 더 이상 쪼개질 수 없는 원자로 구성된다고 여겨지기도 했다. 근대에 객체는 정신적 실체와 독립해서 연장이라는 속성을 가진 물질적 실체로 간주되었으며, 칸트는 객체를 정신에 나타나는 현상을 현상하게 하는 것으로 물자체라고 불렀다. 마르크스는 정신과 독립해서 존재하는 객관적 실재로서 물질이라는 개념을 사용했다. 이와 같이 다양하게 불리었던 객체 개념에 공통적인 것은 그것이 무엇을 지칭하든 정신과 독립해 있다는 점이다. 즉 객체는 정신과 독립해서 객관적으로 존재하는 것을 의미한다. 탈레스 이래로 많은 철학자들은 환원주의자들과 다르게 정신 활동과 전적으로 동일하지 않은 것, 적어도 정신의 사실로 환원될 수 없는 것을 자각했다. 그들은 정도의 차이는 있지만 정신과 독립해서 객관적으로 존재하는 것이, 무엇을 지칭하든, 간단히 의식현상으로 환원될 수 없다는 것을 알았다. 이런 관점에서만 본다면 이들은 오늘날의 주관적 환원주의자들보다 더욱 철학적인 사상가들이다. 왜냐하면 모든 것이 개념적 분류로 환원 가능하다면, 개념을 통해 규정되고 환원된 바로 그 지점에서 철학적 사유는 정지할 것이기 때문이다. 반대로 과학적 합리성이 고도로 발달한 오늘날 그럼에도 철학적 사유를 한다는 것은 합리적 규정으로 환원될 수 없는 낯선 것과 그러한 것에 대한 경험이 있다는 것을 의미한다.

정신과 독립해서 객관적으로 존재하는 것이라는 의미의 객체가 왜 이렇게 다양하게, 혹은 다의적으로 불리게 되었는가? 이러한 사실에서 분명한 것은 '객체'라는 추상적 개념과 정확하게 일치하는 대상이 없다는 것이다.

앞에서 검토해왔던 것처럼 객체라는 개념으로 완전히 분류할 수 있기 위해서는 객체 자체도 개념만큼이나 추상화되어야 한다. 즉 개념으로 완전히 교환될 수 있기 위해서는 교환될 수 없는 비동일적인 요소는 재단되거나 배제되어야 한다. 그러나 개념이 완전히 추상화된 질 없는 기호가 아니듯이 객체도 완전히 추상화된 질 없는 추상물이 아니다. 경험의 대상인 질적 객체 자체를 단순히 개념이 적용될 수 있도록 알맞게 재단하는 것은 객체 자체를 왜곡하고, 객체 자체와 질적으로 다른 인식의 재료로 만드는 것이다. 이러한 의미에서 객체라는 개념이 지시하는 것 자체는 불가피하게 애매할 수밖에 없다. 뿐만 아니라 객체라는 개념 자체는 모호하다. 인간 정신과 독립해서 존재한다는 의미 자체가 너무 추상적이어서 그것의 적용 범위가 어디까지인지가 불분명하다. 이 경우 존재한다는 것을 특별히 강조한다 하더라도 상황은 크게 나아지지 않는다. 가령 플라톤에게 진정으로 존재하는 것은 이데아이고, 헤겔에게는 절대정신이며, 하이데거에게는 존재이다. 이러한 개념들 모두 주관적 정신과 독립해 있기 때문에 넓은 의미에서 객체다. 이러한 모호함을 벗어나기 위해 객체의 범위를 명확하게 한정하는 것은 애매함을 없애는 경우만큼이나 어렵다. 결국 이러한 애매함과 모호함은 주체와 객체가 간단히 구분될 수 없을 정도로 서로 얽혀있기 때문이며, 또한 서로 얽혀있는 것을 철저하게 분리시켜 정의하는 것은 주체와 객체 모두를 왜곡시킬 것이기 때문이다.³

아도르노의 철학에서도 객체가 무엇인지 규정하는 것은 그렇게 간단하지 않다. 그의 텍스트에서도 '객체' 개념은 다의적으로 사용되며, 따라서 애매하다. 객체는 개념을 통해 어떤 것으로 규정되지만, 개념으로 완전히 규

---

3 객체 개념뿐 아니라 주체 개념을 다루는 5장에서도 모호함보다는 주로 애매함에 초점을 맞추고 있다. 그 이유는 물론 이들 개념들의 모호함은 애매함과 결합되어 있기 때문이기도 하지만, 단일한 개념적 정의로 분류될 수 없는 주체와 객체 개념을 아도르노가 추구하는 비동일적인 접근방식인 함께-배열하기를 통해 드러냄으로써 인식규정의 한계를 비판하고 경험의 핵심적 역할을 조명하려 하기 때문이다.

정되지 않는 측면을 가진다는 의미에서 이중성을 가진다. 즉 객체는 개념적 성격과 비개념적 성격을 가진다. 상황을 더 어렵게 하는 것은 아도르노가 다양한 맥락에서 '객체'를 다양한 의미의 용어로 표현한다는 것이다. 그것은 비동일자, 비개념적인 것, 개별적인 것과 특수한 것, 이질적인 것, 환원할 수 없는 것, 질적인 것, 낯선 것, 다른 것, 타자, 왜곡되지 않은 것, 억압되지 않은 것, 열려 있는 것, 매개된 것, 현상하는 것, 물질적인 것, 존재자, 사태 자체, 물자체, 자연에 이르기까지 다양하다. 아도르노가 객체를 명료하게 규정하지 않는 것은 객체가 완전히 개념을 통해 규정되지 않는다는 의미에서 뿐만 아니라 어떤 식의 정의도 그 의도가 왜곡되거나 물화될 수 있기 때문이다. 주관적인 것과 객관적인 것이 서로 얽혀있기 때문에 다른 것으로부터 나머지 하나를 명확하게 골라내는 것은 불가능하며, 이 둘을 철저하게 분리해서 규정하고 분석하는 것은 그 둘과 다른 것에 대한 분석이 되고 만다. 왜냐하면 서로 얽혀있음으로써 의미 있게 되는 것을 철저하게 분리시키는 것은 그것이 방법론적이라 하더라도 원래의 것과 다른 것에 대한 분석이 되기 때문이다. 또한 적극적인 의미에서 아도르노는 객체가 하나의 개념으로 환원될 수 없지만 다양한 규정성을 가진 개념들을 객체를 중심으로 함께-배열함으로써, 비동일적이고 개별적인 객체에 접근하려 시도하기 때문이다.

아도르노가 객체를 애매하게 표현하는 첫 번째 이유를 좀 더 자세히 살펴보면, 객체는 개념에 의해 규정되기 때문에 언어 내에서 의미 있게 되지만, 객체는 본질적으로 개별자이기 때문에 비개념적이라는 것이다. "규정한다는 것은 객관적인 것이 (아무리 그 자체로 존재한다 하더라도) 고정된 개념에 의해 주관적으로 포착한다는 것을 의미한다."[4] 그러나 객관적인 것을 주관적으로 포착하고 고정시키기 위한 도구로 사용되는 불충분한 개념과 그 개념의 대상 사이에는 차이가 있다.

---

4   Th. W. Adorno, SO. 741쪽.

아무리 우리가 사물들 속에 응결된 그러한 역사의 언어적 표현을 위해 노력한다 하더라도, 우리가 사용하는 말들은 개념으로 남아 있을 것이다. 개념들의 엄밀성이 사물 자체의 개성을 명심하는 것 없이 그것을 대체한다. 말과 그것이 그려내는 사물들 사이에는 갭이 있다. 따라서 서술 전체에서 뿐만 아니라 단어의 선택 속에는 자의성과 상대성이 잔재해 있다.[5]

주관적 정신에 독립해 있다는 의미에서 객관적으로 존재하는 것은 불충분한 개념으로 고정되지 않으며, 이것을 추상적 개념을 통해 규정하는 데에는 필연적으로 자의성이 따라 나온다. 따라서 일정 부분 자의적인 개념을 가지고 객관적으로 존재하는 것을 고정시키는 것은 사태의 왜곡을 낳을 수밖에 없다. 그렇다고 객체에 대한 개념적 규정이 전적으로 자의적이라고 주장하는 것은 아니다. 왜냐하면 주관적 규정은 항상 규정되어야 할 것에 의해 요구되는 것이기 때문이다. 또한 개념적 규정에 자의성이 있다는 것은 개념이 순수 형식이 아니라는 것을 의미한다. 순수 형식이 아니기 때문에 개념은 자신의 지시대상과 공통적인 부분을 가지며, 그런 한에서 규정되어야 할 객체와 철저하게 분리될 수 없다. 오히려 개념은 그것의 지시대상인 객체와의 관계를 통해서만 그것의 고유한 의미내용을 가진다.

개념을 통해 규정된 것은 영원히 그러한 규정으로 머물러 있는 것이 아니다. 개념은 자신에 의해 규정된 것과의 관계 속에서 변한다. 즉 개념을 통해 규정되는 것에 대한 경험이 변함에 따라 규정하는 개념도 변한다. 이러한 정도로 개념을 통한 인식은 역동적 운동이다. 이런 이유 때문에 아도르노는 다음과 같이 객체를 불충분한 형식인 개념을 통해 규정하는 것이 절대적이라고 생각하지 않는다.

존재자가 없다면 어떤 존재도 없다. 존재 개념을 포함한 개념의 사유 필연

---

5   Th. W. Adorno, ND, 62쪽.

적 기체로서 어떤 것은 더 이상의 사유과정에 의해 제거될 수 없는 가장 극단적인 추상물이며, 이러한 추상물은 사유와 동일하지 않은 사태적인 것의 추상물이다. 어떤 것이 없다면 형식논리학은 생각될 수 없다. 형식논리학은 그것의 메타 논리적 흔적으로부터 순수하게 될 수 없다. 형식 일반을 통해 사유가 저 사태적인 것을 떨쳐버릴 수 있다는 것, 즉 절대적 형식을 가정하는 것은 환상이다. 사태적인 것에 관한 실질적인 경험이 사태적인 것의 형식 일반을 구성한다.[6]

기본적으로 객체라는 용어 자체도 존재하는 것들에 대한 추상적 개념이다. 정신에 독립해 있다는 의미에서 객관적으로 존재하는 것들에 대한 경험이 객체 개념을 구성한다. 그러나 그 역은 아니다. 객체에 대한 실질적인 경험이 없다면 객체에 대한 개념이 있을 수 없지만, 개념이 없다고 해서 개념이 적용되지 않는 객체가 없다고 할 수 없다. 이러한 의미에서 형식과 형식이 적용되어야 할 객체는 비대칭적이다. 따라서 형식보다 형식이 적용되어야 할 객체가 우선성을 가지며, 형식적 개념 자체가 그것의 지시대상을 구성하는 것이 아니라 객체에 대한 실질적인 경험이 형식을 가능하게 한다. 그렇지만 관념론은 개념과 객체의 관계를 역전시키고 경험의 의미를 뒤바꾸어 놓았다. 즉 형식 일반이 경험 가능성의 조건이며, 경험대상은 형식적 조건을 통해 구성된다는 것이다. 따라서 경험은 추상되고 경험을 가능하게 하는 조건인 개념은 객관적인 어떤 것과 관계할 수 없는 공허한 기호가 된다. 이러한 관계가 다시 역전되어야 한다.[7] 인식을 가능하게 하는 조건인 형식 일

---

6   Th. W. Adorno, ND, 139쪽.
7   7장에서 보다 상세히 다루겠지만, 이러한 의미에서 관념론의 코페르니쿠스적 전환은 원래 코페르니쿠스적 전환의 취지에 맞게 다시 전환되어야 한다. 7장에서 칸트의 코페르니쿠스적 '전환의 전환'은 '지축전환(Achsendrehung)'이라는 이름으로 다루어진다. 왜냐하면 코페르니쿠스는 천체운동이 지구를 중심으로 이루어진다는 천동설을 지구가 태양을 중심으로 회전한다는 지동설로 전환했기 때문이다. 즉 천체를 관찰하는 '내'가 관찰하는 대상을 중심으로 관찰해야 한다는 것이다. 그러나 관념론은 인식하는 '나'를 통해 객관적으로 존재하는 것들이 인식 가능하게 된다는 주관주의적 방향으로 전환했다.

반이 선험적으로 주어지고 이를 통해 인식경험이 가능하게 되는 것이 아니라, 객관적으로 존재하는 것에 대한 경험이 형식 일반을 가능하게 하는 것으로 이해되어야 한다. 이러한 의미에서 경험의 객체는 그것을 규정하는 주관적 형식을 가능하게 하는, 주관적 형식으로 환원할 수 없는 모든 존재자들을 포함하는 것으로 간주되어야 한다.

객체가 주관성과 독립해 있고 개념이나 범주로 환원될 수 없다고 주장할 때 고려되어야 할 것은 마치 이러한 주장이 소박한 실재론의 주장처럼 들린다는 것이다. 소박한 실재론은 객체가 주체에 독립해 있고 존재하는 그대로 주관에 수용된다고 주장한다. 이러한 의미에서 소박한 실재론은 주체의 능동적 역할을 허용하지 않는다. 그러나 아도르노는 주체와 객체가 독립적으로 존재한다는 견해를 거부한다. 만일 주체와 객체가 이렇게 서로 철저하게 분리된 독립적인 것이라면 이것은 결국 주체의 능동적 역할을 배제하게 된다. 주체는 마치 거울처럼 객체를 존재하는 그대로 반영하는 수동적인 것으로 된다. 따라서 "객체는 자신의 활동을 자각하지 못하는 주체에 의해 무반성적으로 조작되게 된다."[8] 그러나 주체의 능동적 참여가 없다면 인식은 이루어질 수 없다. 즉 "우리의 인식을 생산하는 활동들은 사물들을 규정하는 능력, 객체를 구체적으로 만드는 규정과 분리될 수 없다."[9] 만일 주체가 형식을 부여하는 능동적 작용을 할 수 없다면, 더 나아가 직관적으로 수용된 것들을 분류하고 고정시킬 형식적 개념이 없다면, 어떤 앎도 성립할 수 없을 것이며, 따라서 사유도 불가능할 것이다. 그렇지만 주체가 능동적 역할을 가진다고 해서 주체가 객체를 주관적으로 구성하거나 산출할 수 있다는 주관주의로 이해되어서는 안 된다. 인식이 형식을 부여하는 작용과 이러한 형식으로 환원될 수 없는 비동일적인 객체에 대한 경험의 상호작용이기 때문에, 물화되지 않은 인식은 주체와 객체의 상호작용이다. 상호작용으

---

8   Brian O'Connor, *Adorno's Negative Dialectic*, (MIT Press, 2005), 50 -51쪽.
9   Th. W. Adorno, ND, 188쪽.

로서 인식은 완결되거나 궁극적인 것이 아니라 개념적 규정으로 환원되지 않는 객체에 다가가는 끊임없는 과정이다.

두 번째 이유는 아도르노가 자신의 이론이 소박한 실재론으로 오해될 수 있듯이, 자신이 사용하는 개념도 잘못 이해되거나 왜곡되지 않을까 걱정하기 때문이다. 이러한 걱정은 실제로 자신의 인식비판 자체도 물화하는 과정에 빠질 수 있다고 경계하게 한다. 따라서 아도르노는 자신이 분석하거나, 아니면 분석하기 위해 도구로 사용하는 개념을 단순히 정의하는 방식을 사용하지 않는다. 지나치리만큼 단일한 개념적 정의를 피하기 때문에 그가 사용하는 개념들을 이해하기 위해서는 해석학적 안내와 노력이 필요하다. 그가 단순한 개념적 규정과 정의를 피하는 만큼 그의 텍스트를 읽는 독자들도 텍스트 속에 사용되는 개념이나 내용을 간단히 정의하고 시작하는 것은 그만큼 쉽게 자의적 이해에 머무르기 쉽다. 이러한 그의 생각은 근본적으로 서로 매개하고 서로 얽혀있기 때문에 주체나 객체 가운데 하나만을 가지고 시작하는 인식론은 왜곡된 인식을 생산할 뿐이라는 것이다. 또한 주체나 객체를 고립시켜 기술하는 것은 그것들 가운데 전자나 후자를 인식경험의 토대 원리로 확립하려는 위험을 무릅쓰게 된다. 이러한 의미에서 동일성 원리의 정당성은 상호성의 거부를 통한 철저한 이분법을 전제해야 한다. 왜냐하면 분리되었지만 유사성을 가지는 한에서 서로의 관계와 작용을 의미하는 상호성은 분리된 어느 것도 토대로 정립될 수 없다는 것을 함의하기 때문이다. 따라서 주체와 객체 가운데 어떤 것도 철저히 분리된 실체로 간주하지 않는다는 것은 주체와 객체의 상호성을 전제한다는 것을 의미한다.

이러한 의미에서 상호성의 거부 없이 객체는 주체와 전적으로 독립해서 정의될 수 없다. 주체가 개념을 통해 객체를 규정하지만 개념의 의미는 객체에 의해 매개된다. 이 둘의 상호성을 무시하고 철저하게 분리시키는 것은, 설사 그것이 방법론적이라 하더라도, 주체 개념을 실체화하고 객체를 물화시키게 된다. 왜냐하면 주체와 객체를 이해하기 위해 방법론적으로 철저히 분리시켜 분석한 것이라 하더라도, 그러한 분석은 '서로 얽혀있음으로 의미 있게 되는 것'과 전혀 다른 것에 대한 분석으로 변질되기 때문이다. 즉 서로 얽혀 상호작용하는 것을 인위적으로 철저히 분리시켜 놓고 분석하는 것은 원래의 것과는 다른 것을 분석한 것이기 때문에 왜곡된 결과만을 도출할 것이다. 이러한 생각은 개별 나무들이 모여 형성하는 숲의 아름다움을 이해하기 위해 개별 나무들의 성분을 분석함으로써 숲의 경관을 이해하려는 것과 같다. 숲은 개별 나무들의 총합 이상이다. 따라서 전체 숲과 상관없이 개별 나무들을 따로 떼어내어 아무리 분석한다 하더라도, 그러한 분석을 통해 우리는 나무들이 모여 만들어내는 전체 숲의 아름다움을 이해할 수 없을 것이다. 마찬가지로 개별 나무들을 아무리 잘 분석해서 종합한다 하더라도, 우리는 개별 나무들의 총합 그 '이상의 것'을 이해할 수 없을 것이다. 이러한 의미에서 주체와 객체에 대한 이해는 서로 얽혀있는 상호성과 관련해서만 의미 있게 된다. 이와 같이 서로 얽혀있음으로써만 의미 있게 되기 때문에 철저히 분리시킨다면 주체는 온전한 주체가 아니고 객체 또한 객체와 다른 것이 된다. 그러므로 주체와 객체의 상호 얽힘 속에서 이해되는 객체는 불가피하게 애매할 수밖에 없다. 이와 같이 상호성의 관점에서 다양한 맥락에 따라 다양한 방식으로 이해되는 객체를 아도르노는 다양한 맥락에 따라 다양한 용어를 가지고 표현한다.

더욱 적극적인 세 번째 이유는 하나의 개념으로 규정될 수 없는 개별적인 객체를 그것을 분류해줄 개념적 정의로 환원시키는 것이 아니라, 그것을 규정하는 다양한 개념들을 함께-배열함으로써 개별적인 객체에 접근하려는 아도르노의 의도 때문이다. 앞장에서 살펴본 것처럼 '함께-배열하기'는 개념으로 환원되지 않는 것을 강제로 하나의 개념을 통해 규정하는 것이 아니라, 그 주위에 다양하게 개념들을 집중시켜 함께-배열함으로써 동일성 개념이 잘라버린 개념의 잉여를 표현하는 것이다. 그가 사용하는 모든 개념들처럼 객체도 단일한 방식으로 정의하는 것이 아니라 그것이 이론적이든 실천적이든 다양한 측면에서 맥락에 따라 다양한 방식의 개념들로 객체라고 의미되는 것을 조명한다. 따라서 객체뿐만 아니라 그가 회복하고자 하는 경험에 대한 진정한 이해와, 그의 비판이론에서 경험이 갖는 역할과 중요성을 이해하는 것은 텍스트 일부분에서 이루어지는 것이 아니라 텍스트 전체에서 이루어진다. 즉 아도르노가 말하는 객체와 객체에 대한 경험을 이해하는 것은 그의 텍스트의 전체 과정 속에 배열되어 있는 개념들과 문장들을 해석하는 과정[10]과 관련된다.

4.2 판단형식에서 비동일성으로서의 '객체'

지금까지의 논의는 오히려 '객체' 개념의 애매성이 불가피하다고 역설하는 것 같다. 이러한 애매함은 주체와 객체가 배타적으로 분리시킬 수 없을 정도로 서로 얽혀있기 때문에 생기는 애매함이다. 다른 말로 주체의 측면에서 주체의 인식도구인 개념도 자신의 지시대상에 의해 오염되어 있으며, 객체의 측면에서 객체도 이중성, 즉 개념적 성격과 비개념적 성격, 동일성과 비동일성을 가지기 때문에 생기는 애매함이다. 결국 이러한 애매함은 인간 인식이 불완전하고 불충분한 개념에 의존할 수밖에 없기 때문에 불가피하지만, 그럼에도 이러한 불충분한 유한성을 자각함으로써 인간 의식은 정지하는 것이 아니라 역동적이고 개방적이게 된다. "의식, 반성, 비판적 사유는 비동일성을 먹고 자란다. 또한 이러한 긴장 내에서 사회는 존재하고 발전한다."[11] 이러한 측면에서 아도르노의 사상은 인간 인식능력의 유한성

---

10 "해석을 추구하는 철학은 자신의 과제를 '정확한 상상력'에 의해 대상이 스스로 말하도록 하는데 있다." Hartmut Scheible(김유동 옮김), 『아도르노』, 한길사, 1997, 90쪽.
11 Joan Alway, *Critical Theory and Political Possibilities: Conceptions of Emancipatory Politics in the Works of Horkheimer, Adorno, Marcuse, and Habermas*, (Greenwood Press, 1995), 64쪽.

을 한탄하고 좌절하는 염세주의적이거나 회의주의적인 것이 아니라, 물화되지 않은 경험에 사유를 열어놓음으로써 물화되지 않은 관계를 모색하는 적극적이고 능동적인 사고 유형이다. 즉 경험을 물화시키는 합리성으로부터 경험을 해방시키려 하며, 이러한 경험의 경고를 통해 비합리적인 합리성을 비판하는 변증법적 사고다.

"개념의 내재된 요구는 개념 아래 파악된 것의 변화에 맞서 그것의 질서를 창조하는 불변성"[12]이며, 만일 이러한 형식적 불변성을 본질로 하는 개념이 없다면, 즉 변화하는 객체에 대한 경험을 잠정적으로나마 불변적인 것으로 고정시키는 개념이 없다면, 모든 경험은 뿔뿔이 흩어질 것이고 어떤 것에 대한 어떤 앎도 가능하지 않을 것이다. 앎을 가능하게 하는 것이 변화하는 객체에 대한 경험을 고정시키는 작용이기 때문에 불가피하게 개념은 추상화를 자신의 본질로 가진다. 개념을 그 자체로 순수한 형식이라 가정하든 아니면 추상적인 기호라 가정하든 인식이 개념을 부여하는 것과 관계하기 때문에, 이러한 인식을 절대화하는 것은 결국 경험과 경험의 객체를 추상화하여 공허한 인식으로 증류시키는 것이다. 그러므로 개념의 불충분성과 유한성을 인정하고 개념의 충분성과 자족성을 비판하는 것은 불가지론과 같은 회의주의로 귀결되는 것이 아니라, 추상적 인식이나 자족적 인식으로의 환원으로부터 진정 비동일적 객체에 대한 경험을 해방시키고, 이를 통해 인간 인식을 더욱 생동적이고 역동적이게 할 것이다. 이러한 의미에서 인간 인식은 새로운 것의 경험에 열려 있는 역동적인 의식 활동 과정이며, 반대로 생물학적 측면에서가 아니라 의식의 측면에서 삶이 끝난다는 것은 이러한 능동적인 의식 활동을 중단한다는 것을 의미한다. "사실상 반론의 여지가 없는 것에는 어떤 것도 일어나지 않는다."[13]

개념이 순수 형식이든 경험을 추상화함으로써 형성된 경험적 형식이든

---

12 Th. W. Adorno, ND. 156쪽.

13 Th. W. Adorno, ND. 45쪽.

간에 인식경험은 판단을 통해 이루어진다. 개념화와 개념의 비동일적 대상인 객체가 함께 작용하는 형식은 판단형식이다. 인식판단은 개별적인 객체를 보편적 개념을 통해 한정하고 규정한다. 이러한 판단을 기술한 명제는 동일성 판단을 내용으로 가진다. 그러므로 '어떤 것이 무엇이다'라는 명제는 어떤 것으로서의 객체가 무엇이라고 분류되고 규정됨으로써 어떤 것이 무엇으로 환원된다는 것을 말한다. 즉 범주로 사용되는 개념을 통한 객체의 분류는 객체를 범주인 개념으로 환원하는 동일성 판단이다. 이러한 환원이 가능하려면 객체는, 순수한 것이든 발생한 것이든, 추상적 개념이 적용될 수 있도록 미리 재단되거나 변형되어야 한다. 왜냐하면 형식으로서 추상적 개념은 미리 재단되지 않은 비동일적인 객체에 직접 적용될 수 없기 때문이다. 이와 같이 변형된 추상적 객체는 이미 온전한 객체가 아니다.

> 보편적 범주들로의 환원은 그것의 반대, 즉 관념론적 변증법이 자신 속에 지니고 전개한다고 자랑하는 구체적인 것을 처음부터 미리 제거한다. 정신은 존재하지 않는 적과의 전투에서 승리를 거둔다.[14]

엄밀한 의미에서 객체의 변형을 통한 동일성 판단은 주어의 객체 자체가 '무엇'이라고 말하는 것이 아니다. 왜냐하면 판단에서 범주로 사용되는 개념은 주어로 제시된 개별적 객체 그 자체에게만 적용되는 것이 아니기 때문이다. 다른 말로 개별적인 것을 분류할 수 있기 위해서는 개념은 개별적인 것들의 공통분모를 추상화한 보편적인 것이어야 하며, 이러한 형식적 보편성 때문에 개별자들을 분류할 수 있지만, 개념이 보편적이기 위해서는 특정한 개별적인 객체에만 한정된 것이 아니라 이러한 개별자들을 대표하고 대변하는 것이어야 한다. 따라서 판단에서 개념을 통한 규정은 실제로는 '어떤 것이 무엇이다'고 말하는 것이 아니라 '어떤 것이 무엇에 속하거나 무엇으로 분류

---

14 Th, W. Adorno, SO. 49쪽.

될 수 있다'고 말할 뿐이다.[15] 개별자를 분류하고 대표하는 개념은 불가피하게 보편적이어야 하며, 그 때문에 어떤 개별자도 완전히 규정할 수 없다. "매개의 총괄인 주체는 '어떻게'이지 주체 개념에 관한 모든 파악 가능한 표상을 통해 요청되는, 객체에 대비되는 것으로서 '무엇'이 아니다."[16] 추상적 개념을 통해 객체를 규정하는 '어떻게'로서의 주체에 의해 인식되는 '무엇'으로서 객체는 주체의 보편적 규정으로 완전히 분류될 수도 환원될 수도 없다. 객체는 단지 부분적으로만 술어 개념으로 분류될 수 있는 공통적인 것을 가질 뿐이다.[17]

예를 들어 르네 마그리트의 그림 "이것은 파이프가 아니다"[18]를 통해 인식판단에서 주체의 형식적 규정으로 환원될 수 없는 객체를 분석해보자. 마그리트의 그림에는 하나의 파이프만 그려져 있다. 이 그림이 사람들의 통상적인 인식을 벗어나게 하는 것은 그 아래 쓰여 있는 '이것은 파이프가 아니다'라는 문구 때문일 것이다. 그 그림은 보는 사람을 당혹하게 한다. 분명 담배 파이프를 그려놓고 파이프가 아니라는 문구를 적어 놓았으니. 이런 당혹감은 우리의 시선을 우리가 알고 있는 통상적인 파이프에서 이 개별적인 파이프를 향하도록 할 것이다. '아니다'라는 부정어를 제거하면 '이 파이프는 파이프이다'라는 판단이 될 것이다. 이 판단은 보편적인 개념인 파이프라는 범주에 의해 이 개별적인 파이프가 파이프라는 개념의 예이거나 파이프에 속한다는 것을 의미할 것이고, 그것은 더 나아가 이 개별적인 파이프는 파이프라는 개념과 동일하다는 것을 표현할 것이다. 그러나 범주로 사용되

---

15 Th, W. Adorno, ND. 152쪽.
16 Th, W. Adorno, SO. 746-747쪽.
17 "헤겔 논리학의 개념은 그 개념이 지시하는 비개념적인 것을 자신과 동일한 것으로 만드는데, 이것은 곧 개념이 자신과 동일한 것만을 객체 속에서 확인하는 것에 다름 아니며 그 결과 개념은 결코 객체로 나아가지 못한다." 강순전, 「아도르노의 부정변증법: 헤겔 변증법 비판을 중심으로」, 『헤겔연구』, 한국헤겔학회, 2006, 86쪽.
18 "Ceci n'est pas une pipe", 르네 마그리트, 1929년 작품.

는 보편적 개념인 파이프는 이 파이프에만 한정해서 사용될 수 있는 개념이 아니다. 다른 말로 이 파이프뿐만 아니라 다른 모든 종류의 파이프에 적용될 수 있는 개념이다. 만일 그렇지 않다면, 범주로 사용된 파이프라는 개념은 다른 종류의 파이프에는 술어로 사용될 수 없고, 오직 이 파이프에 한정해서 사용될 수 있을 뿐이기 때문이다. 이러한 의미에서 파이프라는 개념은 특정한 파이프에 한정되지 않는 형식적 보편성을 가지며, 형식적 보편성을 가지기 때문에 이 개념은 파이프라고 의미될 수 있는 모든 종류의 파이프에 적용될 수 있는 것이다. 그러나 모든 종류의 파이프를 파이프라고 규정할 수 있는 개념은 그렇기 때문에 이 파이프가 가진 고유한 것, 다른 파이프들과는 달리 이 파이프만이 가진 특징을 나타낼 수 없다. 이 파이프는 모든 파이프가 공통으로 가지고 있는 특징을 가지지만, 그러나 모든 파이프가 가지고 있는 공통된 성질 이외에 이 파이프만이 지니고 있는 특징은 없는 것인가?

개념은 서술하고 따라서 동일화하며, 서술함으로써 개념과 동일하지 않은 것의 차이를 표현하지 못하고 배제한다. 이 파이프 자체는 파이프로 서술되지만, 그럼으로써 추상적 파이프라는 개념이 지니지 않는, 다른 종류의 파이프들과는 동일하지 않은 차이를 지닌다. 마그리트는 따라서 이 파이프 자체와 범주로서 사용되는 파이프라는 개념이 동일하다는 것을 부정한다. 파이프 그림을 보는 사람은 단순히 파이프라고 생각함과 동시에, 그 아래에 있는 '이것은 파이프가 아니다'라는 문구를 보고, 다른 종류의 파이프들과 다른, 화폭에 그려진 이 파이프가 무엇인가를 생각하게 되며, 이 개별적인 파이프에 침잠하게 될 것이다. 마그리트는 이 그림을 통해 분류적 동일성 사유에 머무르고 마는 우리의 사유를 일깨워 개념을 통해 전적으로 규정될 수 없고 환원될 수 없는 개별적인 객체에 대한 관심과 존중을 불러일으키고자 한 것일지 모른다. 이 파이프는 사랑하는 여인이 헤어지며 주고 간 눈물의 파이프일 수도 있고, 전쟁터를 향해 떠나는 아들을 언덕 위에서 바라보며 담배를 피우는 아버지의 슬픔의 파이프일 수도 있다. 그러므로 모든 파이프가 가진 공통분모로서 파이프는 이 개별 파이프가 지닌 특수성을 온전히 드러내지 못한다. 이 파이프는 파이프이면서 동시에 파이프가 아니다.

개별적인 객체는 술어로서의 개념적 규정에 저항한다. "의도하든 않든 간에 모든 판단은 판단 내에 단순히 주어 개념과 동일하지 않은 어떤 것을 진술해야할 요구를 지닌다."[19] 왜냐하면 객체는 단순히 개념의 '예'가 아니라는 점에서 개념의 '그 이상의 것'이기 때문이다. 언어를 언어로 만들어 주는 '그 이상의 것'이 없다면 어떤 개념도 생각될 수 없으며, 더욱이 어떤 것도 가능하지 않을 것이다.[20] 존재하는 것은 단순히 존재하는 것 이상이다. 이 '그 이상'은 개념에 부과되는 것이 아니라 개념으로부터 배제된 것으로 개념에 내재한다.[21] 이와 같이 개별적 객체에 대한 경험을 추상화하는 개념은 객체와 공유된 어떤 것을 가지지만, 그러나 객체는 개념이 공유하는 것 이상이다. 개념은 객체를 동일화하기 위해 이러한 '이상'을 배제한다. 이러한 정도로 "객체는 주체를 통해 규정될 수 있지만 주체에 대해 언제나 타자로 보존된다."[22] 따라서 인식경험의 판단구조에서 객체는 개념적 측면(동일성 측면)과 비개념적 측면(비동일성 측면)을 가진다.

4.3 객체의 개념성

그러나 이러한 사실은 객체가 개념적인 부분과 비개념적인 부분으로 완전히 분리될 수 있다는 것을 의미하지는 않는다. 그것은 다만 개념이 불충분한 것이기 때문에 객체가 일정 부분 보편적 개념으로 규정될 수 있는

---

19 Adorno, ND, 78쪽.
20 Adorno, ND, 112쪽.
21 Adorno, ND, 164쪽.
22 Adorno, ND, 184쪽.

측면을 가지는 동시에 개념으로 환원될 수 없는 비동일적인 부분이 있다는 것을 의미한다. 만일 객체가 개념이 적용될 수 있는 개념적 측면과 개념이 적용될 수 없는 비개념적 측면으로 철저히 분리된다면, 객체에 대한 경험은 개념적 측면에 대한 인식경험으로 제한되기 때문에, 그러한 경험은 객체의 비개념적인 측면과는 다른 인식경험이 되며, 객체 자체를 추상화하여 규정하는 추상적 인식으로 머무를 것이다. 도식적으로 말하자면 이와 같이 객체를 개념적 측면과 비개념적인 측면으로 철저히 분리시켜 이해한 것이 칸트 인식론이며, 이러한 분리를 통일시켜 개념적 측면을 절대화한 것이 헤겔 인식론이다. 알다시피 칸트는 개념이 적용될 수 있는 현상과 개념이 적용될 수 없는 물자체를 철저히 구별했다.[23] 따라서 경험은 개념적 측면인 현상에 대한 인식경험으로 추상화된다. 칸트를 비판한 헤겔은 아예 개념이 적용될 수 없는 비개념적인 물자체를 인정하지 않는다. 왜냐하면 그는 객체의 비개념적인 측면(물자체)을 개념적 측면인 현상(사태)으로 완전히 환원시켜버리기 때문이다. "헤겔에 따르면 주관 정신과 절대 정신은 정신의 측면에서 동일하다. 그렇기 때문에 주관 정신은 사유를 통해서 원리적으로 존재의 진리를 남김없이 파악할 수 있다. 이런 의미에서 절대 정신은 주관 정신에 현재한다."[24] 이러한 "절대정신의 상태에서 의식은 외적이고 객관적인 우주의 모든 풍요함과 다양성이 궁극적으로 자신 속에 들어 있음을 배우게 된다."[25]

---

23 칸트의 이러한 분리는 인식을 소여로서 현상에 제한함으로써 개념이 자족적이라는 개념 물신주의에 제한을 가한다. 이런 측면에서 칸트는 '소여의 신화'도 거부하고 '범주의 신화'도 거부한다. 즉 그의 철학에는 "물자체와 주체, 소여와 범주 사이의 주종적 지배관계가 아니라 상호적 협조관계가 담겨 있다." 김석수, 「칸트의 초월철학과 범주의 역사성」, 『칸트연구』, 한국칸트학회, 2003, 42쪽 참조. 그럼에도 칸트가 물자체에 대한 개념을 통해 매개되지 않은 경험을 부정한다는 점에서 경험은 감각적 소여라는 현상에 대한 경험으로 추상화되고, 이러한 현상에 대한 인식으로 전환된다.
24 강순전, 「헤겔의 주관정신론에서 인식론」, 『철학연구』, 대한철학회, 제121집, 2012. 16쪽.
25 Fredric Jameson(여홍상·김영희 옮김), 『변증법적 문학이론의 전개』, 창작과 비평사, 1997, 56쪽. 제임슨은 "헤겔은 주관과 객관의 분리가 아직 일어나지 않았던 계기에서 출발점을 찾음으로써 그 분리를 극복해낼 수 있었다"고 주장한다.

이렇게 함으로써 인간이 개념을 통해 규정할 수 없는 것이 없어졌지만, 즉 모든 것은 개념적인 것으로 되었지만, 인간 경험은 영원히 주체가 쌓아 올린 개념들의 성에 갇혀버리게 되었다. 자신의 성 안에서 밖을 내다볼 수 없는 정신은 스스로를 주권적인 주체라 자랑한다. 플라톤의 동굴 속의 노예들처럼 성안에 안주하는 사람들은 성 바깥을 전혀 알지 못하고 누군가가 성 바깥에 새로운 것이 있다고 말해도 믿지 않는다. 왜냐하면 그들은 이러한 개념적 동일성의 유용성을 맛보았기 때문이다. 모든 것을 규정 가능하고 측정 가능한 것으로 환원할 수 있다는 생각에 기초한 합리성은 과학과 기술공학의 발달에 공헌하며, 이러한 기술의 발달은 자연과 인간을 효율적으로 관리함으로써 자연의 이용 가능성과 착취 가능성을 증대시키고, 이를 통한 자본의 증식은 교환 원리의 지배를 강화하고 보편화한다.[26] 그러므로 이러한 합리성에 의해 빼앗긴 자들-그들이 자연이든 사람이든-의 저항이 없다면, 정교하게 동일성 논리에 따라 만들어진 견고한 성의 문은 열리지 않을 것이다.

인간 인식이 개념적 분류에 의존하는 한 개념의 성을 쌓는 것이 불가피하다 하더라도, 사람들은 어떻게 이러한 성을 인간 경험의 전부라고 생각할 수 있을까? 그것은 순수 형식이든 경험적 형식이든 간에 개념이 없다면 객체에 대한 어떠한 경험도 규정되지 않을 것이기 때문이다. 사회의 합리성이 발달함에 따라 개념의 형식으로 규정되지 않는 것, 인식되지 않는 것은 무의미한 것으로 배제되고, 점차 인식된 것, 개념을 통해 규정될 수 있는 것만이 절대화된다. 그러나 전적으로는 아니지만 어쨌든 객체는 개념을 통해 규정되고 규정됨으로써만 구체화된다 하더라도, 개념적 인식과 동일하지 않은 비동일성의 경험이 가능한 한에서 규정되어야 할 경험의 객체가 개념적

---

26 합리성의 성을 쌓는 것은 자연지배와 함께 간다. "자연에 대한 강간 행위와 인간 자신의 문명화는 서로 맞물려 있는 것이다" H. Jonas(이진우 옮김), 『책임의 원칙: 기술 시대의 생태학적 윤리』, 서광사, 1994, 25쪽.

규정과 완전히 동일한 것으로 될 수 없다. 그러한 정도로 자기 충족적인 개념의 성은 가상이다. 그럼에도 객체 자체가 본질적으로 개념적이지는 않다 하더라도, 객체에 대한 경험들을 추상화함으로써 획득된 개념은 객체의 전적인 타자가 아니라 객체와 유사성을 가지며, 그런 한에서 객체에 적용될 수 있다. 역으로 유사성을 가지는 한에서 객체는 전적으로는 아니라 하더라도 개념으로 규정될 수 있는 부분을 가진다. 이러한 의미에서 우리가 객체를 인식할 수 있는 것은, 다른 말로 개념을 통해 객체를 규정할 수 있는 것은 주체와 객체가 철저히 분리된 것이 아니기 때문에 가능하다. 객체와 근본적으로 다른 것이 아닌 개념은 객체에 대한 경험을 통해 매개된 것이며, 이러한 의미에서 경험을 통해 매개된 개념을 자신의 사유수단으로 가지는 주체도 객체와 전적으로 분리될 수 없는 유사성을 가지기 때문에, 즉 "객체를 비로소 정당화해주는 객체의 근본적 타자가 아니기 때문에 주체는 어쨌든 객관성을 파악할 수 있다."27

우리는 우리에게 다가오는 낯선 것을 사회적 전통이 전해주는 개념을 통해 고정시키고 규정한다. 이렇게 함으로써 낯선 것은 우리에게 알려진 것이 되고 우리는 더 이상 낯선 것에 대해 불안해하지 않는다. 낯선 객체 자체가 내재적인 개념적 성격을 가지지 않는다 하더라도, 개념이 객체에 대한 경험을 통해 형성된 것인 한에서 객체는 개념을 통해 일정 부분 자신을 드

---

27 Th. W. Adorno, ND, 186쪽. 독일어에서 '관계하다'를 의미하는 'teilhaben'은 이러한 사정을 함축적으로 말해준다. 'teilhaben'은 '부분'을 의미하는 'teil'과 '가지다'를 의미하는 'haben'의 합성어이다. 글자 그대로의 의미에서 'teilhaben'는 '부분을 가지다'를 의미한다. 즉 관계한다는 것은 공통된 부분을 나누어 가진다는 것을 의미한다. 따라서 어떤 공통된 부분도 가지지 않는 전적으로 다른 것은 서로 관계할 수 없다. 이러한 생각은 아리스토텔레스 이래로 칸트, 헤겔, 마르크스, 아도르노가 공유한 것이다. 칸트의 경우 전적으로 다르고 그렇기 때문에 서로 관계할 수 없는 경험적 자료와 순수 지성형식을 결합시키기 위해 이들을 매개하는 제3의 요소를 끌어들이고, 같은 이유 때문에 헤겔은 현상과 물자체를 동일한 것으로 간주하고, 현상을 규정하는 개념을 통해 물자체를 전적으로 인식할 수 있는 것으로 환원함으로써 아예 관계를 제거해버린다. 왜냐하면 상호성의 제거 없이는 절대적 인식은 불가능하기 때문이다.

러낸다. 만일 객체를 인식하는 주체의 능동적 규정이 없다면 객체는 어떤 것으로 구체화되지 못할 것이며, 객체 자체에 대한 경험은 산발적으로 이루어지는 직관처럼 뿔뿔이 흩어질 것이다. 그러므로 객체가 드러나기 위해서는 객체를 경험하고 이러한 경험을 규정하는 인식작용이 필요하다. 인식은 기본적으로 이러한 개념화 과정이다. 그러나 이러한 개념과 개념의 적용 과정을 통해 객체가 완전히 드러나지 않는다. 지금까지 강조되어왔던 것처럼, 객체는 불충분한 개념과 완전히 동일하게 될 수 없다. 그리하여 개념과 동일하게 되지 않은 부분이 우리의 사유를 작동시킨다. 즉 개념과 동일하지 않은 비동일적인 부분을 포섭하기 위해 개념은 바뀐다. 이러한 과정은 한 번으로 끝나는 것이 아니라 사회가 변하고 사회 속에서 살아가는 사람들이 자신의 타자와 관계하는 방식이 변함에 따라 되풀이 된다. 그러므로 객체를 어떤 것으로 규정해왔던 과정은 역사적 성격을 지닌다. 동일하지 않은 부분을 동일화하기 위해 객체를 규정하는 개념도 그 사용과 용도의 변화과정을 겪는다. 결국 개념의 사용과 용도의 축적이 이루어지며 그러한 것은 객체에 대한 규정으로서 침전된다. 이러한 역사적 침전 과정을 통해 객체는 개념적 성질을 획득한다. 이러한 의미에서 객체를 규정하는 개념은 특정한 누군가의 우연적 고안물이 아니며 변화하는 객체를 규정해왔던 개념과 개념의 적용과정의 침전물이다. 이러한 침전물인 한에서 개념은 단순히 주관적인 것이 아니다. 어떤 것의 내재적 일반성은 침전된 역사로서 객관적이다. "역사는 개별자 속에 그리고 개별자 바깥에 있으며, 역사 속에서 개별자는 자신의 자리를 갖는다…… 자체와 다른 것과의 관계 속에서 대상의 역사적 자리 값을 정확히 기억하는 인식만이 대상 속에 있는 역사를 해방시킬 수 있다."[28]

    이와 같이 '침전된 역사'로서 객체를 이해한다는 것은 객체의 역사적 자

---

28 Th. W. Adorno, ND, 165쪽.

리 값을 규정하는 개념을 통해 이해한다는 것이다. 이때 개념은 아도르노가 사회적 총체성이라고 부르는 것 속에 있는 객체의 역사적 자리 값을 반영한다. 우리가 위에서 든 예를 상기한다면 우리는 파이프라는 개념이 가지는 의미내용의 역사 속에 침잠함으로써 개별적인 파이프에 다가간다. 여기서 주목할 점은 아도르노가 사회적 총체성이 객체에 대한 규정적 영향을 가진다고 주장한다는 점이다. 즉 객체를 '무엇'이라고 규정해왔던 개념은 사회적 총체성을 반영한다. 사회적 총체성 속에서 객체의 자리 값을 반영하는 개념은 그 시대의 인식지평에 따라 객체를 어떤 것으로 규정한다. "존재하는 것은 직접적이지 않고 개념을 통해 존재하기 때문에 우리는 단순히 소여가 아니라 개념을 가지고 시작해야 한다."[29] 이러한 의미에서 순수 객체도 순수 개념도 없으며 그렇기 때문에 순수 자연도 순수 문화도 없다. 따라서 개념화는 순수 논리적인 활동으로 이해될 수 없으며 사회적 활동들과 이러한 활동이 이루어지는 사회적 총체성과 관련해서만 이해될 수 있다. 개념들이 순수하게 논리적이라고 가정하는 것은 객체와 개념의 본질적인 구성적 관계를 이해하지 못하는 잘못을 범하는 것이라고 아도르노는 주장한다. 다른 말로 개념은 객체를 규정하도록 의미를 부여해왔던 사회적 활동과 관련해서만 의미 있게 된다.

그러한 정도로 개념과 객체의 관계는 전체 사회의 적대적 관계를 반영한다. 왜냐하면 객체는 사회적 총체성 속에서 의미를 가지며, 사회적 총체성 속에서 객체가 가지는 역사적 위치 값을 반영하는 것이 개념이라면, 이러한 개념을 통해 객체를 추상적인 의식의 사실로 환원하고 지배하려 하는 동일성 사유는 타자를 배제하고 지배하는 사회적 적대관계를 반영하기 때문이다. 이러한 적대주의는 인식론에서 동일성 논리의 전제인 주체와 객체의 이분법으로 반영된다. 지배자로서의 주체와 피지배자로서의 객체의 철

---

29 Th. W. Adorno, ND, 156쪽.

저한 분리는 지배자로서 주체의 지배를 정당화하기 위한 방법이다. 역으로 주체와 객체의 상호성의 거부는 주체와 객체의 철저한 분리를 주장하기 위한 조건이다. 이러한 의미에서 아도르노의 인식비판은 철학이 논리적 동일성을 추구함으로써 은폐한 현실의 적대주의의 모순을 드러나게 하려는 것을 목표로 한다. 현실 속에 있는 모순을 드러나게 함으로써 부정 변증법은 동일성 논리를 청산하는 것이 아니라 현실 속에 있는 적대주의를 화해시키는 것을 목적으로 한다.

현실의 적대주의가 존속하는 한 주체와 객체의 관계는 서로 얽혀있고 서로 의존하는 상호성으로 이해될 수 없고 지배자와 피지배자의 관계로서 이분법에 머무를 것이다. 주체와 객체의 철저한 분리를 가정하는 의식철학은 이러한 의미에서 현실의 적대적 분리를 증언하는 것이다.

> 모든 개념은 사유와 사유된 것의 차이를 재생산한다. 이 차이는 현실의 적대적 상황에 의해 이론적 의식에 각인된다. 차이가 이러한 상황을 표현하는 한에서 이원론의 비진리는 진리다.[30]

현실의 적대적 상황 아래에서 개념과 객체의 차이는 부정적인 것으로 경험된다. 의식철학은 동일성 논리를 통해 차이를 긍정적인 것으로 통일시키려 한다. 만일 주체가 객체를 자신이 지배해야할 대상으로서가 아니라 공존해야 할 타자로서 인정하려면, 즉 객체가 주체의 철저한 타자가 아니라 경험을 가능하게 하는 경험의 내용으로 인정되고 존중되려면, 현실의 적대관계를 화해시키는 것이 필수적이다.[31] 이러한 의미에서 지배논리인 동일성 원

---

30 Th. W. Adorno, ND, 176-177쪽.
31 아도르노에 따르면 현실의 적대적 관계를 반영하고 있는 주체와 객체의 이분법과 이를 종합하는 동일성 원리를 비판적으로 다루지 않는 상호 주관성에 기초한 의사소통 개념은 굴욕적인 것이다. "왜냐하면 그것은 인간과 사물의 동의의 잠재적 가능성을 주관적 이성의 요구에 따라 주체들 사이의 상호작용에 팔아버리기 때문이다." Th. W. Adorno, SO, 743쪽

리에 대한 비판이나 저항이 없다면, 객체를 지배해야할 타자로서가 아니라 또 다른 주체로 인정하고 존중하라는 말은 한갓 구호에 불과할 것이다. 마찬가지로 현실의 적대적 관계가 존속하는 한 다른 사람을 배제하거나 지배해야할 타자로서가 아니라 서로 관계하고 소통해야 할 또 다른 주체로 인정해야 한다는 주장도 한갓 구호에 불과할 것이다. 결국 인간과 인간, 인간과 자연의 자유로운 의사소통이라는 이념은 현실 속에서 계급지배의 적대적 이분법을 끊임없이 재생산하는 교환적 합리성과 이러한 합리성을 반영하고 정당화하는 동일성 인식방법에 대한 내재적 비판을 통해서만 실현될 수 있을 것이다. 따라서 아도르노는 사회비판을 인식론으로까지 소급하고 인식비판을 통해 다시 사회비판을 전개한다. 이러한 순환은 결국 인식비판이 사회비판이고 사회비판이 인식비판이라는 생각에서 나오는 것이다.

> 인식의 사회적 자각만이 인식에 객관성을 얻게 해준다. 인식이 자신 속에 작용하는 사회적 강제를 숙고하여 실행하지 못하고 그 강제에 종속되는 한에서 인식은 객관성을 상실한다. 사회에 대한 비판은 인식비판이고 그 역도 동일하다.[32]

현실의 적대관계를 부정하고 비판하는 철학의 언어는 고통의 언어이다. 왜냐하면 현실에서 적대주의가 존속하는 한 배제되고 추방된 타자의 고통이 존재하며, 타자의 고통이 존재하는 한 철학은 어떤 것도 긍정적인 언어로 제시할 수도 없고 제시해서도 안 되기 때문이다. 철학이 현실의 적대관계를 주체와 객체의 이분법으로 위장하고 이를 논리적 무모순성으로 해소하려 한다면, 이는 현실의 적대관계를 은폐하고 현실을 긍정하는 이데올

참조. 따라서 현실의 적대관계와 이를 반영하고 있는 주체와 객체의 이분법에 대한 규정된 부정과 비판을 건너 뛰어버린 상호 주관성은 결국 진정한 의사소통이 아니라 현실의 적대관계를 은폐하거나 정당화하는 이데올로기가 될 것이다.

32 Th. W. Adorno, SO, 748쪽.

로기가 될 것이다. 이러한 의미에서 철학은 적대적 현실에 대한 위안거리를 제공하는 위로의 말이 되어서는 안 되며, 타자를 억압하고 배제하는 적대적 원리를 비판하고 이를 통해 억압되고 배제된 타자의 고통에 관한 말이어야 한다. 타자의 고통과 고통을 야기하는 원인을 말하는 철학은 본질적으로 부정적이다. 즉 적대적 분리와 지배를 정당화하는 비합리적인 합리성을 비판적으로 의식하고 부정하는 것이다.

4.4 객체의 비개념성

칸트는 『순수이성비판』에서 인식 능력에 대한 객관적 분석을 방향 짓기 위해 객관적 의도를 사용했으며, 완고하게 초월적 물자체를 옹호했다. 그에게 즉자적으로 존재하는 것이 객체의 개념에 직접적으로 반대되지 않으며, 개념의 주관적 매개가 객체의 이념이라기보다 주체의 불충분성에 속한다는 것은 분명하다. 칸트에게서도 역시 주체가 그 자신을 넘어 설 수 없으며, 따라서 칸트는 타자의 이념을 희생시키지 않는다. 타자가 없다면 인식은 동어반복으로 전락할 것이며, 인식된 것은 인식 자체일 것이다.[33]

헤겔이 비판했지만 칸트는 물자체가 의식에 나타나는 현상과 다르다는 것을 고수했다. 즉 물자체로서 정신과 독립적으로 존재하는 것은 의식 현상으로 환원될 수 없다. 따라서 현상에 적용될 수 있는 순수 개념은 현상으로 환원될 수 없는 것에 부여될 수 없다. 칸트가 제기하는 이러한 인간 인식능력의 불충분성을 아도르노는 수용한다. 왜냐하면 인간으로서 우리는 개념을 통해 개념이 규정하는 것을 완전히 표현할 수 없기 때문이다. 칸트가 개념이 적용될 수 없는 것을 **물자체**(Ding an sich)[34]라고 불렀다면, 아도르노는 개

---

33 Th. W. Adorno, ND, 185쪽.
34 물자체는 글자 그대로의 의미에서 '그 자체인 것', '그 자체로 있는 것'이다. 그 자체로 있는

념을 통해 완전히 규정할 수 없는 것을 **비동일자**(Nichtidentisches)라고 부른다. 이미 이 구절 속에 칸트와 아도르노의 차이가 드러난다. 칸트에게서 물자체는 순수 개념이 적용될 수 없는 개념의 전적인 타자로서 개념과 경험을 초월해 있는 것인 반면에, 아도르노에게 비동일자는 개념과 전적으로 상관없는 것이 아닌 비개념적인 것이며 경험을 초월해 있는 것이 아니다. 개념으로 완전히 규정할 수 없다는 것이 경험 자체를 초월한다는 것을 의미하는 것이 아니며, 개념이 전적으로 적용될 수 없다는 것을 의미하는 것도 아니다. 이 절에서는 이 부분에 초점을 맞추어 객체의 비개념적 성격을 해명할 것이다.

그러나 객체의 개념적 부분과 개념과 동일하지 않은 비개념적인 부분이 이원론적으로 철저히 분리될 수 있는 것은 아니다. 그것은 객체가 본질적으로 개별적이기 때문에 개별자들의 공통분모인 개념을 통해 규정될 수 있는 동일적인 부분과 개념을 통해 전적으로 규정될 수 없는 비동일적인 부분이 있다는 것만을 말한다. 즉 우리의 인식이 불충분한 개념에 의존하는 한 불충분한 개념을 통해 전적으로 규정할 수 없는 비개념적인 부분이 있다는 것을 의미한다. 이러한 의미에서 비개념적인 비동일자는 개념을 통한 인식으로 환원될 수 없다는 것이지, 개념과 상관없는 것이거나 경험을 초월한 어떤 형이상학적인 실체를 의미하는 것이 아니다. 이러한 사실이 의미하는 것은 객체 자체가 우리의 인식과 경험 너머에 있는 초월적 존재자라는 것이

것은 어떤 인위적인 것이 가해지지 않은 것으로서 인위적인 것과 상관없이 존재하는 존재자이다. 개념을 통해 재단되고 조작되지 않는 그 자체로 있는 것이라는 의미에서 물자체는 자연(自然)과 가장 가까운 의미를 가진다. 자연이라는 개념도 글자 그대로의 의미에서 '그 자체로 그러한 것,' '그 자체로 그러하게 존재하는 존재자'를 의미한다. 즉 인공적이거나 인위적인 작용이 가해지지 않은 것이다. 따라서 칸트가 의도했든 하지 않았든 간에, 통상 자연으로 번역하는 'Natur'보다 물자체는 우리가 사용하는 자연이라는 개념에 더 적합하다. 왜냐하면 'Natur'는, 신적인 정신이든 인간적인 정신이든, 일정정도 정신적인 것으로 오염되어 있기 때문이다. 'Natur'가 본성이라는 의미를 가진다는 것은 이러한 사정을 말해주는 것이다. 즉 자연적인 것이 되게 하는 본성.

아니라 개념의 불충분성 때문에 개념이 객체를 어떤 식으로 규정하더라도 어떤 잔재도 없이 완전히 객체를 규정할 수 없다는 것이다.

이러한 의미에서 아도르노는 칸트가 말하는 인식의 불충분성에는 동의하지만 비개념적인 객체가 경험 자체를 초월해 있다는 주장에는 동의하지 않을 것이다. 칸트와 아도르노 모두 인간 인식이 판단작용이고 이러한 판단이 이루어지기 위해서는 개념이 범주로 사용되어야 하며, 그런 한에서 인식은 개념 의존적이라는 점에서는 공통적이다. 그러나 칸트에게 있어 인식판단을 가능하게 하는 보편적 개념은 순수 주관적인 것인 반면에, 아도르노에게 있어 개념은 객체에 대한 경험을 추상화한 것인 한에서 경험적인 것이다. 칸트가 말하는 주체의 불충분성은 순수 지성범주가 순수하기 때문에 물자체로서 객체에 영원히 적용될 수 없고 현상에만 적용될 수 있도록 제약되어 있다는 것이다. 이 점에서 순수 지성범주의 제약성은 범주로 사용되는 개념이 순수 주관적인 것이기 때문이다. 따라서 칸트에게서 개념이 적용될 수 없는 물자체는 순수 주관적인 개념을 초월해 있다. 그러나 아도르노가 말하는 주체의 불충분성은 주체가 인식 작용에서 개념 장치에 의존하지만 엄밀히 말해 객체를 인식하기 위해 사용하는 개념의 불충분성이다. 주체가 개념을 통해 개별적 객체를 완전히 규정할 수 없는 것은 객체 자체가 초월적 존재이기 때문이 아니라 인식에서 추상적 개념을 사용함으로써 특수하고 개별적인 객체를 완전히 인식할 수 없는 개념의 불충분성 때문이다. 이러한 의미에서 아도르노에게 비개념적인 물자체는 개념을 전적으로 초월해 있는 것이 아니다. 객체에 대한 경험을 추상한 개념은 단지 부분적으로만 객체를 대변하고 규정할 뿐이다. 이것은 주체가 근본적으로 객체를 경험할 수 없다는 것을 말하는 것이 아니라 객체를 추상화하여 규정한다는 점에서 개념의 한계를 지적하는 것이다. 따라서 비동일적인 물자체로서 객체 자체는 범주로 사용되는 개념과 전적으로 상관없거나, 경험과 상관없는 것이 아니다. 그러므로 구체적인 객체에 도달하기 위해 추상적인 개념적 동일성의 불충분성을 비판적으로 반성하는 정신이 필요하다. 개념적 추상화의 파도를 뚫고 구체적인 것의 바다로 나가는 비판적 정신.

여기서 아도르노의 비동일자로서의 객체와 칸트의 물자체를 좀 더 자세히 비교해보는 것이 객체의 비개념성을 이해하는데 도움이 될 것이다. 칸트는 인식할 수 있는 대상과 사유할 수 있는 대상을 날카롭게 구별했다. 순수 지성개념은 그 자체로 객체에 대한 어떤 인식도 제공하지 않는다. 그렇지만 우리는 객체에 대한 경험과 상관없이 즉자적으로 존재하는 것을 사유할 수 있음에 틀림없다. 이와 같이 칸트는 현상으로서의 객체와 물자체로서의 객체를 구별했다. 우리의 순수 지성개념이 적용되는 현상으로서 객체는 인식될 수 있지만 순수 지성개념이 적용될 수 없는 물자체로서의 객체는 인식될 수 없다는 것이다. 그러나 그것이 인식될 수 없다 하더라도 우리는 적어도 그것을 사유할 수 있다. 만약 우리가 이러한 방식으로 물자체에 관해 사유할 수 없다면, 우리는 현상하도록 하는 어떤 것 없이 현상이 있을 수 있다는 불합리한 결론에 빠지게 될 것이라고 칸트는 주장한다.[35] 먼저 아도르노는 칸트의 순수 주관적 형식으로서의 개념을 비판한다. "칸트에 따르면 비로소 객관성을 산출하는 범주적 규정들은 그의 편에서 정립된 것으로서, 사람들이 의도한다면 실제로 '한갓 주관적'인 것이다."[36] 객관적인 것에 객관성을 부여하는 것이 '한갓 주관적'인 것이라면 그러한 객관성 또한 한갓 주관적인 것이다. 그러니 "전통 인식론의 순수 주관적 형식은 그 자체의 개념에 따르면 항상 객관적인 것에 관한 형식으로서만 존재한다. 이러한 객관적인 것이 없다면 형식은 있을 수 없으며 결코 생각될 수도 없다."[37] 따라서 개념은 순수 주관적인 것일 수 없다. 개념은 주관적이며 동시에 객관적이다. 즉 개념은 객관적인 것을 통해 매개된다.

---

35 Brian O'Connor, *Adorno's Negative Dialectic,* (MIT Press, 2005), 62쪽.
36 Th. W. Adorno, SO, 748쪽.
37 Th. W. Adorno, SO, 755쪽.

또한 칸트의 물자체로서의 객체에 관해 아도르노가 비판하는 부분은 본체적 대상인 물자체가 개념의 매개를 벗어나 있기 때문에 경험될 수 없다는 것이다. 이에 반해 아도르노는 비동일적인 것으로서 객체가 주체의 단적인 타자가 아니라고 생각한다. 아도르노는 객체의 비동일적인 요소가 현상의 알려지지 않은 원인으로서의 물자체 이상이기를 원한다.[38] 칸트의 물자체는 경험의 특징이 아니며 아무 내용도 가지지 않은 순수 철학적 개념인 반면에, 아도르노는 경험 속에 비동일적이고 비개념적인 질적인 것이 있다고 생각한다. 경험의 비동일적 요소는 실제 경험 내에 있는 지시물이다. "존재하는 사물들을 다룰 때조차 개념이 개념이라는 사실은 개념이 본질적으로 비개념적인 전체와 얽혀있다는 사실을 바꾸지 못한다. 전체로부터 개념을 격리시키는 것은 개념의 물화, 즉 개념을 개념으로 확립하는 것이다."[39] 개념은 비개념적인 객체와 얽혀있고 개념의 의미는 비개념적인 것을 통해 매개된 것이다.

비록 개념은 개념이 비개념적인 것을 자신의 의미로서 포함한다는 것을 통해 비개념적인 것을 자신과 같게 만들고 따라서 자신 속에 사로잡히게 되는 경향이 있다 하더라도, 개념의 의미에는 개념이 그것의 고유한 개념성 때문에 자신에게 만족하지 않는다는 것이 속한다. 개념의 내용은 개념에 내재적이며

---

[38] 아도르노도 칸트의 한계 개념으로서 물자체가 무한히 증식하려는 자본처럼 폭주하는 주체의 우월성을 제한한다는 점에서 긍정적인 측면을 가진다고 생각한다. "칸트의 한계 개념에는 우리가 잡아 가둘 수 없는 타자의 영역을 인정하라는 강한 메시지가 담겨 있다. 그는 경계 이쪽과 저쪽 중 어느 한 쪽을 다른 한 쪽에 포섭하는 환원주의를 거부하고, 경계에서 사유하는 비판주의를 견지하고 있다." 김석수, 「자율성과 인권」, 『사회와 철학』, 사회와 철학 연구회 제15호, 2008, 35-36쪽. 주관적 환원주의를 부정하는 모델을 제시한다는 점에서 칸트는 아도르노에게 너무나 중요하다. 이러한 의미에서 아도르노의 철학은 칸트철학의 철저화이다. 즉 자본처럼 무한 증식하는 주체를 주체와 객체의 철저한 분리를 통해 제한하는 것은 오히려 헤겔과 같은 주관주의적 동일성 철학에 길을 열어주는 역설적 결과를 낳을 수 있다는 것이다.

[39] Th. W. Adorno, ND, 24쪽.

즉 정신적이다. 뿐만 아니라 존재적이며 즉 개념에 초월적이다. 그러한 것에 대한 자각을 통해 개념은 개념 물신주의에서 벗어날 수 있다. 철학적 반성은 개념 속에 있는 비개념적인 것을 확인하는 것이다. 그렇지 않다면 칸트의 경고에 따라 개념은 공허할 것이고 결국에는 도대체 더 이상 어떤 것에 대한 개념이 아니며 따라서 아무 것도 아닐 것이다.[40]

칸트처럼 개념적 형식이 인식대상을 구성하는 것이 아니라 비개념적인 객체에 대한 경험을 통해 개념의 내용은 매개된다. 즉 객체에 대한 경험이 경험 가능성의 조건으로서 범주적 형식에 의해 제한되는 것이 아니라 형식이 그 가능성의 조건으로서 경험에 의해 제한된다. 이러한 의미에서 경험은 단순히 인식경험으로 위축되지 않으며, 경험의 비개념적인 객체가 오히려 인식경험의 형식을 가능하게 하는 구성적 역할을 한다. 따라서 진정한 경험은 주체의 인식방식으로 객체를 환원하는 것이 아니라 주관적 환원에 대한 규정된 비판을 통해 가능하게 된다는 의미에서 객체와 주체의 상호작용이다. 상호작용하는 주체와 객체는 서로 얽혀있기 때문에 아도르노에게 순수 개념도 순수 객체도 없다. 개념으로 환원될 수 없는 객체의 비동일적인 요소는 개념과 얽혀있고, 그럼으로써 개념의 의미를 제공하지만 그것은 언제나 개념과의 차이를 통해 유지된다. 그러므로 철학적 반성은 개념 속에서 차이를 확인하는 것이고 이러한 차이를 통해 비개념적인 것을 확인하는 것이며, 이러한 확인을 통해 동일성 원리의 불충분성을 비판하는 것이다.

그러나 개념에 제한되지 않는 경험이 초월적 경험을 의미하는 것도 아니며 그러한 경험을 통해 개념을 수단으로 하는 인식이 배제될 수 있는 것도 아니다. 추상적 개념에 제한되지 않는 객체에 대한 경험은 개념을 순수한 것으로 실체화하고 이를 통해 인식하는 주체를 실체화하는 주관적 환원주의의 비합리성을 증언한다. 마찬가지로 이러한 경험이 실체화되어서는

---

40 Th. W. Adorno, ND, 23쪽.

안 된다. 왜냐하면 경험이 전달 가능한 것으로 규정될 수 있는 것은 개념의 작용 덕분이기 때문이다. 그러한 정도로 인식과 인식방법을 절대화하는 인식의 교정자로서 경험은 상호작용하며, 이러한 상호작용은 결국 주체와 객체가 서로 관계한다는 것을 의미한다. 객체는 우리의 인식경험을 위해 단순히 구성된 것이 아니다. 아도르노의 비동일성 철학에서 객체의 애매성은 주체와 객체가 상호 매개하며 그러한 정도로 주체와 객체가 서로 얽혀있기 때문에 불가피하다. 더욱이 이러한 애매성은 적극적 의미에서 주체의 물화를 저지한다. 서로 얽혀있는 애매한 것이기 때문에 이러한 애매함을 없애는 것 없이 주체는 경험의 토대로서 물화될 수 없다. 이러한 애매성을 명료하게 하기 위해 주체와 객체를 깔끔하게 분리시키는 것은 주체와 객체를 왜곡시킬 뿐만 아니라 환원주의에 빠지게 된다. 따라서 객체는 주체와 객체 상호성 속에서 이해되어야 한다.

마찬가지로 인식은 추상적인 개념과 개별적인 객체의 상호작용이다. 인식경험을 이러한 상호작용으로 파악할 때 개념에 의해 굳어지지 않는 요소, 즉 비동일적인 요소가 배제되지 않고 우리의 경험을 가능하게 하는 것으로 인정될 것이다. 비동일자로서 비개념적인 것에 대한 경험이 이러한 개념의 불변성을 반박한다. 이러한 비판을 통해 인식은 비개념적인 것에 접근한다. 즉 개념이 가지는 강제적 불변성에 고정되는 것 없이 개념들을 인식되어야 할 사태 중심으로 함께-배열함으로써 인식은 객체에 접근하는 것이다. 이러한 방식으로 아도르노는 자신의 저작 속에서 객체를 다양한 의미로 함께-배열한다. 객체는 주체와 동일하게 될 수 없다는 의미에서 비동일자로, 정신에 환원할 수 없는 것으로서 물질로, 개념으로 완전히 규정되지 않는 것으로서 비개념적인 것으로, 추상적인 보편적 규정이 아닌 것으로서 개별적인 것으로, 인간정신으로 환원할 수 없는 타자로서 자연[41]으로, 존재가

---

41 프레드릭 제임스는 타자나 비동일성을 자연이나 자연미라는 주제와 연관시켜 볼 때 아도르노의 이론은 마르크스의 유물론과 훨씬 가까워진다고 주장한다. Fredric Jameson(김유동

아닌 것으로서 존재자 등등으로 맥락에 따라 다양하게 표현된다. 아도르노의 이러한 의도는 단일한 개념으로 규정될 수 없는 객체를 다양한 측면에서 서로 간의 어떤 위계 없이 배열함으로써 추상적 객체 개념을 규정하려는 시도이다. 주체와 객체의 이분법을 강제하는 현실의 적대적 관계에 대한 규정된 비판을 통해 주체와 객체를 철저히 분리된 것으로가 아니라 주체와 객체의 상호성으로 이해할 때만, 주체와 객체 가운데 어느 것도 배제되는 것 없이 적대적이지 않은 관계 속에서 서로 구별되는 것들이 제 목소리를 낼 수 있을 것이다. 서로 구별되는 다른 것들의 목소리가 억압되지 않는 조건 속에서만 주체와 객체, 주체와 주체 간의 의사소통은 진정 자유로운 소통이 될 것이다.

옮김), 『후기 마르크스주의』(한길사, 2000), 86쪽 참조. 그러나 마르크스의 물질 개념은 경제적 하부구조를 포함하는 개념임에도 불구하고 지나치게 사물을 연상시키며, 자연이라는 개념이 가장 객체 개념에 근접함에도 불구하고 비자연적인 부분, 즉 사회나 제도, 문화 등의 외연을 포함할 수 없다. 그런 의미에서 협소한 개념이다. 물론 객체라는 개념 또한 관념론적으로 오염되었음에도 정신과 독립해서 존재하는 것을 총칭한다는 점에서 가장 외연이 넓은 개념이다. 이러한 객체 개념에는 자연의 물질적 요소뿐만 아니라 사회, 제도, 문화, 다른 사람, 정신의 타자로서 육체까지도 포함된다.

5
주체와 객체의 상호성으로서 '주체'

'주체'는 처음부터 결정된 것으로 주어진 것을 가리키는 범주가 아니라 발생된 반성범주다. 주체는 규정되는 객체와는 달리 능동적으로 규정하고 추리하는 등의 의식 활동을 하는 것에 대한 총괄적 개념이다. 그럼에도 이러한 규정은 과도하게 의식 활동에 초점을 맞추고 있으며 의식 활동을 하는 것으로서 객체적 측면은 간과되거나 배제되는 경향을 가진다. 전통 관념론 철학은 주체의 객체적 측면을 의식 활동으로 환원하고 이를 인간 이성의 우월성으로 간주하는 계몽주의이며, 이러한 계몽주의 철학은 주체를 주권적 주체로 고양시키려는 주관주의이다. 아도르노는 이러한 주관주의를 비판하지만, 주관주의적 의식철학의 긍정적 측면을 폐기하지 않으면서 주체가 가진 객체의 측면, 즉 육체적 주체를 강조한다. 그렇지만 이러한 강조가 주체의 의식 활동을 단순히 육체적 계기로 환원하여 설명하려는 것은 아니다. 만일 주체의 능동적인 의식 활동을 육체의 생물학적 혹은 물리적 현상으로 환원하여 설명하려 한다면, 그것은 마찬가지로 인간 주체를 무력하게 만드는 동일성 논리에 사로잡히게 될 것이기 때문이다.

　이러한 의미에서 '객체'가 주체와 객체의 상호성의 관점에서 이해되어야 하는 것과 마찬가지로, '주체'도 객체와 철저히 분리된 것으로가 아니라 주체와 객체의 상호성의 관점에서 이해되어야 한다. 객체가 드러나고 소통될 수 있기 위해서는 주체의 형식적 계기가 필요한 것처럼, 주체의 경험이 주관 내적인 순환적 동어반복이 아니라 어떤 것에 대한 경험이기 위해서는 객체를 규정하는 주체는 객체의 철저한 타자가 아니라 객체와 공통된 영역에 속하는 유사한 것이어야 한다. 그럴 때만 주체는 객체와 관계할 수 있고, 그러한 관계는 진정으로 객체에 대한 왜곡되지 않은 경험일 것이다. 유사한 것으로서 주체와 객체가 상호 얽혀 있다는 것은 주체와 객체가 동일한 영역에 속한다는 것을 의미한다. 즉 주체는 선천적으로 객체다. 그럼에도 주체의 주관적 보편성을 위해 주체를 객체와는 전적으로 다른 영역에 위치지운다면, 그것은 결국 주체를 경험할 수 없고 타자와 관계할 수 없는 고독한 주체로 고립시킬 것이다.

따라서 객체 개념만큼이나 주체 개념도 애매하다. 이러한 애매성은 주체와 객체가 서로 얽혀있는 상황에서 불가피하며, 그렇다고 단순히 주체를 정의함으로써 해소되지도 않을 것이다. 이 장에서는 아도르노가 생각하는 주체 개념의 다의성을 단순히 정의해서 소개하는 것이 아니라 주체 개념이 다의적일 수밖에 없는 이유를 해명하고 이를 통해 관념론에 의해 배제되고 추방된 주체의 특징을 다루고자 한다. 이러한 방식은 주체를 관념론과 전적으로 다른 영역에 위치시킴으로써 실체화하는 것이 아니라, 관념론에 의해 배제된 육체적 계기로서 주체의 의미를 관념론적 의미와 대비시킴으로써 주체를 정신적 요소와 육체적 요소의 상호작용 속에서 파악하려는 것이다. 인간 정신은 자신의 육체의 전적인 타자가 아니기 때문에 정신 바깥의 세계와 관계하며, 바깥과 소통할 수 있다. 이러한 관계의 시작은 육체적인 것이다.

5.1 '주체' 개념의 애매성

객체만큼이나 이와 상관자로 주체 개념은 애매하다. 이러한 애매성은 두 가지 측면에서 불가피하다. 첫째, 주체는 선천적으로 주어진 것이 아니라[1] 발생했고, 발생했기 때문에 변화하며, 변화하기 때문에 역사성을 가진다. 둘째, 발생한 자기의식으로서 주체는 그럼에도 객체와의 유사성을 완전히 떨쳐버릴 수 없다. 플라톤이 육체를 영혼의 감옥이라고 선언한 이래로 타율적인 자연연관으로부터 정신을 철저히 분리시킴으로써 정신의 자율성을 확보하려는 계몽주의의 기획은 특히 내적 자연, 즉 욕망이나 충동을 정

---

1 이러한 의미에서 원형적인 '그'는 없다. 선험적 주체의 구성모델인 '그' 인간의 존재론은 역사적으로 완성된 개별화의 원리를 거꾸로 영원한 이념의 하늘로 투사한 것이다. Th. W. Adorno, SO, 757쪽.

화시키려 했다. 그러나 육체와 정신 내에 있는 육체적 계기는 전적으로 정화될 수 없으며, 만일 정화된다면 그러한 정신은 존재하는 것과 관계할 수 없는 존재하지 않는 정신이 될 것이다. 왜냐하면 정신 활동이 가능하려면 적어도 논리적으로는 정신 활동을 하는 자가 먼저 있어야 하기 때문이다. 그렇지 않다면 활동하는 자 없이 활동이 있다고 말해야 하는 모순에 빠질 것이다.[2] 따라서 정신으로부터 육체적 계기를 정화시키려는 것은 정신을 존재하지 않는 것으로 전환하려는 것이다. 존재하지 않는 정신은 마치 몸을 떠난 유령처럼 어떤 존재하는 것과도 관계할 수 없다.

만일 주체가 발생한 범주가 아니라 처음부터 객체와 전적으로 다른 것으로 존재했다면, 즉 주체 개념에 정확하게 해당되는 주체가 있다면, 이러한 애매성은 쉽게 없어질 수 있겠지만, 그렇지만 주체는 처음부터 선험적으로 결정된 불변적인 것이 아니기 때문에 주체는 다양한 의미를 가진 개념으로 사용된다. 또한 선험적으로 고정된 것이 아니라 발생한 것이라는 것은 주체라는 개념 자체가 역사적인 것이며, 따라서 주체라는 개념이 의미하는 것이 미래에 변할 수 있다는 것을 함의한다. 주체라는 개념이 근대에 와서 핵심적인 의미를 지니게 되었다는 점도 이러한 사실을 말해준다. 극단적으로 말하자면 의식 활동의 총괄 개념인 주체는 미래에 없어질 수도 있을 것이다. 예를 들어 인터넷과 컴퓨터의 발달, 더욱이 어느 순간, 어느 곳에서도

---

2 물론 정신을 활동으로 규정하는 것은 관념론을 열 받게 할 것이다. 그럼에도 정신은 정지된 것일 수 없기 때문에 관념론이 정신의 활동을 '순수 활동'이라고 규정한다면, 결국 관념론은 정신을 신격화하는 것일 것이다. '활동이 아닌 활동'이라는 의미에서 순수 활동은 그 자체로 모순형용이며, 어떤 활동도 이루어지지 않기 때문에 그 자체로 정신이 없는 자연적인 것과 동일한 것이다. 그럼에도 정신 우월주의자들은 자연의 메커니즘과 다른 방식으로 작동하는 정신의 메커니즘을 정신 우월성의 증명으로 간주하고, 이러한 우월한 정신을 가진 영혼은 육체와 전적으로 다른 것이라 생각한다. 이러한 생각 속에는 변화하는 것에 대한 경멸과 영원한 것에 대한 동경이 맞물려 있다. 즉 자연연관과 유사한 육체는 변화하고 소멸되기 때문에 소멸에 대한 불안은 변화하는 것에 속하는 육체적인 것에 대한 경멸과 육체적인 것을 배제하려는 욕구의 동기가 되며, 육체와 다른 영혼은 변화하지 않으며 소멸되지 않는 것으로 간주되기 때문에 영원성에 대한 동경은 정신적인 영혼을 실체화하려는 욕구의 동기가 된다.

접속 가능하고 어떤 외부와의 접촉도 무의미하게 만드는 스마트 폰의 발달은 인간의 고유한 이성적 활동을 중단시킬 수도 있을 것이다. 왜냐하면 인간의 가장 본질적인 이성적 활동이 판단하고 추리하는 것이라면 이제 이러한 활동은 점점 더 인터넷에서 제공된 지식과 판단으로 대체되고 있기 때문이다. "결국 주체는 자신을 절대화하는, 그래서 자신의 이성과 이성이 수행하는 과학기술의 그물망에 갇히게 된다. 이제 주체는 존재의 노예가 아니라 자기 자신의 노예가 된다."[3] 관념론이 그렇게 고양시키려 애썼던 주체는 불변적이고 선험적으로 되는 순간 역설적이게도 더 이상 주체적이지 않게 된다. 관념론의 주체 개념에 따르면 주체의 고유한 본질인 사유를 더 이상 하지 않는 인간은 더 이상 주체로서의 인간이 아니기 때문이다.

자신을 보존하기 위해 자연과 대결하고 맹목적 자연연관을 극복하고자 하는 과정에서 발생한 주체는 자연과의 유사성을 떨쳐버릴 수 없으며, 그 자체로 궁극적인 것도 아니다. 이 때문에 불가피한 애매성을 단순히 정의함으로써 해소하지 못할 것이다. 왜냐하면 주체를 어떤 식으로 정의하든 그러한 정의는 주체 개념의 의미를 완전히 충족시키지 못할 것이기 때문이다. "어떤 방식으로든 주체와 객체라는 개념은, 오히려 그 개념들이 관계하는 모든 것은 모든 정의에 대해 선차성을 가진다."[4] 그럼에도 전통 관념론은 이러한 애매성을 해소하기 위해 주체로부터 객체적 요소를 배제시켜 왔다. 이러한 방식으로 정화된 주체는 때로는 순수 정신이나 순수 활동으로 혹은 순수 현실태로, 근대에서는 선험적 자아라는 이름으로 정의되어 왔다. 그러나 어떤 식으로든 객관적 요소를 정화한 주체는 이념적으로 절대적 자유이어야 함에도 불구하고, 현실적으로는 사회적 기능체계의 부품처럼 기계적으로 사회체계에 순응하는 자유롭지 못한 주체다. 왜냐하면 비판적 의식이 가

3　김석수, 「칸트철학에 대한 해체주의적 비판에 대한 반비판」, 『칸트연구』, 한국칸트학회, 19집, 2007, 134쪽.
4　Th. W. Adorno, SO. 741쪽.

능하려면 타자와의 거리두기가 필요한 만큼이나 타자와의 관계가 필요하기 때문이다. 순수 현실태나 선험적 주체로 고양된 자족적인 주체는 타자와의 어떤 관계도 맺을 필요가 없고 맺을 수도 없기 때문에 비판하고 사고할 어떤 것도 가지지 않는다. 오히려 인간과 자연, 인간과 인간이 서로 얽혀있고 서로 관계하기 때문에 그 관계와 관계방식이 문제가 된다. 따라서 주체와 객체가 서로 얽혀있는 상호성의 관계에 있기 때문에 불가피한 애매성을 단순히 두 계기를 철저히 분리시킴으로써 해소하려는 시도는 양자 모두를 왜곡시키고 억압함으로써 끝날 것이다.

그렇지만 이러한 애매성에도 불구하고 주체 개념이 없을 수는 없다. 적어도 자연적이지만 그럼에도 자연연관과는 다른, 의식 활동을 총괄하는 주체라는 개념은 불완전하지만 필요할 것이다. 왜냐하면 주체라는 개념이 없다면 주체라는 개념을 통해 지칭될 수 있는 것을 분석할 수도 설명할 수도 없을 것이기 때문이다. "그 때문에 우선 주체와 객체라는 말을 잘 다듬어진 철학적 언어가 역사의 침전물로서 전해주는 대로 받아들이는 것이 상책이다. 물론 인습주의를 고수하는 것이 아니라 더 나아가 비판적으로 분석하면서."[5] 먼저 주체는 자연연관과 다른 정신적 활동을 총괄하는 정신이라는 신학적인 개념으로 사용되며, 이것은 주로 인식하고 사유하는 의식 활동에 한정된 개념이다. 또 심리학적 용어로 자기의식에 해당되는 자아라는 의미로도 사용된다. 자아는 통상 개별적 자아를 의미하지만 개별적 자아는 자아 일반을 반영하고 있다는 의미에서 선험적 자아를 의미하기도 한다. 주체라는 개념이 이러한 심리적 자아의 객관적 표현인 한에서 주체는 개별적 자아와 자아 일반 모두와 관련된 의미를 지닌다. 주체라는 애매한 개념은 관념론자들에 의해 정신적 활동을 하는 자아에 대한 객관적 표현으로 사용되지만, 인간이 육체적 계기와 정신적 계기를 모두 가진다는 의미에서 관념론자

---

5 Th. W. Adorno, SO. 742쪽.

들의 생각과는 달리 주체로부터 육체적 계기를 완전히 배제하거나 추방할 수 없다. "토대로 깔려 있다는 라틴어 'Subjectum'은 철학의 기술적 언어가 객관적이라고 불렀던 것을 상기시키는 것은 우연이 아니다."[6] 만일 육체적 계기가 가진 불가피한 타율적 성격 때문에 이를 정신으로부터 완전히 분리시키려 한다면, 바로 인간 자체가 문제가 될 것이다. 말하자면 데카르트가 직면한 문제, 전적으로 다른 정신과 물질이라는 두 실체를 함께 가진 존재, 즉 인간이 문제가 될 것이다.

이러한 애매성은 협력을 통해 자연과 경쟁하면서 형성되었다는 의미에서 주체는 본질적으로 유적 존재이며, 그럼에도 전적으로 유로 환원될 수 없는 개별자이기에 불가피하다. 이 장은 개별적 의식이면서 동시에 유적 존재로서 의식 일반과 관계하고, 또한 자연연관과 나름 독립되어 있으면서 그러나 자연연관에 속하는 육체적 계기를 가지는 주체라는 개념을 다음과 같이 세 가지 측면에서 다룰 것이다. 즉 개별적이면서 유적인 주체, 경험적이면서 선험적인 주체, 정신적이면서 육체적인 주체. 이들 세 측면들은 주체의 상호 대립적이면서 이중적인 특징을 말해 준다. 주체 자체는 궁극적인 것도 원형적인 것도 아니며 객체와 상호 얽혀있기 때문에 이러한 이중적 특징은 어떤 측면에서는 불가피하다. 따라서 주체를 어느 하나의 개념으로 환원해서 이해하는 것은 인간 주체를 물화시키고 다른 것의 토대로 정립하려는 것이다.

5.2 개별적이면서 유적인 주체

아도르노는 인간이 아직 언어를 획득하지 못하고 그럼으로써 인식과

---

[6] Th. W. Adorno, ND. 185쪽.

사유를 하지 못하는 가장 미숙한 단계에서도 서로 협력을 통해 자신을 보존할 수밖에 없는 존재라고 생각한다. "최근의 생물학자들의 주장에 따르면 인간이 사실상 다른 생명체만큼 그렇게 많이 준비되지 않은 상태로 태어났다 하더라도, 아마도 그들은 일반적으로 협력했으며 기초적인 사회적 노동을 통해 삶을 유지할 수 있었을 것이다."[7] 만일 이러한 조건을 받아들인다면, 이것은 다음과 같은 의미를 지닌다. 첫째, 자기 보존을 위해 협력을 통한 노동을 해야 한다는 의미에서 개별자보다 유가 선차성을 가진다는 것이며, 둘째, 사유수단인 언어가 협력을 통해 노동하는 과정에서 발생했다는 것이다(1장 참조). 언어와 노동은 철저히 분리될 수 없으며, 협력을 통한 노동이 사회적[8]인 한에서 이러한 과정을 통해 형성된 언어도 사회적이다. 사유의 기관인 언어가 사회적이라는 것은 사유하고 의사소통하는 개별적 인간이 유에 의존적이라는 것을 의미한다. 이것은 인간이 언어를 통해 사유하고 대화하는 활동이 유의 보존과 같은 사회적 활동과 완전히 분리될 수 없다는 것을 의미한다. 따라서 셋째, 인간을 자기 보존의 필요로서 유적 존재로 파악하는 것은 의사소통의 필요로서 유적 존재로 파악하는 것과 완전히 분리되지 않는다.[9] 즉 대화는 사회적 활동과 분리될 수 없으며, 그렇기 때문에

---

[7] Th. W. Adorno, SO. 757쪽.

[8] 따라서 인간을 이해하기 위해 사회로부터 인간을 분리시킬 수 없다. 인간이 세계와 관계하는 방식인 사유와 노동은 근본적으로 사회적 성격을 가지기 때문이다. "노동은 헤겔과 마르크스에게 항상 사회적 노동이다. 왜냐하면 사람은 자신을 위해서 뿐만 아니라 다른 사람을 위해서 필수적으로 노동하기 때문이다." Martin Morris, *Rethinking the Communicative Turn*, (State University of New York Press), 2001, 69쪽.

[9] 물론 인간이 유적 존재라는 것은 동물처럼 자기 보존 활동에 제한되는 것은 아니다. 마르크스에 따르면 인간은 의식적 생명활동을 하며 그런 한에서 자유로운 활동을 한다. "동물은 자신의 생명활동과 직접적으로 하나이다. 동물은 자신의 생명활동과 구별되지 않는다. 동물은 생명활동이다. 인간은 자신의 생명활동 자체를 자신의 의욕과 의식의 대상으로 삼는다. 그는 의식된 생명활동을 가진다. 인간이 직접적으로 그것에 융합되는 규정은 없다. 의식된 생명활동은 인간을 동물적인 생명활동과 직접적으로 구별한다. 바로 이 때문에 인간은 하나의 유적 존재이다. 또는 인간이 바로 하나의 유적 존재이기 때문에 그는 의식적 존재일 뿐이며, 다시 말해서 그의 고유한 생활은 그에게 대상인 것이다. 바로 이 때문에 그의

자기 보존을 위한 경제적 활동과 전적으로 분리될 수 없다. 그렇지만 동일성 원리로서 자기 보존을 위한 활동이 지배적인 것으로 되어서는 안 된다.

『인간의 조건』에서 한나 아렌트는 인간이 동료와 함께 산다는 것이 인간의 삶과 동물의 삶의 공통점이고 이러한 이유 때문에 이것이 인간에게 근본적인 것이 아니라고 주장한다. 이러한 의미에서 그녀는 인간의 고유한 특징을 언어 행위를 하는 '정치적 삶'이라고 생각한다. 그녀의 분석에 따르면 고대 그리스에서 정치적 삶은 언어 행위를 하는 삶이다.[10] 즉 "정치적이라는 것, 즉 폴리스에서 생활한다는 것은 힘과 폭력이 아니라 말과 설득을 통하여 모든 것을 결정함을 의미한다. 그리스인들은 폭력으로 사람을 강제하며, 설득하기보다 명령하는 것을 전정치적인 것으로 사람을 다루는 방식이라고 생각한다."[11] 이러한 의미의 '정치적(politikon)'이라는 개념은 논증을 통해 상대를 설득하고 혹은 설득되는 대화를 의미하며 사적 영역인 경제적 유용함이나 효용성과는 관계없는 것이었다. 그러나 이후에 사적 영역에 속하는 경제가 공적인 것이 되었으며 거꾸로 정치를 침해하고 지배하여 시민들의 정치적 행위를 타락시켰다. 즉 자기보존의 원리로부터 독립적이라는 의미에서 자율적 행위를 침해했다. 따라서 정치적 공동체를 의미하는 '폴리스'의 경제적 결사체를 의미하는 '사회'로의 변화는 단적으로 사적 영역에 의한 공적 영역인 정치적 행위의 침해를 보여주는 것이라고 주장된다.[12]

활동은 자유로운 활동이다." K. Marx(강유원 옮김), 『경제학-철학 수고』, 이론과 실천, 2006, 93-94쪽.
10 H. Arendt(이진우 · 태정호 옮김), 『인간의 조건』, 한길사, 1996, 76-77쪽.
11 같은 책. 78쪽.
12 "하버마스에 따르면 폴리스적 동물(zoon politikon)이라는 인간에 대한 정의가 사회적 동물(animal sociale)로 변화된 것은 토마스 아퀴나스에 의해 이루어졌다. 고대사회에서 공동체는 오직 정치적인 것과 사적인 것의 구분만 있었으며 폴리스가 전자와 관련된다면 오이코스(oikos)는 후자와 관련된다. 그런데 토마스 아퀴나스는 공동체를 정치적일 뿐만 아니라 사회적인 것으로 이해하기 시작했다." 박구용, 『우리안의 타자』, 철학과 현실사, 2003, 27쪽.

이러한 생각은 아리스토텔레스의 정치 공동체로서의 폴리스와 경제 공동체로서 오이코스의 분리에 근거한다. "아리스토텔레스가 폴리스(polis)와 오이코스(oikos)를 구별하는 것은 폴리스가 경제적 관심과 논리에 의해 규정될 때 구성원들의 좋은 삶을 가능하게 하는 참다운 공동체가 형성될 수 없다고 생각하기 때문이다."[13] 따라서 자기보존을 위한 노동과 경제 활동으로부터의 해방이 이상적인 정치활동을 위한 필수적인 조건이다. 그러나 정치적 행위가, 더 나아가 공동체가 경제 논리, 즉 효율성이나 유용성에 의해 지배되어서는 안 된다는 생각에는 동의한다 하더라도, 그리스 도시국가를 모델로 하는 이러한 아리스토텔레스의 생각은 소박하다. 왜냐하면 그리스 시민들이 자기보존을 위한 경제적 활동으로부터 상대적으로 해방될 수 있었던 것은 노예들의 노동을 착취했기 때문이다. 노예노동을 통해 노동으로부터 자유로웠던 그리스 시민들은 노예들의 희생의 대가로 아고라에서 언어의 유희를 즐길 수 있었을 것이다. 이러한 의미에서 아리스토텔레스가 추구하는 고상한 정치적 행위는 타자의 억압과 착취를 통해 성취된 것이었다. 그러나 이러한 계급지배를 통한 정치적 행위의 독립을 주장하는 것 자체가 자기보존을 위한 먹고 먹히는 투쟁이 벌어지는 자연연관이며, 따라서 자기보존의 논리에 사로잡히는 것이다. 자기보존의 원리로부터 해방은 단순히 자기보존의 원리를 거부함으로써 성취되지 않는다.

이러한 측면과 관련해서 '가계'를 의미하는 오이코스를 사적 영역으로 간주하는 것은 아마도 노예들을 관리하고 억압함으로써 생산을 효율적으로 조직하는 경제활동이 가정에서 이루어지기 때문일 것이다. 이러한 관점에서 경제활동을 포함한 자기보존의 추구가 사적인 영역으로 간주되는 것은 그리스에 한정해서 보더라도 이상하다. 왜냐하면 인간이 존재한 이래로 자기보존을 위한 활동은 공적이고 사회적인 것이었으며, 그리스에서도 노예

---

13 같은 책. 36쪽.

를 관리하고 지배하는 방식이나 노예 획득과 지중해 해상권을 장악하기 위한 전쟁은 가정 차원에 한정된 일이 아니기 때문이다. 따라서 노예제도에 기초한 경제적 지배에 대한 비판 없이 정치적 영역의 독립성을 주장하는 것은 기만이다. 설사 그리스에서 그것도 아리스토텔레스 시대에 경제적 활동이 가정에서 이루어지고, 그래서 경제적 활동은 공적 영역이 아니라 사적 영역에 속한다 하더라도, 이러한 구별을 그 이후에도 정당한 것으로 간주하는 이상적 공동체 모델은 노예들의 착취를 통해 언어의 유희를 즐겼던 아테네만큼이나 현실 속에 작동하는 억압과 착취를 은폐하는 것이다. 즉 타자의 억압과 착취를 통해 성취된 자기보존으로부터의 해방에 기여하는 것이다. 이러한 노동의 분리, 정신노동과 육체노동의 분리를 통한 계급지배 자체가 이미 자기보존에 사로잡혀 있는 것이며 자연연관이다. 그러므로 단순히 자기보존을 위한 경제 활동으로부터의 자유가 진정한 인간적 관계를 보증하는 것은 아니다. 오히려 이러한 정치적 행위와 경제적 행위의 분리는 현실의 지배관계를 정당화하는데 기여할 것이다. 역으로 자기보존의 원리로부터 진정한 해방은 누구도 자신의 잉여 노동을 착취당하지 않는 정당한 교환과 노동이 이루어질 때 가능할 것이며, 따라서 공적 영역이든 사적 영역이든 경제적 논리에 지배되지 않는 자유로운 의사소통도 가능할 것이다.

아렌트는 동료와 함께하는 삶을 인간의 조건으로 생각했지만, 이러한 조건은 동물도 가지는 것으로 간주하고 그 보다 더 고차원적인 언어 행위를 하는 정치적 삶을 진정한 인간의 조건이라 생각했다. 따라서 생존에 필요한 유적 관계는 대화를 통한 정치적 삶과 분리된다. 마치 "존재론이 유가 동물을 생각나게 하기 때문에 유를 즉시 거부한 것"[14]처럼, 아렌트는 비록 유개념 자체를 거부하지 않는다 하더라도 유적 삶을 정치적 삶에 부차적인 것으로 간주한다. 이러한 분리를 통해 그녀는 정치적 행위를 자기보존 활동인

---

14 Th. W. Adorno, SO. 758쪽.

노동과 경제활동으로부터 분리시킨다. "인간은 정치적 행위 속에서 자신의 존재의미를 확보하기 때문에 정치적 활동 공간이 왜곡되면 인간의 존재 조건도 제대로 성립될 수 없다. 한 인간이 개인으로서 지니게 되는 인간다움은 정치적 활동 공간이 순수성을 지니게 될 때에만 구현될 수 있다."[15] 그러나 자기보존을 위한 유적 삶으로부터 정치적 영역을 정화시키는 것은 도대체 가능한가? 이 점에서 그녀의 사상은 아도르노와 근본적으로 갈리는데, 아도르노는 인간이 언어를 수단으로 사유하면서 자연연관으로부터 분리되었지만, 근본적으로 분리되지 않았기 때문에 사유와 대화는 유적 삶의 조건인 물질적 자연연관과 노동으로부터 분리될 수 없는 것으로 본다. 정치적 영역에 대한 순수성의 요구는 정치적 행위를 관념론적 인식론만큼이나 추상적이고 공허하게 만들 것이다. 오히려 자유로운 의사소통 영역의 확보는 교환적 합리성에 기초한 동일성 원리에 대한 규정된 부정을 통해 가능할 것이다. 그럴 때만 대화는 생산을 위한 생산의 합리성이라는 경제적 논리에 지배되지 않을 것이다. 정치적 행위가 이루어지는 공적 영역으로부터 경제적 활동이 이루어지는 사적 영역을 분리시킴으로써 물화되지 않은 정치적 영역을 확보하려는 시도는, 정신 바깥의 타자와 관계할 수 없는 자족적인 정신을 상정하는 주관주의만큼이나, 정치적 영역 자체를 공허하고 추상적인 것으로 만듦으로써 현실에 작동하는 적대주의를 은폐하게 될 것이다. 언어적 행위로서 정치적 행위는 인식과 사유로부터 분리될 수 없으며, 언어의 의미를 매개하는 객관적 사회와도 전적으로 분리될 수 없다. 따라서 자유로운 정치적 행위는 사회 속에서 작동되고 있는 적대적 자기보존 원리에 대한 비판과 저항 없이 이루어지지 않으며, 이러한 적대적 동일성 원리에 대한 비판과 배제된 타자에 대한 존중이 정치적 행위의 핵심이어야 한다. 이러한 의미에서 정치적 행위의 진정한 해방은 단순히 자기보존 원리를 폐기하는

15　김석수, 『칸트와 현대 사회철학』, 울력, 2005, 212쪽.

것이 아니라 적대적 자기보존 원리를 비판하고 건전한 동일성 원리가 작동하도록 함으로써 가능하게 될 것이다.

인간이 유적 존재라는 것은 소통의 필요와 자기보존의 필요가 서로 얽혀있으며 전적으로 분리될 수 없다는 것을 의미한다. 인간에게 자기보존을 위해 협력이 고유한 것이라면, 이는 인간이 서로 의존할 수밖에 없는 존재라는 것을 의미하며, 인간이 상호 의존적인 존재인 한, 인간은 대화를 통해 협력하는 유적 존재이다. 다른 말로 단자처럼 고립되어서는 생존할 수 없으며, 그렇기 때문에 자기보존을 위해서도, 좀 더 고상한 말로 자아실현을 위해서도 서로를 필요로 한다. 그러나 이러한 생각이 개인보다 집단이 우선해야 한다는 것을 도출하려는 시도는 아니다. 왜냐하면 "개인이 잘려나간다면 우연성의 찌꺼기로부터 정화된 고차원적인 주체가 등장하는 것이 아니라 단지 무의식적으로 남의 생각을 따르는 주체가 등장할 것이다."[16] 개인주의가 고도로 발달함[17]과 더불어, '함께', '공동의' 등과 같은 의미가 배제되고 나와 다른 사람을 구분하고 그들을 경계하고 배척하는 오늘날, 오히려 그것은 인간을 개별적 존재로서의 의미와 유적 존재로서의 의미가 얽혀있는 관계로 파악함으로써 개인의 자율성을 억압하지 않으면서 함께 어울려 살아가는 사회 모델을 모색하는 시도이다.

인간이 개인으로 개별화되기 전에 협력을 통해 유를 보존했다는 의미에서 개별자보다 유가 선차성을 가진다. 개별자보다 유가 선차성을 가진다는 것이 의미하는 것은 개별자로서의 인간적 특징이 없다는 것을 말하는 것이 아니며, 유를 강조하고 실체화하여 개별자보다 일반 의지에 우선성을 두려는 것은 더욱 아니다. 그렇다고 개별화되기 이전의 상태가 더욱 이상적이

---

16 Th. W. Adorno, ND. 56쪽.
17 "무엇보다 그의 편에서 보편자를 통해 매개된 개별 의식을 궁극적인 것으로 간주하고 그 때문에 마치 진리의 어떤 기준도 없는 것처럼 개별적 개인들의 의견들에 동등한 권리를 부여하는 것이 부르주아적 개인주의였다." Th. W. Adorno, ND. 46쪽.

라고 주장하려는 것도 아니다. 개별자와 마찬가지로 유적 존재도 궁극적인 것은 아니다. 오히려 두 계기는 나머지 없이는 온전히 이해될 수 없다.

> 두 의미는 서로를 필요로 하며 어느 것도 나머지 없이는 파악될 수 없다. 어떤 주체 개념에도 (쉘링에 의해 자기성이라 불린) 개별인간의 계기가 없는 것으로 생각될 수 없다……역으로 어떤 특수한 인간의 현재 실존을 의미하는 것이 아니라 일반적으로 보편 개념적 형식 속에서 인간 개인을 개인으로 반성하자마자, 개별적 인간은 이미 관념론적 주체 개념에서 명시적으로 되었던 것과 유사하게 보편적인 것으로 된다. 더욱이 "특수한 인간"이라는 표현은 유적 개념을 필요로 한다.[18]

인간이 기본적으로 유적 존재라는 것은 서로 의존적인 존재라는 것을 의미하며, 인간이 사회적 존재이기 위한 전제가 된다. 물론 모든 유적 존재가 사회적 존재로 발전하는 것이 아니라 하더라도, 사회적 존재로의 진보는 유적 존재인 한에서 가능하게 된다. 이러한 의미에서 사회적 존재라는 의미는 유적 존재라는 것을 전제한다. 인간이 사회적 존재라는 것은 동료와 함께 살아가는 사회 속에서 인간화되고, 자신의 삶을 영위하며, 자신을 만들어가는 동시에 자신의 존재조건인 사회를 새롭게 만들어가는 존재라는 것을 의미한다. 인간이 사회적 존재이기 때문에 인간은 전통과 관계한다. 그러나 전통뿐 아니라 사회도 고정 불변하는 것이 아니며, 개별자인 개인이 단순히 수동적으로만 전통에 순종하는 것도 아니다. 이러한 의미에서 아도르노는 전통을 유사-선험적 지위를 가진다고 생각한다. 유사-선험적이라는 것은 영원히 고정된 것이 아니며, 그렇지만 개별자보다 선행하는 전통을 통해 인간은 인간화된다는 것을 의미한다. 인간은 전통을 통해 그 사회의 인식지평과 문화를 수용하고 또한 이러한 전통에 대한 반성을 통해 전통을 바꾸어가고

---

18 Th. W. Adorno, SO. 741쪽.

만들어간다. "사유의 내적 역사성은 사유의 내용과 결합되고 따라서 전통과 결합된다. 이에 반하여 순수하고 완전히 승화된 주체는 절대적으로 무전통적인 것일 것이다."[19]

만일 유가 개인보다 선차성을 가진다면 어떻게 유적 존재로서 인간은 개별화되었는가? 아도르노는 인간의 의식 활동이 육체적 충동과 전적으로 다른 것이 아니라 이러한 충동으로부터 발생했다고 생각한다. "인식수행에서 활동들의 총괄인 의식은 유적 본질의 인간이 가지는 리비도적 에너지로부터 발생적으로 분리된다. 인간의 본질은 이러한 에너지와 무관한 것이 아니다."[20]

> 그렇지만 어떤 개인이 최초에 원형적으로 나타났다는 사실은 그럴듯하지 않다. 그것에 대한 믿음은 이미 역사적으로 완성된 개별화의 원리를 거꾸로 혹은 영원한 이념의 하늘로 신화적으로 투사한다. 유는 변경을 통해 자신을 개별화하려 한다. 그런 다음 개별화를 통해, 즉 생물학적으로 단일한 것에 의존하여 개인으로 재생산된다. 인간은 결과이지 형상이 아니다.[21]

여기서 아도르노는 개별화가 협력을 통한 노동과 관계하며, 특히 협력을 효율적으로 하기 위한 사회적 노동을 통해 이루어진다고 추측한다. 이러한 의미에서 "개별화의 원리는 사회적 노동에 부차적이며, 가설적 방식으로 생물학적 노동 분업의 일종이다."[22] 결국 노동 분업과 추상화의 발달은 언어에서 점차 추상적인 형식언어의 발달을 가져왔고, 이러한 형식적 개념어의 발달은 판단과 추리를 하는 이성적 능력의 발달을 동반했으며, 이를 통해 개별적 자기의식도 발생했을 것이다. 이러한 의미에서 생물학적인 의미에서가

---

19 Th. W. Adorno, ND. 64쪽.
20 Th. W. Adorno, ND. 186쪽.
21 Th. W. Adorno, SO. 758쪽.
22 Th. W. Adorno, SO. 757-758쪽.

아니라 의식 활동을 하는 개별자로서 인간은 발생했다. 유적인 존재에서 개별자로서의 인간이 발생했다는 것은 원형적 인간은 없다는 것을 의미한다. 즉 개별적 인간이 원형적인 것이 아니기 때문에 인간은 유적 존재이면서 개별적 존재이다. 이러한 가정이 받아들여진다면, 인간 사유와 인식은 생존을 위한 사회적 노동과 분리될 수 없으며, 주체의 고유한 사유 형식에 대한 반성은 자기보존의 원리를 절대화하는 사회에 대한 반성이며 비판이다. 사유 형식인 개념이 경험을 통해 형성된 것인 한에서 "사회는 경험에 내재하는 것이지 다른 요소가 아니기 때문이다."[23]

5.3 경험적이면서 선험적인 주체

칸트는 개념을 통해 경험의 대상들을 종합할 때 의식의 통일이라는 선험적 근거가 있어야 된다고 생각했다. 왜냐하면 이러한 선험적 근거가 없다면 우리의 직관들에 있어 어떤 대상도 사고할 수 없기 때문이다.[24] 칸트는 이러한 선험적 근거를 '선험적 통각'이라 불렀다. 그는 인식의 보편성을 위해 '선험적 통각'을 '경험적 통각'과 엄격하게 구별했다. "내적 지각에 있어 우리의 상태가 규정됨에 따라 생기는 자기의식은 경험적일 뿐이며, 항상 가변적이다. 그것은 내적 현상들의 이러한 흐름에 있어서 영속적일 수 없으며, 통상 내감이나 경험적 통각이라 불린다."[25] 과학적 인식의 보편성을 확보하기 위해서는 개별 경험을 통일시키는 자기의식은 경험적이어서는 안 된다. 왜냐하면 순수 개념을 통해 감각직관을 규정함으로써 보편적 인식이 가능하다 하더라도, 그러한 순수 개념을 감각적 자료에 적용하는 자아가 경

---

23 Th. W. Adorno, SO. 748쪽.
24 I. Kant(최재희 옮김), 『순수이성비판』, (박영사, 2002), 132쪽.
25 같은 책. 132쪽.

험적이라면 보편성은 유지될 수 없기 때문이다. 따라서 감각적 자료에 대한 보편적 판단 이전에 의식의 통일이 전제되어야 한다. 즉 동일성 판단이 이루어지기 전에 이미 그러한 판단을 하는 의식의 통일이 있어야 한다. 이러한 의미에서 의식의 통일은 경험 이전의 선험적인 것이다. 모든 표상에 수반되는 "나는 생각한다"이다.

> 모든 직관의 자료에 선행하고, 그것과 관련해서만 대상의 모든 표상이 가능하게 되는 의식의 통일이 없다면 어떤 인식도, 그러한 인식들의 결합과 통일도 일어날 수 없을 것이다. 이러한 순수하고 불변적인 의식을 나는 선험적 통각이라 부르고자 한다.[26]

이제 주관의 순수 형식이 경험적인 감각자료와 어떻게 관계하는지의 문제를 넘어 경험적 자아와 선험적 자아의 관계가 핵심적인 문제가 된다. 경험적 자아가 선험적 자아에 따라 주조된다 하더라도, 그 자체 경험적이지 않으며 존재하는 것이 아닌 선험적 자아는 경험과 관계하기 위해 선험적인 것으로만 머물러서는 안 되고 경험적 자아가 되거나 경험적 자아와 결합된 것이어야 한다. 어떤 식으로든 경험적 자아와 관계해야 하는 선험적 자아는 모순이다. 왜냐하면 단순히 시간적 선행을 의미하는 것이 아닌 선험적 자아는 경험적 자아에 앞서 경험을 가능하게 하는 의식의 통일이며, 그런 한에서 경험과 직접적으로 관계할 수 없는 순수한 자아이기 때문이다. 문제는 선험적 자아가 경험 세계를 매개하는 한에서만 경험적으로 된다고 가정한다 하더라도 여전히 해결되지 않은 채로 남는다. 경험적이면서 선험적인 자아는 글자 그대로 모순이기 때문이다. 아도르노에게 경험세계와 절대적으로 분리된 선험적 자아가 신기루라면, 칸트에게 경험세계와 관계하고, 따라서 경험세계만큼이나 변화하고 우연적인 경험적 자아가 신기루다.

---

26 같은 책. 132쪽.

이러한 문제를 간파한 헤겔은 현상으로 나타나는 경험세계가 이미 절대정신이 드러난 모습, 즉 절대정신의 현상이라고 상정함으로써 비켜가려 한다. 인간의식은 경험세계의 경험을 통해 주관성의 형식을 형성하고 이를 통해 판단을 하면서 주체의 범주를 추론해낸다. 이러한 점에서 주체는 경험적이지만 주체가 판단하기 위해 형식적 범주를 이끌어내는 경험세계는 절대정신의 현상이기 때문에 범주로서 사용되는 개념은 절대정신을 이해하기 위한 범주이다. 개념은 경험을 통해 형성된 것이지만 절대정신 아래에서 선험적인 것이며, 이를 통해 판단하는 주체도 한갓 경험적 자아가 아니라 범주를 통해 절대정신의 역사적 현실성을 이해하는 절대적 주체다. 따라서 "개념은 대상이 수용되도록 하는 자기의식의 통일, 즉 자기의식의 본성이며"[27], 이러한 절대적 주체의 본성인 개념을 통한 인식은 절대적 인식이다. 결국 헤겔에게 경험적 자아는 자신의 본성을 깨닫지 못한, 자각되지 않은 주체이며, 그러한 본성을 자각함으로써 도래할 절대적 주체이다. 헤겔은 미리부터 주체와 객체의 통일인 절대적 주체를 전제함으로써 서로 관계할 수 없는 경험적 자아와 선험적 자아의 모순을 제거해버렸다.

이후에 후설은 이 난점을 해결하기 위해 환원 개념을 도입한다. 환원은 세 단계로 이루어진다. 세계 내 존재로서 심리학자는 세계 내의 실재로서 영적인 주관성을 탐구하고, 형상적 환원을 통해 이러한 영적인 것의 로고스를 탐구하며, 이러한 외적 세계의 경험분야로부터 경험세계를 보편적으로 구성하는 절대적 자아인 선험적 주관성으로 상승하는 현상학적 환원을 한다.[28] 선험적 환원을 통해 세계내 존재로서 심리적 주관성은 선험적 주관성의 현상이다. 후설은 세계의 의미 구성자로서 선험적 주관성을 가정함으로써 경험적 주관성의 심리현상을 결국에는 선험적 주관성의 현상으로 간주하며, 이를 통해 헤겔과 유사하게 경험적 자아와 선험적 자아의 관계문제를

---

27 Th. W. Adorno, ND. 176쪽 주석 참조.
28 E. Husserl(신오현 편역),『심리현상학에서 선험현상학으로』, 민음사, 1994, 253쪽.

해결하려 한다. "그는 그의 선험적 자아의 현상, 즉 철저한 판단중지를 통하여 바로 궁극적으로 기능하는 주관성으로서, 이전에 보편적인 세계통각이 은폐된 채 수행해 온 바로 그러한 주관성으로서 언제나 중시될 수 있는 자아-존재와 자아 삶의 현상이다."[29] 그러나 선험적 주관성 개념을 도입한다 하더라도 문제는 간단히 해결되지 않는다. 단지 세계 경험을 절대정신의 현상에 대한 경험으로 설명하려는 헤겔의 관념론적 변증법을, 존재자인 경험적 주체를 비존재자이면서 그렇기 때문에 무시간적인 세계 구성적 존재자의 지위로 상승시킴으로써 변주시킨 것에 불과하다. 왜냐하면 세계내 존재로서 경험세계와 관계하면서 경험세계를 넘어서서 경험세계를 의미 구성하는 절대적 존재는 경험세계를 선험적 자아의 의미구성으로 환원함으로써만 가능하기 때문이다. 헤겔과 마찬가지로 후설에게 경험세계는 일종의 비눗방울이며 플라톤에 따르면 그림자의 세계다. 왜냐하면 두 사람의 논증은 경험세계가 의식현상이나 심리현상으로 환원될 수 있다는 사실에 공통적으로 근거하기 때문이다. 결국 경험세계와 경험하는 자아를 비눗방울로 만듦으로써만 가능한 선험적 자아는 보편성을 위해 도입되지만, 이러한 가정은 경험하는 자아와 관계해야 하는 선험적 자아라는 개념이 얼마나 모순을 벗어나기 어려운가를 말해주는 것으로 끝나고 만다. 후설의 생각과는 반대로 경험적 자아와 경험세계가 아니라 선험적 자아가 비눗방울이다. 세계내 존재로서 경험적 주관성을 세계의 의미 구성자로서 선험적 주관성의 현상이라고 가정함으로써 경험적 주관성을 존재하지 않는 선험적 주관성의 그림자로 전락시키지만, 도대체 존재하지 않는 선험적 주관성이란 무엇인가? 이러한 가정은 신이 인간의 모습으로 현현한다는 생각만큼이나 소박하다. 왜냐하면 이것은 완전자가 불완전자로 나타난다고 주장해야 때문이다. 마찬가지로 순수한 비존재자가 어떻게 순수하지 않은 존재자로 나타나는가? 따라

---

29 같은 책. 255쪽.

서 "비존재자이면서 그렇지만 행위를 하고, 동시에 보편자이면서 특수자를 경험하는 선험적 주체라는 개념은 결코 개별적인 의식의 자족적인 내적 연관으로부터 창조될 수 없는 일종의 비눗방울이다."[30]

경험적 자아와 선험적 자아를 철저히 분리시킴으로써 발생하는 또 하나의 난점은 경험적 통각이 순수 개념을 가질 수 있는가의 문제다-물론 경험세계를 선험적 자아의 의미구성으로 환원하는 후설이나 경험세계를 절대정신의 현상으로 환원하는 헤겔의 경우에 이 문제는 피할 수 있다. 경험적 통각이 지성의 순수 형식을 선험적으로 가진다는 것은 칸트의 용어로 이율배반이다. 왜냐하면 순수한 개념이 순수하지 않은 경험적 자아에 속한다고 주장해야 하기 때문이다. 따라서 칸트에게 순수 형식으로서 개념은 선험적 통각의 규칙이어야 한다. 개념은 보편적 인식을 위해서 순수한 것이어야 하며, 개념이 순수한 것이라고 가정되기 때문에 이제 순수 개념은 경험적 자아에 속하는 것일 수 없다. 이러한 의미에서 경험하기 이전에 이미 존재하는 것으로 가정된 선험적 통각이 순수 개념의 근거가 되며, 그렇기 때문에 선험적 통각은 더더욱 경험적인 것과 관계하기 어려운 "추상적인 이성의 점으로, 결국에는 규정된 대상과 독립하여 그 자체로는 어떤 의미도 가지지 못하는 논리적 무모순성으로 수렴된다."[31] 왜냐하면 순수한 선험적인 것이어야 하기에 그 자체로 어떤 내용도 가질 수 없는 선험적 통각은 순수 개념의 저장창고 이외의 어떤 것도 아니기 때문이다. 게다가 순수 개념이 선험적 통각에 속한다고 가정한다 하더라도 순수 개념과 감각적 자료의 관계문제는 여전히 해결되지 않은 채로 남는다. 만일 지성의 순수 개념이 선험적 자아에 속한 것이라면 어떻게 순수 개념이 경험적인 감각자료에 적용될 수 있는가? 이러한 문제에 대한 칸트의 해결책은 경험적 자료와 선험적 자아의 선험적 형식을 매개하는 제3의 요소인 선험적 도식을 끌어들이는 것이다(이

---

30 Th. W. Adorno, ND. 178쪽.
31 Th. W. Adorno, ND. 143쪽.

부분에 대한 상세한 논의는 7장에서 다룰 것이다).

도대체 경험 이전의 선험적 자아란 무엇인가? 인간존재의 원형인가? 아니면 신에 의해 주어진 영혼의 심연 속에 있는 그 무엇인가? 어쨌든 칸트의 논의는 더 이상 인식론에 머물러 있을 수 없고 그가 비판했던 형이상학적 문제가 된다. 결국 이러한 문제는 경험적 세계에 대한 경험을 통해 형성된 경험적 자기의식을 존재하지 않는 선험적 영역으로 고양함으로써 발생하며, 이러한 주체의 고양은 다시 경험적 영역과 관계를 설명해야 하는 어려움을 발생시킨다. 플라톤 이래로, 오히려 근대에 더욱 강력하게 관념론은 왜 그토록 주체의 선험성에 매달리는가? 다른 문화권과 달리 왜 유독 서양 사상은 근대에 과도한 주관주의적 경향을 가지는가의 문제를 서양의 역사적 조건 속에서 고찰하는 것이 의미 없는 것은 아닐 것이다. 다른 여러 이유들이 있겠지만, 무엇보다 서양만큼 특정 종교가 그것도 절대적으로 전지전능한 유일신의 종교가 오랫동안 지배적 영향력을 행사한 곳은 없다. 강력한 절대존재로서 모든 것의 존재 근거이면서 동시에 목적이며, 판단과 평가의 절대적 근거인 신과 이의 반영형태인 중세질서의 보편적 지배는 상대적으로 인간을 나약하고 수동적이며 순종적인 것으로 전락시킨다. 따라서 중세질서의 붕괴와 더불어 전지전능한 신의 거부와 이에 따른 혼돈의 불안을 관념론 철학은 그만큼 강력한 주체의 고양을 통해 해소하려 했을 것이다. "계몽은 존재에 대한 신뢰가 무너지면서 그로부터 비롯된 존재에 대한 불안을 극복하기 위한 주체의 자기정립 과정이다."[32] 벽에 공을 강하게 던지면 던질수록 그만큼 반발력이 크게 되듯이, 유일신 사상이 강력하게 지배하면 할수록 그만큼 왜소하고 나약하게 된 주체의 반발력도 커질 것이다.

부르주아 계급의 이해관계와 일치하여 봉건적 질서와 그러한 질서의 정신

---

[32] 김석수, 「칸트철학에 대한 해체주의적 비판에 대한 반비판」, 『칸트연구』, 한국칸트학회, 19집, 2007, 134쪽.

적 반영형태인 스콜라적 존재론을 파괴했던 이성은 즉시 자신의 작품인 폐허들 앞에서 혼돈의 불안을 느꼈다.[33]

이러한 불안을 해소하는 방식은 이중적으로 이루어진다. 외적으로는, 즉 사회적으로는 합리적인 질서체계를 만듦으로써, 내적으로는, 즉 인식론적으로는 이러한 질서체계를 반영하고 이를 정당화하는 이성의 고양을 통해 이루어진다. "개별적 자기의식은 그것의 편재성 때문에 선험철학에게는 자기 확실성의 구체화라는 장점을 더 이상 자랑해서는 안 되는 보편자로 된다."[34] 그러나 사회의 합리적 질서체계를 촘촘하게 구축하면 할수록 개별적인 주체는 더욱더 체계의 부품으로 전락하고, 이에 따라 현실적으로 개별적 주체가 무력하게 되면 될수록 더욱더 주체를 절대적인 것으로 고양함으로써 위로받으려는 보상심리가 강하게 작동된다. "주체의 절망적인 자기고양은 자기성찰을 방해하는 자신의 무능력의 경험에 대한 반작용이다. 절대적 의식은 무의식이다."[35] 이러한 의미에서 주체를 절대적인 선험적 주체로 고양시키려는 이론은 역설적이게도 현실적으로 개인을 무력하게 하는 합리적 질서체계를 옹호하고 정당화하는 것이다.

사회의 합리적 질서체계와 이를 만드는 원리인 이성을 본질로 가지는 선험적 주체는 관념론자들의 주장들과 달리 선험적으로 주어진 원형으로서의 선험적 자아가 아니라 개별적인 경험적 자아를 추상화한 것이다. "선험적 주체 자체는 가장 깊은 곳에서 전비판적으로 실체화된, 개별 의식의 추상물이다."[36] 따라서 경험적 의식을 통해 매개된 선험적 자아는 가상이다. "경험적 의식, 즉 살아 있는 자아의 의식에 대한 아무런 관계가 없다면 어떤

---

33 Th. W. Adorno, ND. 32쪽.
34 Th. W. Adorno, ND. 180-181쪽.
35 Th. W. Adorno, ND. 181쪽.
36 Th. W. Adorno, SO. 756쪽.

선험적 의식이나 순수 정신적인 의식도 존재하지 않을 것이다."[37] 놀랍게도 아도르노는 선험적 자아를 인식영역에 제한하는 것이 아니라 사회, 특히 부르주아 사회의 교환적 합리성의 지배와 연결시킨다. 선험적 주체는 현실적으로 무기력한 주체의 보상적 목적을 가지며, 현실 속에서 추상화된 자아의 경험을 은폐하고 정당화하는 구실을 한다는 것이다.

> 선험적 주체의 보편성은 사회의 기능연관, 즉 개별적 자발성과 개별적 성질들로부터 결합하고 다시 평준화하는 교환 원리를 통해 이러한 개별적 자발성과 성질들을 제한하며, 잠재적으로 무기력하게 전체에 의존하는 것으로 배제한 전체의 기능연관의 보편성이다. 주체들이 주체들로 되는 것을 선험적으로 거부하고 주관성 자체를 단순한 객체로 떨어뜨리는, 인간에 대한 교환가치의 보편적 지배는 주체의 주권을 수립한다고 주장하는 저 보편적 원리를 비진리로 만든다. 선험적 주체의 과잉은 그 자체 고도로 환원된 경험적 주체의 결여다.[38]

선험적 자아는 개별적으로 경험하는 자아를 추상화한 것이며 선험적 자아의 보편성은 개별 경험을 교환 원리를 통해 추상화한 보편성이기 때문에 가상이지만, 이러한 가상이 단순히 부정적인 것만은 아니다. 왜냐하면 선험적 주체는 가상이지만, 그러나 현실적 가상이며 이러한 가상은 적어도 사회가 개별자보다 선행한다는 것을 증언하기 때문이다. 선험적 주체의 보편성은 교환 원리의 보편적 확장을 통해 현실적 지배력을 행사하는 전체 사회질서체계의 보편성이지만, "그럼에도 불구하고 선험성에 대한 개념은 사유가 자신의 내재된 보편성의 계기에 의해 그 자체 필수불가결한 개별화를 초월한다는 점을 상기시킨다."[39] 개별적 자아의 의식내용은 순전히 주관적

37　Th. W. Adorno, ND. 185쪽.
38　Th. W. Adorno, SO. 180쪽.
39　Th. W. Adorno, SO. 756쪽.

인 것이 아니라 객관성을 통해 매개된 것이다. 어떤 인식내용도 순수하게 개별적 자아에 한정된 것은 없다. 이런 의미에서 상대주의적 개인주의는 견딜 수 없다.

> 오히려 비판적 사고는 위계질서를 제거하고자 한다. 선험적 주체가 아르키메데스 점이라는 가상은 주관성의 분석을 통해 그 자체로 완전히 파괴되지 않을 것이다. 왜냐하면 이러한 가상은 개별 의식과 모든 그것의 경험에 앞서 사회가 선행한다는 진리를 포함한다.[40]

선험적 주체는 가상이지만, 경험적이고 개별적인 자아에 앞서 자아의 인식 경험을 가능하게 하는 인식 형식인 개념이 사회적이며, 이러한 형식과 형식의 내용은 사회적 총체성에 의해 매개된다는 것을 말한다. 그러나 개별자는 사회를 통해서 개별화되기 때문에 개별 의식과 그것의 경험에 앞서 사회가 선행한다 하더라도, 선험적 주체를 실체화하고 이를 통해 위계구조를 세워서는 안 된다. 왜냐하면 선험적 주체와 선험적 원리 자체는 가상이며 선험적 주체가 실체화된다면 개별적인 경험적 자아는 제한되고 억압될 것이기 때문이다. 개별자에 선행하는 선험적 주체가 실체화되어서는 안 되는 만큼, 개인에 선행하는 사회와 사회의 원리가 선험적으로 실체화되어서도 안 된다. 이러한 변증법적 관계는 인간이 그 자체로 보편적이고 선험적 원형으로 실체될 수 없는 발생적이고 경험적 존재이며, 그럼에도 불구하고 추상화의 원리를 통해 형성된 형식적 범주를 통해 이 세계를 인식하고 사유하는 존재이기 때문에 어떤 면에서는 불가피하다. "선험적 주체가 사회 없이 상상될 수 없는 것과 마찬가지로, 사회는 사회가 선과 악으로 통합하는 개인들 없이는 상상될 수 없다."[41]

---

40 Th. W. Adorno, ND. 182쪽.
41 Th. W. Adorno, ND. 200쪽.

5.4 정신적이면서 육체적인 주체

인간에 대한 가장 오래된 정의는 '인간은 생각하는 동물이다'라는 것이다. 그러나 합리화가 전개되고 확장되면서 점차 동물보다 생각을 강조해왔다. 다른 말로 동물적인 부분을 배제해 온 것이다. 특히 플라톤이 '육체를 영혼의 감옥'이라고 선언한 이래로 동물적이면서 인간이 가진 가장 자연적인 요소인 육체는 나쁜 것이고 더러운 것이며, 육체적인 것과 연루된 내적 자연, 즉 충동이나 욕망은 억제되고 통제되어야 하는 것으로 규정되어 왔다. 플라톤 이래로 윤리학의 핵심적인 덕목이 타율적인 육체적 충동을 억제하고 통제함으로써 순수 정신적인 것, 즉 이성을 정화시키는 것이라는 것은 우연이 아니다. 육체적 계기의 억압은 지배원리로 거슬러 올라가며 지배원리는 정신노동과 육체노동의 분리와 연관된다. 노동의 분리는 정신노동을 하는 지배자가 자연과 닮은, 육체노동을 하는 피지배자를 관리하고 지배해야 한다는 것이다. 이러한 지배의 기원은 앞에서 살펴본 것처럼 자연지배와 결합되어 있다. 이러한 생각은 사회지배를 자연지배에 기초해 설명하는 것이 아니라 자연지배와 사회지배 사이의 고정된 분리를, 비록 방법론적이거나 절차적인 것이라 하더라도, 거부한다는 것을 의미한다.[42]

지배를 정당화하기 위해 자연의 타율적 계기에 속하는 육체적 계기는 열등하고 저속한 것으로 간주되며, 반면에 지배하는 정신을 우월한 것으로

---

[42] 호르크하이머와 아도르노가 역사철학의 실질적인 관심인, 자연에 대한 도구적 통제 모델에 너무나 강력하게 고착한 나머지, 이러한 모델에 따라 사회내적 지배가 기능하는 방식을 파악하기를 원하는 것이라고 주장하면서 자연지배와 사회지배가 분리되어야 한다는 호네트의 생각을 저비스는 다음과 같이 반박한다. 세계에 대한 기술로서든 분석의 목적을 위해서든, 사회 행위일반의 영역과 전사회적인 또는 비사회적인 자연적 세계 사이의 분리를 주장하는 것은 문화론을 강화하는 것이다. 인간들이 순수 문화가 아니기 때문에 다른 인간들을 지배한다는 것은 자연지배에 모델을 둔 사회지배가 아니라 이미 사회적 지배일 뿐만 아니라 자연에 대한 지배라는 것이다. Simon Jarvis, *Adorno: A Critical Introduction*, (Polity Press, 1998), 35쪽.

고양하기 위해 육체적 계기는 억압하고 배제된다. 이러한 정신의 우월성은 정신노동을 하는 지배자의 우월성이며 다른 인간에 대한 지배자의 지배를 정당화하는 것이다. 그러나 외적 자연을 지배하기 위해 내적 자연을 지배해야 하는 가장 고유한 정신적 요소인 이성은 윤리적으로는 욕망과 욕구를 통제하고 지배하면서도 인식론적으로는 감각을 해소해야 한다. 왜냐하면 감각과 이러한 감각과 관계하는 욕망의 요소는 가장 육체적 계기와 가까운 것이기 때문이다. 육체적 계기인 욕망과 욕구에 대한 지배를 정당화하기 위해 감각을 해결하는 것이 인식론의 가장 곤혹스러운 문제였다. 이러한 감각을 의식의 사실로 번역함으로써 정신화한 것이 근대 경험론의 가장 큰 공적이다.

> 모든 인식론의 난점인 감각은, 그렇지만 인식의 권리 원천이어야 할 그것 자체의 완전한 특성과는 반대로, 인식론에 의해 의식의 사실로 잘못 해석된다. 어떤 감각도 육체적 계기 없이는 존재하지 않는다. 그런 한에서 감각 개념은, 소위 그 개념이 포함하는 것에 반하여, 모든 인식 단계의 자족적 연관이라는 요구를 위해 왜곡되어 있다.[43]

데이비드 흄은 관념론이 육체적 계기를 증류하려 하지만 가장 곤혹스러운 육체적 계기와 관련된 요소인 감각을 정신 내적인 주관적 상태로 번역함으로써 자족적인 정신철학에게 길을 연다. 이러한 감각을 아도르노는 "추상적 감각"이라 부른다.[44] 왜냐하면 육체적 계기를 완전히 추상화한 감각은 이제 외적인 객체와 전적으로 다른 주관적 상태이기 때문이다. 감각을 의식의 사실로 번역함으로써 관념론적 선험철학의 토대를 마련하였지만, 그러나 순수 의식의 사실은 철학적 사유가 정지하는 지점이다. "감각적 사실이 순수

---

43   Th. W. Adorno, ND. 193쪽.
44   Th. W. Adorno, ME. 161쪽.

한 사실, 즉 소여로 간주될 때 존재하고 존재해왔던 것의 변화하는 특징은 영원히 불변적인 것으로 신비화된다."[45] 그러나 인간 사유에서 불변적인 순수 사실은 불가능하다. 정신은 정밀한 디지털 카메라처럼 객관적으로 존재하는 것에 대한 사진을 찍을 수도 없고 정신 속에 그러한 사진들의 파일을 소유할 수도 없다. 오히려 이러한 순수 사실을 소유한다고 가정함으로써 관념론은 역동적 활동이어야 할 정신을 정적인 것으로 만든다. 순수 사실 앞에서 정지한 정신은 무비판적이고 수동적으로 되고, 그럼으로써 자율적이어야 할 정신은 타율적인 정신으로 퇴행한다. 이러한 의미에서 순수한 사실, 절대적으로 글자 그대로임을 가정하는 것은 인간의 미성숙을 조장하는 주관주의의 책략이다. 이러한 가정을 진리의 조건으로 받아들이는 바로 그 순간 사유는 순수 글자 그대로인 것 앞에서 정지하고, 어떤 반성도, 비판도 가능하지 않을 것이며, 따라서 철학도 더 이상 가능하지 않을 것이다. 왜냐하면 순수한 글자 그대로인 것에 대해서는 어떤 의심도 고민도 회의도 일어나지 않기 때문이다.

아도르노의 사고와 그의 저작을 논쟁적·정치적 파편이 널려 있는 폐허로부터 해방시키고자 하는[46] 하버마스는 상호 주관성에 기초한 의사소통적 합리성을 통해 그의 사상의 핵심을 재정립하고자 한다. 그러나 그렇게 함으로써 아도르노 사상의 핵심적 요소는 비변증법적 물결에 휘말려 떠내려가고, 비판이론의 뇌관은 해체되어 버린다. 왜냐하면 모든 것을 전달 가능한 것으로 간주해야[47] 하는 하버마스의 의사소통이론은 의식철학만큼이

---

45 Simon Jarvis, *Adorno: A Critical Introduction,* (Polity Press, 1998), 88쪽.
46 J. Habermas(이진우 옮김), 『현대성의 철학적 담론』, 문예출판사, 1994, 15쪽.
47 만일 모든 것을 언어로 전달 가능한 것이라는 생각에 기초하지 않는다면 의사소통적 합리성은 재검토되어야 할 것이다. 왜냐하면 언어로 규정 가능하지 않은 것을 고려하지 않는 의사소통적 합리성은 불완전한 합리성이 되거나, 언어로 규정 가능하지 않은 것을 배제하는 의사소통적 합리성은 의식철학만큼이나 배타적인 것으로 될 것이기 때문이다. 따라서 하버마스는 욕망이나 충동과 같은 것을 언어적인 것으로 전환하려 시도한다. 이러한 의미에서 의식철학만큼 하버마스의 소통이론은 환원주의에 기초한다.

나 환원주의적이기 때문이다. 즉 의사소통이론은 의식철학이 의식의 사실로 전환하려는 내적 자연인 욕망이나 충동을 언어로 규정할 수 있는 것으로 전환해야 한다. "이성의 바람직함은 욕망의 합리성을 수반한다."[48] 만일 욕망이 합리화되지 않는다면 의사소통은 행복이나 자아실현과 아무런 상관없는 무미건조한 대화가 될 것이며,[49] 욕망을 완전히 지배할 수 없는 의사소통적 합리성은 불충분한 것으로 머물 것이다. 반면에 욕망이 합리적인 것으로 될 경우에만 이성은 욕망과 충동 그리고 이러한 내적 자연과 닮은 외적 자연을 합리적으로 관리하고 통제할 수 있을 것이며, 이러한 이성의 통제와 지배는 정당화될 수 있을 것이다. 따라서 하버마스는 주관적 세계에 속할 뿐만 아니라 객관적 세계와 관계하는 인식, 신념, 의도들과는 달리, 욕망과 감정을 실재, 즉 객관적 세계의 요소들로 동화될 수 없는 주관적인 어떤 것이라고 주장한다.[50] 그렇기 때문에 "욕망과 감정은 주관적으로만 표현될 수 있을 뿐이며 다른 식으로 표현될 수 없고, 객관적이든 사회적이든 간에 객관적 세계와 관계할 수 없다."[51] 욕망과 감정을 자연적·사회적 객체와의 관계를 결여한 주관적 표현으로 환원함으로써, 그는 "내적 자연을 주관화하고 언어화하며, 이를 통해 내적 자연인 욕망과 충동은 이성에 복종한다고 주장한다."[52] 욕망과 감정을 언어화함으로써 욕망과 같은 육체적 계기를 봉인한 하버마스는 이제 언어를 통해 전달 불가능한 어떤 것도 없으며, 따라서 모든 것은 의사소통 속에서 합리적으로 평가되고 측정될 수 있다고 생각한

---

48 Seyla Benhabbib, *Critique, Norm, and Utopia: A Study of the Foundations of Critical Theory*, (Columbia, 1986), 324쪽.
49 같은 책, 324쪽.
50 Jürgen Habermas(tr. by Thomas McCarthy), *The Theory of Communicative Action vol 1*, (Beacon Press, 1984), 91쪽.
51 같은 책, 92쪽.
52 Deborah Cook, *Adorno, Habermas, and the Search for a Rational Society* (Routledge, 2004), 85쪽.

다.[53] 이러한 의미에서 실증주의만큼이나 순수 언어적 사실을 가정하는 하버마스는 비판이론의 뇌관인 비판을 제거함으로써 현실을 긍정하는 이데올로기를 만든다. 왜냐하면 의사소통적 합리성을 위해 소통하는 언어가 언어로 표현되는 순수 언어적 사실에 기초할 때, 아무리 상호 주관성을 외치더라도 그러한 논리는 주관성에서 주관화되지 않는 것을 배제하거나 주관화함으로써, 결국에는 주관주의로 머무르기 때문이다. 언어적 순수 사실에 기초한 상호 주관성은 그가 비판하고자 했던 주체와 객체의 이분법에 기초한 의식철학만큼이나 비판적 사유와 실천을 정지시켜버린다. 이러한 의미에서 하버마스의 상호 주관성은 자연지배를 정당화하는 위장된 주관주의이다. 왜냐하면 "그 자체 자연에 대한 지배를 전제하는 이론만이 상호 주관성을 어쨌든 자연적인 것으로부터 분리된 영역으로 간주할 수 있기"[54] 때문이다. "그러나 실천은 의식으로 소진되지 않은 것, 육체적인 것, 이성과 매개되어 있지만 이성과 질적으로 다른 것인 타자를 필요로 한다. 그 두 계기들은 결코 분리되어 경험되지 않는다."[55] 이성은 타자와 비동일성의 긴장이 없다면 더 이상 작동되지 않을 것이며, 극단적으로는 어떤 사유도 없을 뿐만 아니라 실천은 맹목적인 행위로 변질될 것이다.

결국 하버마스가 인간은 자연과 단절되었다고 생각할 뿐만 아니라 이러한 단절을 해방적이고 그 자체 긍정적인 것으로 보는 반면에,[56] 아도르노는 인간이 자연과 완전히 단절할 수 있다는 것을 거부한다. 그는 언어에 의

---

53 "하버마스는 미메시스나 미메시스적 사유마저도 비합리적인 신비화로 불공정하게 그리고 시기상조적으로 해소해버린다." Fred Dallmayr, *Between Freiburg and Frankfurt: Toward a Critical Ontology*, (The University of Massachusetts Press, 1991), 152쪽.
54 Simon Jarvis, *Adorno: A Critical Introduction*, (Polity Press, 1998), 35쪽.
55 Th. W. Adorno, ND. 228쪽.
56 "오직 호모사피엔스의 문턱에서 이와 같이 혼합된 진화의 유기적-문화적 형식은 배타적으로 사회적 진화로 넘어갔다. 진화의 자연적 메커니즘이 중단되었다." Jürgen Habermas(tr. by Thomas McCarthy), *Communication and Evolution of Society*, (Beacon Press, 1979), 133쪽.

해 그렇게 하려는 시도를 억압적이고 스스로를 손상시키는 것이라고 비난한다.57 이론을 심미화시켰다고 비판하는 하버마스와는 달리 아도르노는 충동과 욕망이 한갓 정신적인 것이 아니라 육체적이며, 육체적 계기를 환원하여 감각적 인상이라는 의식의 사실이나 언어적 사실로 전환할 수 없다고 생각한다.

> 사물 세계의 주체 내재적 재구성은 그것의 위계구조의 토대를 가진다. 이러한 토대가 바로 감각이다. 자족적 인식론이 감각 위에 위계구조를 세우고 싶어 하지만, 감각도 육체 없이는 없을 것이다. 인식에서 순수 지각적이지 않은 것으로서 육체적 계기는 환원불가능하다.58

육체적 계기를 추상적 감각으로 환원하고 이를 통해 언어적 사실로 환원하는 것은 결국 정신을 추상하고 선험적 주체와 같은 보편자로 만들지만 자신 바깥의 어떤 것과도 관계할 수 없고 어떤 행위도 할 수 없는 주체로 전락시키며, 현실의 지배적 논리를 수동적으로 따르는 현실적으로 무기력한 수동적 인간을 정당화한다. 정신 내적이면서 그럼에도 순수 정신적인 것이 아닌 육체적 계기는 의식의 사실로 전적으로 환원될 수 없고, 이러한 육체적 계기를 통해 정신은 정신 외적인 것과의 유사성을 단절할 수 없으며, 그 때문에 순수 정신적인 것으로 환원될 수 없는 것에 대한 경험을 통해 자신의 인식수단의 불충분성을 비판적으로 의식한다. 그러므로 자신의 불충분성을 비판적으로 의식하는 정신은 그 자체로 무기력하게 되거나 공허하게 될 수 없다. "정신 내적이면서 동시에 육체적인 충동은 그것이 속한 의식영역을 넘어선다."59 그렇기 때문에 내적으로 단절할 수 없는 자연적 계기를 가지는

---

57 Deborah Cook, *Adorno, Habermas, and the Search for a Rational Society*, (Routledge, 2004), 80쪽.
58 Th. W. Adorno, ND. 194쪽.
59 Th. W. Adorno, ND. 228쪽.

정신은, 오히려 그러한 자연적 계기를 가지는 한에서, 외적인 것과 관계하고 어떤 행위를 할 수 있으며, 이러한 계기의 억압과 배제를 비판적으로 의식할 수 있다. 따라서 "이성은 그 자체의 자연적 본질을 이해해야만 한다."[60] 이성이 자신의 자연적 본질을 망각하고 자연적인 것과의 단절을 통해 자기 충족적인 것으로 고양되자마자, 그러한 이성은 어떠한 외적인 것과도 관계할 수 없는 절대적 이성이 된다. 절대적 이성은 '절대'라는 말의 글자 그대로의 의미에서, 즉 상대를 끊어버린다는 의미에서 어떤 것과도 관계할 수 없고 어떤 것도 할 수 없는 무기력하고 고독한 이성이다. 그러므로 이성을 이성적이게 하기 위해서는 구성적으로 이성의 타자가 필요하다.

이러한 것을 비판적으로 의식하는 철학은 현실을 긍정하고 이를 수동적으로 받아들이고 정당화하는 위로의 언어가 아니라 고통의 언어이다. 왜냐하면 인간 고통의 원천은 육체적 계기의 연기, 재단, 억압이기 때문이다. 위로와 위안의 철학은 정신 내적이면서 순수 정신적인 것으로 전환될 수 없는 육체적 계기의 재단과 억압을 통해, 정신 외적인 타자의 비동일적 계기를 재단하고 억압함으로써, 정신을 자족적인 것으로 고양시키지만, 정신이 자기 충족적인 것으로 고양되고 위로받을수록 자신의 정신 속에 고립된 인간은 거대한 사회의 부품처럼 원자화된다. 고립되고 원자화된 인간은, 아무리 모든 것을 소유하는 것으로 위장된다 하더라도, 추상화된 거짓 모조품의 세계를 탐닉하는 무기력한 선험적 주체다.

> 인식 속에는 인식을 운동하게 하고 그러한 운동의 진행 속에서 진정되지 않은 채 재생산되는 인식의 불안으로서 육체적 계기는 살아남는다. 불행한 의식은 정신의 현혹된 허영이 아니라 정신에 내재하며, 정신이 육체와의 분리 속에서 받아들이는 유일하게 진정한 품위이다. 그러한 품위는 정신에게 부정적

---

60 Th. W. Adorno, *"Vernunft und Offenbarung"*, *Kulturkritik und Gesellschaft*, Gesammelte Schriften Bd. 10·2(Ffm: Suhrkamp, 1977), 611쪽.

으로 그것의 육체적 측면을 상기시킨다. 정신이 그러한 측면을 상기할 수 있다는 사실만이 정신에게 어떤 식으로든 희망을 줄 것이다. 경험세계에서 의미 없는 고통의 작은 흔적도 경험에는 그러한 것이 없다고 설득하는 전체 동일성 철학의 거짓을 책망한다.[61]

이런 의미에서 철학은 고통이 말해지도록 하려는 욕구이며, 고통이 말해지도록 하려는 욕구가 모든 진리의 조건이다.[62] 타자를 배제하려는 배타적 동일성 원리가 작동되는 한 고통은 존재하며, 고통이 존재하는 한 철학은 고통과 불행을 은폐하거나 위장함으로써 현실을 긍정하는 위로의 말이어서는 안 된다. 다른 말로 철학은 불행한 현실에서 행복을 운운하거나 행복의 조건을 이야기하는 위안거리가 되어서는 안 되며, 오히려 왜 인간이 불행하고 고통스러운가를 말해야 하며 그러한 불행과 고통을 야기하는 조건을 비판하고 부정해야 한다. 따라서 고통의 언어인 철학은 본질적으로 비판적이고 부정적이다.

개인의 미성숙을 조장하는 관리된 세계는 개별적 주체가 무한히 모든 것을 가지는 것처럼 주권적 주체로 위장하고 위로하지만, 결국 육체적 계기가 봉인되고 그래서 정신 외적인 것과 관계할 수 없는 주체는 타자와의 진정한 관계와 경험을 상실한 불행한 주체다. 이러한 의미에서 아도르노의 철학적 유물론이 육체의 부활을 주장하는 것은 단순히 정신적인 것을 육체적 요소로 환원하려는 것이 아니다. 즉 정신적 계기를 육체적 요소로 환원하고 물리적 관계로 설명하려는 것이 아니다. 이러한 방식의 유물론은 관념론만큼이나 관념론적이며, 정신의 비판적인 자율성을 제거함으로써 관념론만큼이나 인간을 무력하게 만들 것이다. 오히려 아도르노의 유물론은 정신과 육체가 어느 것으로도 환원되는 것 없이 상호 관계한다는 의미에서 육체적 계

---

61   Th. W. Adorno, ND. 203쪽.
62   Th. W. Adorno, ND. 29쪽.

기의 부활을 주장하는 '철학적' 유물론이다.

그렇다면 아도르노의 철학적 유물론은 내적으로 육체적 계기를 가지는 정신을 어떻게 설명하는가? 정신은 육체의 단순한 타자가 아니다. 만일 정신이 육체의 철저한 타자라면 그러한 정신은 순수한 것일 수 있지만, 그럼에도 존재하는 것과 어떤 관계도 가질 수 없는 고독한 정신이 될 것이다. "정신을 활동으로 규정하는 것은 정신으로부터 그것의 타자로 철학의 이행을 강제한다."[63] 아도르노는 정신을 활동으로 규정함으로써 정신을 활동하는 것과 관련시키며 이를 통해 육체적인 것과 관련시킨다.

> 그러나 활동을 통해 정신은 관념론을 오염시키는 것으로서 관념론을 화나게 하는 발생에 관여한다. 철학이 반복하고 있는 것처럼, 활동으로서 정신은 생성이며, 그 때문에 철학이 아직도 큰 가치를 두고 있는 것은 역사와 분리되지 않는다. 단순한 개념에 따라 정신의 활동은 시간 내적이고 역사적이다. 즉 생성이고 그러한 생성 속에 축적된 생성된 것이다. 시간의 보편적 표상이 시간적인 것을 필요로 하는 것처럼, 기체 없이, 활동하는 것 없이, 그리고 활동이 행해지는 것 없이는 어떤 활동도 없다.[64]

활동으로서 정신은 활동하는 것을 전제해야 하며 활동하는 것으로서 정신은 육체적인 것과 분리될 수 없다. 칸트의 말을 빌려 표현하면, 활동을 하는 존재자가 없다면 활동하는 자 없이 활동이 있다고 말해야 하는 모순에 빠지기 때문이다. "정신의 활동은 살아 있는 사람 이외의 어떤 것에도 주어질 수 없다."[65] 이러한 살아 있는 사람의 정신적 활동이 사유일 것이다. 따라서 사유 활동을 하는 자는 살아 있는 육체적 존재자와 분리될 수 없고, 육체적 계기와 분리될 수 없기 때문에 육체적 계기와 동일한 영역에 속하는 객체의

---

63 Th. W. Adorno, ND. 201쪽.
64 Th. W. Adorno, ND. 201쪽.
65 Th. W. Adorno, ND. 201쪽.

전적인 타자가 될 수 없으며, 오히려 자신의 타자와 유사성을 가진다. 정신이 정신의 타자와 유사성을 가지는 한에서 선험적 자아라는 개념은 모순이다. 정신을 순수한 것으로 고양함으로써 이러한 모순을 제거하려는 관념론은 정신과 육체의 유사성을 거부하고 이를 통해 주체와 객체의 상호성을 거부한다. 그러나 상호성의 거부를 통해 고양된 순수 정신, 순수 자아는 어떤 것과도 관계할 수 없기 때문에 어떤 작용도 행위도 할 수 없다. 비아가 자아가 아니라 "자아가 또한 비아인 한에서만 자아는 비아와 관계하고, 어떤 것을 행위하며, 그리고 행위 자체는 사유일 것이다. 사유는 항상 그 자체로 이미 타자이기 때문에 이차적 반성에서 자신의 타자에 대한 주권을 파괴한다."[66] 사유는 어떤 것에 대한 사유이며, 사유가 어떤 것과 동일한 영역에 속하는 한에서만 사유는 어떤 것을 사유할 수 있다.

 사유가 언어를 통해 이루어지고 언어에 의존한다는 점에서 사유는 행위, 특히 노동과 분리될 수 없다. 왜냐하면 자기보존을 위해 협력을 통한 노동이 인간에게 필수적이며 이러한 협력을 통한 노동과정에서 사유도 발생했기 때문이다. 사유를 통해 대상을 규정하고 이러한 규정하는 활동 속에서 규정하는 자에 대한 반성이 이루어지며, 이러한 반성을 통해 자기의식이 발생했다. 자기의식이 형성됨에 따라 자연연관과 분리된 정신은 그렇지만 자연연관과 철저하게 분리될 수 없으며, 정신이 그토록 자신으로부터 제거하고자 하지만 제거할 수 없는 것으로서 육체적 계기는 정신에 남아 있다. 이러한 육체적 계기의 완전한 제거는 결국 더 이상 정신 외적인 것과 관계할 수 없는 추상적 자아를 만들 것이다. "육체와 정신 양자는 그것들에 대한 경험의 추상물이며, 그것들의 근본적인 차이는 정립된 것이다. 그 차이는 역사적으로 획득된 정신의 자기의식과 정신이 자신의 고유한 동일성을 위해 부정한 것과의 결별을 반영한다."[67] 인간은 정신적 존재이면서 자연적인 것

---

66 Th. W. Adorno, ND. 201쪽.
67 Th. W. Adorno, ND. 202쪽.

으로서 육체적 존재다. 그렇기 때문에 인간은 자기 보존을 위해서도 자아실현을 위해서도 자연을 필요로 한다.

    지금까지의 논의는 주체 개념의 애매성이 불가피하다고 주장하는 것으로 끝나는 것 같다. 이러한 애매성의 불가피성은 주체를 신학적 의미에서 정신이라 부르든, 심리학적 의미에서 자아라고 부르든, 아니면 이러한 자아의 객관적 표현인 주체라 부르든, 결국 인간 주체가 의식 활동을 하는 육체적 존재인 한에서 자연과의 유사성을 떨쳐버릴 수 없기 때문이다. 이러한 의미에서 인간과 자연의 전적으로 분리될 수 없는 유사성의 핵심적 전제는 육체와 육체적 계기이다. 이 때문에 아도르노의 철학적 유물론은 계몽주의적 합리화 과정에서 억압되고, 재단되며, 배제된 육체적 계기의 부활을 주장한다. 이것은 배제된 육체적 계기의 불가피성을 일깨움으로써 정신과 육체가 서로 침투하고 의지하는 상호성 관계로 파악하는 것이다. 철학적 유물론은 이러한 정신과 육체, 더 확장해서 주체와 객체를 상호성 관계로 파악함으로써 인간과 인간, 인간과 자연의 진정한 화해를 꿈꾼다. 역으로 상호성의 거부는 주체와 객체 가운데 어느 하나를 무화시킴으로써만 가능하며, 이를 통해 성취된 긍정적 통일은 진정한 화해가 아니라 타자의 억압과 배제이다. 다음 장은 4장과 5장의 검토를 통해 증명된 주체와 객체의 상호성으로서 철학적 유물론이 부정 변증법의 전제이며, 아도르노의 부정 변증법을 헤겔의 긍정 변증법과 비교분석함으로써 이러한 상호성에 기초한 변증법이 긍정적 화해로 귀결될 수 없으며 끊임없는 부정의 운동일 수밖에 없는 이유를 제시하고, 이를 바탕으로 아도르노가 꿈꾸는 화해의 상태인 상-없는 유물론을 다룰 것이다.

6

객체의 우선성과 상-없는 유물론

지금까지 우리는 개념이라는 범주적 단위로 분류되고 환원되지 않는 비개념적인 비동일자에 대한 온전한 경험을 의도하는 아도르노의 비동일성 철학을 주체와 객체 어느 것도 실체화하지 않는 주체와 객체의 상호성 모델을 제시하는 것으로 논증했다. 분리된 주체와 객체가 유사성을 가지며 그런 한에서 서로 관계하고 작용하기 때문에 사유는 긍정적 인식에서 정지하는 것이 아니라 끊임없이 운동하는 변증법적 과정이다. 왜냐하면 주체와 객체가 상호성을 가진다는 것은 주체나 객체 어느 것도 실체화될 수 없다는 것을 의미하기 때문이다. 즉 주체나 객체 가운데 어느 하나를 토대 원리로서 실체화하는 것 없이는 어떤 완전한 긍정적 인식은 불가능하다. 역으로 어떤 완전한 긍정적 인식이 불가능하다는 것은 주체와 객체가 서로 관계하고 작용하는 상호성을 이루고 있다는 것을 의미한다. 이러한 서로 관계하고 작용한다는 의미의 상호성은 객체에 대한 주체의 규정하는 능동적 역할을 인정하는 동시에 주체의 규정으로 완전히 환원되지 않은 비동일적인 객체의 '경험 구성적 역할'을 인정한다는 것을 의미하며, 이와 같이 서로 동일하지 않은 것들의 상호성에 근거할 때만 변증법적 과정으로서 사유는 부정적 운동을 지속할 것이다. 그럼에도 이러한 주체와 객체의 상호성이 다시 환원주의로 퇴행되지 않기 위해서는 객체의 우선성이 전제되어야 한다. 왜냐하면 객체의 우선성은 작용인으로서 주체를 절대적인 것으로 고양시키려는 주관적 환원주의를 저지할 것이기 때문이다. 작용인으로서 주체에 우선성이 주어질 경우 작용대상인 객체는 주체의 능동적 규정으로 환원되고 주체와 객체의 상호 관계와 작용은 불가능하게 될 것이다. 반면에 작용대상으로서 객체의 우선성은 작용인으로서 주체와 같은 능동적 규정을 실행하지 않기 때문에 주체와 객체의 상호성이 다시 환원주의로 퇴행하지 않을 것이다.

그렇다면 유물론적 환원주의가 아닌 객체의 우선성은 무엇을 말하는가? 칸트가 인식경험의 가능성을 개념의 적용에서 성립한다고 주장했다면, 아도르노는 이러한 개념이 어떻게 가능한지를 묻는다. 개념이 순수하다는 칸트의 생각을 비판하는 아도르노는 오히려 경험을 가능하게 하는 개념이 경험에 의해 가능하다고 생각한다. 만일 그렇다면 개념이 인간 활동과 경험을 추상한 것인 한에서, 이러한 개념은 또한 경험에 의해 제약된다는 것이다. 결국 경험이 어떤 것에 대한 경험인 한 경험은 경험대상인 객체에 의해 제약되기 때문에, 인식하는 주체는 인식되는 객체에 의해 제약된다. 인식하는 주체에 의한 경험의 제약이 아니라 객체에 의한 경험의 제약이 아도르노가 말하는 '객체의 우선성'이다. 객체에 대한 인식을 경험이 매개하고 이러한 경험이 인식에 우선성을 가지기 때문에, 객체의 우선성이 주장될 수 있다. 그렇지만 아도르노의 부정 변증법을 경험의 주체·객체 상호성 모델에 근거하는 것으로 간주하는 본서의 주장은 '객체의 우선성'과 일견 양립 불가능한 것처럼 보인다. 그러므로 6장에서는 오히려 '객체의 우선성'이라는 관점에서만 주체와 객체 가운데 어느 한 쪽을 실체화하고 나머지를 환원하는 것 없이 상호작용하는 변증법적 관계가 왜곡되지 않을 것이라고 주장하며, 이를 근거로 아도르노의 철학적 유물론으로서 화해의 모델인 상-없는 유물론을 논증하려한다.

6.1 주체와 객체의 상호성으로서 부정 변증법

아도르노의 "부정 변증법"이라는 기이한 명칭[1]은 변증법이 긍정을 목표로 하지 않는다는 것(이점에서 부정 변증법은 명백히 헤겔의 긍정 변증법을 겨냥하고 있다)과, 변증법적 운동은 끊임없이 부정하는 것이라는 의미를 가진다.

---

1 왜냐하면 변증법 자체가 부정적 운동을 의미하기 때문이다. 그럼에도 불구하고 아도르노가 변증법 앞에 '부정'이라는 수식어를 붙이는 것은 변증법이 긍정으로 회귀하지 않는다는 의미에서 '부정'을 강조하는 것이기도 하지만 헤겔과의 차이를 드러내기 위해서이다. 즉 변증법은 '부정'을 통해 '긍정'을 산출하는 것을 목적으로 하지 않는다.

부정 변증법이라는 정식은 전통에 어긋난다. 플라톤의 경우에도 변증법은 이미 부정이라는 사유수단을 통해 긍정적인 것이 산출되도록 의도한다. 부정의 부정이라는 표현은 그러한 사정을 함축적으로 말해주었다. 이 책은 규정을 조금도 소홀히 하는 것 없이 그러한 종류의 긍정적 본질로부터 변증법을 해방시키고자 한다.[2]

변증법적 인식의 목적이 긍정이라는 행복한 결말로 끝날 수 없으며, 행복한 긍정을 가정하는 것은 모순을 은폐하고 모순을 재생산한다는 점에서, 변증법으로서 인식은 긍정의 논리인 동일성 사고를 비판하고 부정하는 과정적 성격을 가진다. 인식활동에서 긍정이라는 동일성을 낳을 수 없는 이유는 다음과 같다. 첫째, 우리 인간은 인식수행에 있어 개념이라는 장치를 사용할 수밖에 없으며, 그렇기 때문에 개념 장치에 의존하고 그럼으로써 개념에 제한된다는 것이다. 이러한 의존성을 아도르노는 인간 인식의 불충분성이라고 언급한다. 둘째, 이와 연관된 것으로서 개념 자체의 불충분성이다. 다른 말로 인식수단으로 사용되는 개념이 그것의 객체를 완전히 드러낼 수 없다는 의미에서 불충분하다는 것이다. 발생범주인 추상적 개념은 그것에 의해 규정되는 것을 온전히 포함할 수 없다. 따라서 인간 인식은 인식과 인식된 것의 차이를 낳을 수밖에 없으며 이러한 차이 때문에 인식은 긍정으로 귀결되지 않는 변증법적 과정이다. 이러한 의미에서 변증법으로서 인식은 인식과 인식대상의 행복한 일치라는 긍정으로 끝날 수 없으며, '부정적' 운동을 한다. 결국 인간 사유가 변증법적인 것은 인간 인식이 개념이라는 불충분한 수단에 의존하며, 그러한 불충분한 개념 의존성이 사태에 대한 궁극적인 긍정적 인식을 불가능하게 하기 때문이다. 이러한 개념을 통한 동일성 규정의 불충분성에 대한 경험이 인식을 운동하게 한다. 따라서 불충분한 개념을 통한 동일성 규정은 사태에 대한 경험을 통해 교정되어야 한다. 이러한 의미

---

2 Th. W. Adorno, ND. 9쪽.

에서 어떤 것을 안다는 것은 단순히 어떤 것에 형식을 부여하는데서 끝나는 것이 아니라 경험을 통해 형식을 교정하거나 형식을 새롭게 형성하는 변증법적 과정이다. 왜냐하면 "주관성의 형식들은 칸트의 학설처럼 인식에 궁극적인 것이 아니며, 인식은 경험의 진행 속에서 그러한 형식들을 파괴할 수 있기 때문이다."3

그러나 헤겔의 긍정 변증법은 긍정적 동일성을 산출하기 위해 처음부터 개념이라는 형식의 충분성과 자족성을 전제한다. 왜냐하면 아도르노의 생각처럼 범주로서의 개념이 불충분하고 개념의 지시대상에 의존적이라면, 어떤 인식도 긍정으로 끝날 수 없으며 부정적 운동을 할 수밖에 없기 때문이다. 따라서 헤겔에게 필요한 것은 처음부터 순수 주관적인 것에 그치는 것이 아니라 개념 외적인 것을 완전히 규정할 수 있는 자기 충족적인 개념이다. 자기 충족적인 개념이라는 도구를 통해서만 어떤 것에 대한 인식은 완결되고 완성된 긍정적 인식이 될 것이다. "아도르노는 자신의 개념 속에 모든 것을 표현하거나 포함한다고 주장하는 이러한 절대적 인식체계를 비판한다."4 왜냐하면 이러한 인식은 더 이상 변화를 허용하지 않는 궁극적인 것이 될 것이기 때문이다. 그러나 의식의 변증법적 운동을 통해 긍정적 인식을 산출하려는 헤겔은 개념을 충분하고 자족적인 것으로 가정하기 위해 개념이 적용되어야 할 대상을 미리부터 재단한다. 즉 물자체의 현상에 적용되는 개념이 물자체에 대한 완전한 인식이기 위해서는 현상과 물자체를 분리되지 않은 것으로 가정해야 한다. 왜냐하면 칸트처럼 물자체를 현상과 분리된 것으로 가정한다면 개념적 규정은 단순히 현상에 대한 인식에 지나지 않는 불충분한 것이 되기 때문이다. "헤겔은 '사물'(Ding)보다는 '사실'(Sache)

---

3   Th. W. Adorno, ND. 188쪽.
4   Gillian Rose, *How is Critical Theory Possible?: Theoder W. Adorno and Concept Formation in Social*, The Frankfurt School: Critical Assessments III, ed. by Jay Bernstein, (Routledge, 1994), 161쪽.

이라는 용어가 존재 지칭에 더 적합하다고 생각한다. 이것은 사물의 인식적 의미뿐만 아니라 존재론적 의미에서도 현상의 배후를 현상과 같은 것으로 생각하는 관점의 전환을 의미한다."5 흄이 현상을 의식의 사실이라 간주하고 인간 인식이 이러한 사실 바깥에 도달할 방법이 없다고 생각했다면, 헤겔은 의식으로 번역된 사실 자체가 의식 바깥의 사물과 동일하다고 주장한다. 이는 사물을 현상하는 사실과 같은 것으로 간주함으로써 의식에 현상하는 의식의 사실로 전환한 것이다. 칸트는 물자체와 현상을 분리된 것으로 가정했기 때문에 현상에 대한 형식의 부여가 물자체의 인식이라고 생각하지 않은 반면에, 물자체를 의식의 사실로 전환한 헤겔은 현상과 물자체는 분리될 수 없기 때문에 현상에 대한 인식이 물자체에 대한 인식이라고 주장한다. 따라서 헤겔에게 있어 현상을 규정하는 개념은 현상하는 것인 물자체를 인식할 수 없는 불충분한 것이 아니라 물자체를 인식할 수 있는 충분한 것이 된다.

개념이 그 자체로 충분한 것이기 위해서는 개념은 존재하는 것 자체와 전적으로 동일한 것이어야 한다. 왜냐하면 개념이 부분적으로만 존재하는 것 자체와 관계한다면 개념은 더 이상 존재하는 것 자체를 충분히 규정할 수 없기 때문이다. "존재하는 것은 존재하는 그대로 개념으로 나타난다는 본성을 지니는 까닭에 논리적 필연성이 존재를 꿰뚫고 있다고 할 수 있다."6 이는 물자체를 사실로 번역하고 이러한 사실이 의식으로 된 사실이기 때문에 개념을 통해 규정된 사실들은 존재하는 그대로의 사실이라는 것을 의미한다. 따라서 물자체를 인식하기 위해 물자체와 동일한 의식의 사실에 적용되는 개념을 분석하고 이해하는 것으로도 충분하다는 의미에서 개념은 자족적인 것이다.

---

5   윤병태, 『칸트 그리고 헤겔』, 용의 숲, 2007, 144쪽.
6   G. W. H. Hegel(임석진 옮김), 『정신현상학』, 한길사, 2005, 95쪽.

그러나 대상이 사유 속에 존재하는 한 대상은 즉자 · 대자적으로 존재한다. 대상이 직관과 표상에 존재하는 한 대상은 현상이다. 대상은 처음에 직접성을 띠고 우리 앞에 나타난다. 이러한 직접성을 사유는 지양하고, 그로부터 정립된 존재로 만든다. 그러나 이러한 대상의 정립된 존재는 대상의 즉자 · 대자 존재이거나 혹은 객관성이다. 따라서 대상은 개념 속에 이러한 객관성을 지니며, 이 개념은 대상이 수용되도록 하는 자기의식의 통일이다. 그러므로 대상의 객관성 혹은 개념 자체는 자기의식의 본성 이외의 다른 어떤 것이 아니며, 자아 자체 이외의 어떤 다른 계기나 규정들을 가지지 않는다.[7]

헤겔은 존재하는 것 자체를 의식의 사실로 전환하고, 이러한 의식의 사실이 개념을 통해 규정됨으로써 인식되기 때문에 의식의 사실을 개념적 사실로 전환한다. 따라서 존재하는 것은 이미 개념적 사실이며 개념과 동일한 것이 된다. 그러므로 정신의 타자로서 존재하는 객체는 본성상 개념적이고, 논리적이며, 정신적인 것이 된다. 이와 같이 존재하는 것을 논리적인 것으로 바꾸었기 때문에 사유수단인 개념은 존재하는 것을 존재하는 그대로 파악하는 자기 충족인 것이 된다. 개념이 자기 충족적인 것으로 되었기 때문에 개념은 더 이상 정신 바깥에 존재하는 것과 관계할 필요가 없다. 정신은 자기 충족적인 의식의 사실로서의 개념 앞에서 운동을 중지한다. 역동적인 정신의 변증법은 사태 자체에 대한 완전한 긍정적 인식을 성취했지만 그 순간 정지된 변증법이 된다. 왜냐하면 긍정적 인식이라는 의미 자체에는 어떤 변화도 허용하지 않는다는 것이 포함되어 있으며, 그런 한에서 궁극적인 긍정적 인식에 대해서는 어떤 고민도, 의심도, 회의도 일어나지 않기 때문이다.

변증법의 부정적 운동을 정지시키지 않으려는 아도르노는 칸트처럼[8] 개념이 자기 충족적이라는 것을 의심한다. 만일 개념이 자기 충족적인 것이

---

7 G. W. H. Hegel, WW 5, a.a. O., S. 16쪽. Th. W. Adorno, ND. 176쪽 재인용.
8 칸트에게서는 적어도 현상에 관한 개념은 충분하고 긍정적이지만, 현상과 동일하지 않은 현상하는 것인 물자체에 대해서는 불충분한 것이다.

라면 개념을 통한 인식은 완전하고 절대적인[9] 인식이어야 한다. 그러나 헤겔은 의식의 사실로 전환될 수 없는 것을 의식의 사실로 전환함으로써 객체를 개념화하지만, 헤겔의 생각처럼 개념의 객체는 의식의 사실로 환원될 수 있는 것이 아니며, 개념도 개념의 대상을 완전히 소진하여 개념으로 규정할 수 있는 충분하고 자족적인 것이 아니다.

> 사실상 어떤 철학도 심지어 극단적 경험론조차도 순수 사실을 머리채를 붙잡듯이 끌고 갈 수 없으며 해부학의 사례들이나 물리학에서의 실험들처럼 나타낼 수도 없다. 어떤 철학도 많은 회화들이 매혹적으로 속여 믿게 하듯이 개별 사물들을 텍스트에 붙여 넣을 수 없다.[10]

칸트의 경우와 마찬가지로 물자체는 현상으로 완전히 환원될 수 없으며, 그런 한에서 물자체를 재단하는 것 없이 의식의 사실로 완전히 번역될 수 없다. 그러나 현상과 일치하도록 재단되고 추상화된 물자체는 더 이상 물자체가 아니다. 그러므로 현상이라는 의식의 사실을 개념을 통해 완전히 규정할 수 있다 하더라도, 그러한 규정은 물자체와 동일한 것이 아니다. 헤겔은 어떤 것이 무엇임을 안다는 인식판단을 할 때, 무엇으로 규정하는 개념을 통해 어떤 것을 인식한다는 사실로부터 규정하는 개념 자체가 어떤 것과 전적으로 동일하다고 가정한다. 이러한 가정이 타당하려면 헤겔의 개념은 플라톤의 이데아만큼이나 사물의 신성한 본성이고 존재여야 한다. 에이도스(Eidos)나 이데아(Idea)를 '유' 개념으로 격하시켰던 헤겔 자신이 도리어 개념을 이데아의 지위로 격상시킨 것이다.[11] 즉 개념이 모든 것을 미리 다 가지

---

9 절대(絶對)라는 말은 초월적인 것을 의미하는 것이 아니라 자기 충족적인 개념이 인식을 성립하기 위해 개념의 지시물, 즉 개념의 상대자를 필요로 하지 않는다는 의미에서 글자 그대로 상대를 끊는다는 것을 의미한다. 따라서 어떤 경험의 상대도 끊어버린 절대적 경험은 그 자체로 모순형용이며 무경험이다. 왜냐하면 경험은 글자 그대로의 의미에서 어떤 것에 대한 경험을 의미하기 때문이다.

10 Th. W. Adorno, ND. 23쪽.

고 있고 영원한 것이라고 가정하는 개념의 신격화를 통해서만 이러한 긍정적 동일성은 가능하게 된다. 결국 뛰어난 변증법적 논리를 깨달은 헤겔은 개념을 물신화함으로써 플라톤의 이데아론에서 몇 걸음 나아가지 못하고 형식논리로 되돌아가버렸다.

정지한 변증법을 다시 운동하게 하기 위해서는 자족적인 총체성으로 변질된 개념을 자족적이지 않은 불충분한 것으로 증명함으로써 잘못된 긍정적 동일성의 불충분성을 증명해야 한다. "변증법적 사유는 모든 잘못된 동일화로부터 사유를 정화하려는 시도에 있는 것이 아니라 주어진 동일화의 불충분성을 인정하는데 있다. 따라서 그것은 새롭고 비동일적인 종류의 사유가 아니라 동일화의 불충분성을 증명하는 것이다."[12] 동일성 인식은 형식을 절대화함으로써 인식을 궁극적인 것으로 절대화하기 때문에, 이러한 동일성 인식의 불충분성은 형식으로 사용되는 개념의 불충분성을 증명함으로써 증명된다. 개념의 불충분성은 개념을 통해 개념의 객체를 전적으로 소진하여 표현할 수 없다는 사실에 있다. 경험을 통해 발생한 개념은 발생한 것이기 때문에 그 자체로 불충분하고 불완전하며, 따라서 불충분한 개념을 통한 인식은 인식대상을 완전히 규정할 수 없는 불완전한 인식이다. 개념이 객체의 비동일적인 부분을 소진하여 개념으로 환원할 수 없는 한에서 개념과 객체는 동일하지 않다. 이러한 비동일성은 개념적 장치로 환원되지 않는 비동일적인 것에 대한 경험을 통해 정당화된다. 왜냐하면 이러한 비동일성의 경험은 글자 그대로 객체가 객체를 규정하는 개념과 전적으로 동일화될 수 없는 한에서만 가능하기 때문이다. 그러한 정도로 동일성 원리에 의해 전적으로 규정될 수 없는, 개념과 다른 것은 그러한 동일성 규정에 저항한다. 이러한 의미에서 "변증법은 원리에서가 아니라 동일성에 대한 타자의 저항에서 그것의 경험내용을 가지며, 따라서 그것의 힘을 가진다."[13] 그러한

---

11 G. W. H. Hegel(임석진 옮김), 『정신현상학』, 한길사, 2005, 94쪽.
12 Simon Jarvis, *Adorno: A Critical Introduction,* (Polity Press, 1998), 167쪽.

비동일적인 타자에 대한 비동일성 경험이 형식을 통해 경험을 내면화하는, 형식논리로 변질된 변증법을 해방시킬 것이다.

변증법적 운동은 개념이 개념의 대상을 완전히 규정할 수 있는 자족적인 것이 아니라 개념과 비개념적인 것, 인식과 경험, 사유와 존재, 그래서 주체와 객체가 서로 얽혀있는 한에서 불가피하다. 결국 단적으로 개념이 불충분하고 유한한 것이기 때문에 의식은 끊임없이 불충분한 개념을 충족시키기 위해 운동하고, 끊임없이 비동일성의 경험, 즉 새롭고 그렇기 때문에 낯선 것의 경험에 자신을 열어놓아야 한다. 열린 경험의 가능성은 정신을 무한하고 자족적인 것으로 고양시킴으로써 정신을 폐쇄적으로 만드는 것이 아니라 오히려 정신의 유한성을 자각하는데 있다. 정신은 자신의 유한성을 자각하고 이를 통해 밖을 향해 자신을 열어놓음으로써 무한히 열려 있게 되고, 닫혀있지 않다는 의미에서 실제로는 무한하게 된다. 그러므로 주체와 객체를 철저하게 분리된 것으로나 전적으로 동일한 것으로 가정함으로써 인간 정신을 정지시키고 무력하게 하는 것이 아니라, 주체와 객체를 서로 얽혀있는 상호성으로 이해할 때만 정신은 끊임없이 의식운동을 하는 살아있는 정신이 될 것이다. 어떤 것도 철저한 타자로서 배제되는 것 없이 서로 의존하고 관계하는 것으로 인정되고 존중될 때에만, 정신은 수동적이거나 폐쇄적으로 되는 것이 없이 능동적이고 끊임없이 새롭게 될 것이다. 살아있는 정신은 자신을 새로운 것을 향해 무한히 열어놓음으로써 자신을 끊임없이 새롭게 하는 정신이다.

---

13 Th. W. Adorno, ND, 163쪽.

6.2 주체와 객체의 상호성과 경험의 우선성

타자를 배제하지 않고 자신을 끊임없이 새롭게 하는 살아 있는 정신으로 **정신의 자기 변혁**(Transformation)을 요구하는 철학적 유물론은 부정적이며 그런 한에서 변증법적이다. 이러한 자기 변혁은 "지배가 아직 완전한 것이 아니며, 또한 인간 주체가 완전히 무능력하지 않기 때문에 가능하다."[14] 오히려 자기 변혁을 요구하는 정신은 스스로 무력하게 될 수 없으며, 그런 한에서 교환적 합리성의 보편적 지배는 완전하게 될 수 있다. 주체의 자기 변혁을 요구하는 변증법은 형식과 내용, 인식과 경험, 주체와 객체를 서로 얽혀있고 서로 관계하는 것으로 파악하기 때문에 부정적이며, 그런 한에서 유물론적이다. 왜냐하면 서로 얽혀있는 상호성으로서 주체와 객체를 이해한다는 것은 어떤 한 쪽을 통해 다른 것을 환원하거나 무화시키는 긍정적 동일성을 부정한다는 의미에서 부정적이며, 주체와 객체가 전적으로 다른 것이 아니라 공통적인 어떤 것을 가지는 유사성을 전제한다는 의미에서 유물론적이기 때문이다. 이러한 의미에서 '부정적' 유물론의 핵심적 과제는 정신의 형식으로 환원되지 않은 경험을 구제하는 것이며, 형식보다 경험의 우선성을 인정함으로써 정신을 죽은 정신으로 실체화하는 주관주의를 비판하는 것이다.

얼핏 보기에 주체와 객체의 상호성의 경험을 주장하면서 경험의 우선성을 주장하는 것은 경험을 절대적인 것으로 실체화하며, 다시 상호성을 포기하고 일원론으로 회귀하는 것이라고 판단될 수 있을 것이다. 그러나 개념적 장치에 의존하지 않는 경험이 타자를 배제하고 타자와의 상호성을 끊어버린 절대적 경험이 아니라 타자와 진정 상호 관계하는 경험인 한에서, 이

---

14 Lambert Zuidervaart, *Adorno's Aesthetic Theory: The Redemption of Illusion*, (The MIT Press, 1991), 175쪽.

러한 경험은 초월적이거나 절대적인 경험과 무관하며, 모든 것의 절대적 근원으로 상정될 수 있는 것도 아니다. 개념적 장치에 의존하지 않는 경험을 구제한다는 것은 경험을 주관적 형식의 규정으로 환원하는 형식의 절대화와 이러한 형식을 부여하는 능력을 절대화하는 것으로부터 경험능력을 해방시키는 것이며, 오히려 인식을 가능하게 하는 형식이 경험에 영향 받고 경험 의존적이며, 따라서 경험의 객체에 제약된다는 것을 의미한다. 이러한 사유는 경험과 경험의 객체가 개념이라는 형식과 형식을 부여하는 능력에 우선한다는 의미에서 유물론적이다.

> 주관적 장비와는 달리 선행하는 객체를 규정되도록 하는 것은 그의 편에서 범주적 장치를 규정하는 것-주관주의적 도식에 따르면 그것은 범주적 장치에 의해 규정된다-에서, 즉 제약자의 제약에서 파악되어야 한다.[15]

인식의 가능성 조건인 형식은 자족적이거나 절대적인 것이 아니라 경험을 통해 형성된 것이며, 형식으로서의 개념이 경험을 통해 형성된 것인 한에서 객체에 대한 경험이 형식의 가능성 조건이다. 경험이 없으면 형식화는 불가능하지만 형식이 없다고 해서 경험이 없는 것은 아니다. 이러한 의미에서 형식으로서 개념은 경험에 의존하며 그런 한에서 경험이 형식에 우선한다. 그렇기 때문에 경험을 개념을 통해 분류하고 규정하는 인식보다 경험이 우선한다. 이러한 인식에 대한 경험의 우선성은 경험을 실체화하는 것이 아니라 인식과 경험이 비대칭적이라는 것을 의미한다. 경험이 없으면 인식은 불가능하지만, 어떤 것이 인식되지 않는다고 해서 어떤 것에 대한 경험이 없는 것은 아니다. 이러한 의미에서 개념의 충분성과 자족성을 가정하고 이를 통해 동일성 인식의 보편성과 우선성을 정당화하는 주관주의적 관념론은 전도되어야 한다. 즉 경험을 전적으로 합리적 인식방법으로 환원하고 이를

---

15 Th. W. Adorno, SO. 748쪽.

절대화하려는 동일성 원리는 경험의 우선성을 통해 교정되어야 한다.

그러나 여기서 명심해야 하는 것은 상품교환의 모델에 따라 경험의 객체가 상품처럼 질적인 것을 상실한 공허한 대상으로 전락함으로써 객체에 대한 경험이 추상화될 때, 물화된 경험은 오히려 인식 조건인 형식의 절대화를 정당화한다는 것이다. 즉 내용 없는 물화된 객체에 대한 물화된 경험은 내용 없는 물화된 형식을 통해 그러한 경험을 분류하는 동일성 판단을 정당화한다. 왜냐하면 규정되어야 할 대상들은 이미 교환가치로 규정되는 상품으로 추상화되고 그러한 정도로 경험은 추상적 경험으로 퇴행하기 때문이다. 규정하는 활동을 하는 자신을 주체라고 의식하는 주체는 객체에 대한 경험을 통해 구성되기 때문에, 경험이 물화된다면 경험하는 주체도 물화된다. 객체에 대한 규정이 한갓 주관적 작용이 아니라 현재 상태의 사회의 지배적 합리성에 영향 받기 때문에 교환적 합리성이 객체에 대한 규정을 지배한다. 그런 한에서 주체도 교환적 합리성에 따라 인식하고 사고하며 욕구하고 행위 한다. 따라서 물화되지 않은 경험의 구제는 경험대상을 교환 형식으로 환원하는 교환적 합리성에 대한 비판과 이러한 교환형식을 반영하고 정당화하는 인식론의 형식 우선성에 대한 비판을 통해 이루어진다.

이러한 의미에서 경험의 우선성은 교환적 합리성에 의해 전적으로 환원되지 않은, 물화되지 않은 경험이 교환 원리의 동일성 형식이든 인식판단의 동일성 형식이든 간에 경험을 추상화하는 형식보다 우선한다는 것을 의미한다. 이러한 경험의 우선성이 없다면 인식의 가능성 조건인 형식은 한갓 주관적인 것으로 간주되거나 교환가치만큼이나 절대적인 것으로 고양됨으로써 경험뿐만 아니라 경험하는 주체 자체도 공허하게 될 것이다. 따라서 형식보다 경험이 우선한다고 할 때 경험의 우선성은 단순히 형식의 우선성을 역전시키는 것이 아니며, 형식의 절대화를 교정함으로써 형식과 형식으로 환원되지 않은 경험의 상호작용을 중단시키지 않기 위한 주체·객체 상호성의 조건이다. 이러한 의미에서 형식을 가능하게 하는 조건으로서 경험은 경험의 객체를 상품처럼 추상하는 등가교환 원리에 대한 비판을 통해 열리는 질적인 객체에 대한 경험이며, 개념적 인식이나 표상으로 환원되지 않은 것에 대한 경험이다.

그러나 경험을 물화하고 왜곡하는 형식이 절대화되거나 실체화되어서는 안 되는 것과 마찬가지로 경험도 실체화되어서는 안 된다. 만약 환원되지 않은 경험을 절대적인 것으로 가정하고 이러한 경험에 호소하는 것은 직관주의처럼 절대적 경험에 매달리거나 극단적으로는 미메시스에 대한 찬양으로 머물게 됨으로써 주체를 무력하게 할 것이다. 왜냐하면 이것은 자연과 분리되기 이전의 마법이 지배하는 상태를 불러내려는 요청과 다르지 않기 때문이다. 이러한 의미에서 경험을 분류하고 규정하는 형식으로 환원하거나 경험을 절대적인 것으로 실체화하지 않는 경험을 위해 요구되는 것은 형식의 불충분성을 자각하면서 지적 직관과 같은 것에 호소하지 않는 인간 주체의 비판적 능력이다. "왜곡되지 않은 경험은 객체에 대한 개념적 규정과 이러한 형식적 표상 바깥에 존재하는 것으로서의 객체 사이를 구별할 수 있는 주체의 능력을 통해서만 드러난다."[16] 또한 개념적 장치에 의존하지 않는 경험이 실체화되거나 절대화될 수 없는 것은 경험을 하는 주체의 형식적 계기가 없다면, 경험 자체가 불가능한 것이 아니라 하더라도 그러한 경험은 흐르는 강물처럼 흘러가버리고 무의미하게 되기 때문이다.

역설적이게도 개념적 장치에 의존하지 않는 경험은 개념적 장치와 관련해서만 의미 있게 된다. 이러한 경험은 개념적 장치의 유한성과 불충분성에 대한 자각을 통해 열리는 경험이며, 의식은 이러한 경험을 또 다시 개념을 통해 분류하고 고정시키기 때문에 경험의 우선성에 대한 비판적 의식을 통해 형식의 우선성을 비판하고 교정하는 경험이다. "요약하면 회복된 경험, 손상되지 않은 경험, 진정한 경험은, 도대체 그러한 조건이 성취될 수 있

16　Colin Hearfield, *Adorno and the Modern Ethos of Freedom*, (Ashgate, 2004), 151쪽.

으려면, 언어로 물들기 전의 순수함의 복원이나 유토피아적 미래의 조화로운 화해가 아니라 오히려 주체와 객체 사이의 비지배적인 관계를 의미할 것이다."[17] 이와 같이 경험의 형식적 규정과 이러한 형식으로 환원되지 않은 경험이 상호작용하는 한에서 인식은 변증법적이고, 변증법적 과정으로서의 경험은 주체와 객체의 상호작용이며, 상호작용으로서 이해된 경험은 절대적인 것으로 실체화될 수 없다. 왜냐하면 형식을 절대화하는 만큼이나 경험을 절대화한다면 상호작용은 중단될 것이기 때문이다. 따라서 경험을 주체와 객체의 상호작용으로 이해한다는 것은 주체와 객체 가운데 어떤 것도 절대적인 것으로 실체화해서는 안 된다는 의미에서 경험의 우선성에 기초해야 한다.

이러한 경험의 우선성은 경험의 육체적 계기를 의식의 감각적 사실로 전환하고 이를 통해 개념적 형식의 우선성을 정립하려는 의식철학에 대한 비판이다. 앞장에서 살펴 본 것처럼 객체로서의 물자체를 의식의 사실로 전환함으로써만 모든 사실들의 개념화가 가능하기 때문에, 물자체에 대한 최초의 경험인 감각기관 자체로서의 육체적 계기는 감각적 사실로 추상화되고 전환된다. 그러나 "고유한 육체는 육체적 느낌이나 욕망의 그러한 내면화를 저지한다."[18] 다른 말로 경험의 육체적 계기 없이는 어떠한 감각적 사실도 없기 때문에 감각적 사실로서 의식의 현상이 형식의 충분성과 자족성을 보증해주지 않는다. 주체와 객체의 상호성의 전제가 되는 주체와 객체의 유사성은 철저히 분리되진 않지만 감각적 직관이나 현상으로 번역되기 이전의 주체의 육체적 계기에서 성립한다. 인간이 육체적 존재인 한 인간과 자연의 유사성은 거부될 수 없으며, 육체와 정신이 근본적인 타자가 아니기 때문에 정신과 자연도 유사성을 가진다. 만일 인간이 육체적 계기를 가지지

---

17 Martin Jay, *Is Experience Still in Crisis?: Reflection on Frankfurt School Lament*, The Cambridge Companion to Adorno, Ed. by Tom Huhn, (Cambridge, 2004), 144쪽.
18 Robert Schurz, *Ethik nach Adorno*, (Stoemfeld/Roter Stern, 1985), 85쪽.

않는 순수 정신적 존재라면, 마치 육체를 떠난 영혼이 객관적으로 존재하는 것과 관계할 수 없듯이, 인간은 물질적인 것으로서 객체와 관계할 수 없다. 왜냐하면 전적으로 다른 것은 서로 관계할 수 없기 때문이다. 오직 인간이 정신활동을 하는 육체적 존재이고, 자연적인 것으로서 육체적 계기를 가지는 존재이기 때문에만 인간은 사유를 통해서든 노동을 통해서든 자연과 관계할 수 있다. 인간이 정신적이면서 정신 활동을 하는 육체적 존재인 한에서 주체와 객체의 상호성은 육체적 존재로서 인간의 고유한 본질이다. 의식 현상으로 번역되기 이전의 육체적 경험은 자연과 비개념적인 유사성의 경험이다. 인간 경험은 개념과 관계하기 이전에 이미 육체적으로 제한되어 있고 육체적 경험의 성격을 가진다. 이러한 육체적 경험을 정신은 감각적 사실이라는 의식의 사실로 환원함으로써 개념화하지만, "육체적 계기는 그것이 완전히 추방될 때까지 인식론적으로 전율한다."[19] 감각과 육체적 느낌은 전적으로 동일한 것이 아니다. "모든 감각은 그 자체로 육체적 느낌이다. 육체적 느낌이 감각을 '동반하지' 않는다. 이것은 육체적인 것으로부터 감각의 분리를 전제한다."[20] 그러나 감각과 전적으로 분리되지 않은 육체적 경험은 감각적 사실에 대해 선차성을 가진다.

이것은 경험을 육체적 경험, 감각적 사실, 개념적 인식으로 철저히 분리시키는 것이 아니다. 경험은 전적으로 동일하지 않지만 이들 세 계기들이 서로 얽혀있기 때문에 애매하다. 이러한 애매성은 어느 한 계기를 명확하게 규명하고 다른 것의 근거나 원리가 된다고 주장함으로써 해소되지 않는다. 이러한 애매성을 해소하기 위해 감각적 사실이나 개념이라는 형식 혹은 경험의 육체적 계기를 실체화하는 것은 경험을 왜곡시키는 결과를 낳을 것이다. 다른 계기와 마찬가지로 육체적 계기 또한 실체화될 수 있는 것이 아니며, 만일 육체적 계기를 실체화한다면 경험을 물리적 자극으로 환원하는 것

---

19   Th. W. Adorno, ND. 203쪽.
20   Th. W. Adorno, ND. 194쪽.

만큼이나 육체적 느낌으로서의 경험은 이해될 수 없는 공허하고 환상적인 것으로 되고 말 것이다. 따라서 육체적 계기를 배제하는 동일성 판단의 인식론을 비판한다고 해서 그러한 인식방식이 완전히 제거될 수는 없다. 그러한 정도로 진정한 인식은 형식으로서의 개념과 형식으로 환원되지 않은 육체적 경험의 상호작용이다.

이러한 정도로 자연적 계기로서 육체적 주체와 자연적 객체의 상호 공속성은 주체·객체 상호성의 조건이다. "주체와 객체는 서로를 통해 구성되고 그러한 구성에 의해 서로 분리된다"[21]는 의미의 주체와 객체의 상호성은 정신과 물질이 상호 침투하고 상호 조건 짓는다는 마르크스의 생각에서 크게 벗어나 있지 않다. 그럼에도 물질 대신 객체라는 개념을 주로 사용하고 주체와 객체의 이분법을 비판하면서도 주체와 객체를 분리된 것으로 다룬다는 점에서 아도르노의 비판이론이 인식론에 제한되며, 따라서 관념론적 의식철학을 벗어나지 못했다고 비판받기도 하지만, 아도르노가 인식비판에 많은 부분을 할애하는 이유 중 하나는 현대의 구성적 주관주의가 계몽주의의 완성으로 판단하기 때문이며, 그럼에도 불구하고 경험에서 주관적 몫은 인식비판을 통해서도 제거될 수 없는 것으로 생각하기 때문이다. 이러한 의미에서 아도르노에게 철학의 과제는 "주체의 힘을 가지고 구성적 주관성의 기만을 깨뜨리는"[22] 일이다. 의식의 사실로 환원되고 배제된 육체적 계기의 부활을 꿈꾸는 부정적 유물론은 환원되지 않은 경험과 이를 통한 경험의 우선성을 주장한다. 이러한 경험의 우선성은 주체·객체 상호성의 가능 조건이며, 마찬가지로 주체와 객체 어느 것으로도 환원되지 않는 주체와 객체의 상호성은 경험의 우선성이라는 관점 아래서만 왜곡되는 것 없이 유지될 수 있을 것이다. 왜냐하면 '무엇'으로서의 객체가 아니라 '어떻게'로서의 주체가 작용인이기 때문이다. 주체의 규정하는 활동에 우선성이 주어질 경우(주관주

---

21 Th. W. Adorno, ND. 176쪽.
22 Th. W. Adorno, ND. 10쪽.

의), 인식의 객체는 주관적 규정으로 환원되고 인식은 불변적인 것으로 고정됨으로써 인식 운동도 정지할 것이다.

이러한 경험의 우선성은 경험할 수 있는 가능성이 객체에 대한 경험에 제한되며, 따라서 경험은 객체에 의해 제약된다는 의미에서 '객체의 우선성'을 의미한다. 결국 주체와 객체의 상호성은 객체의 우선성이라는 관점에서만 어느 것으로 환원되는 것 없이 유지될 수 있으며, 그런 한에서 비판적 사유는 그것의 비판적 힘을 상실하지 않을 것이다. 주관성보다 객체와 객체에 대한 경험이 우선한다는 의미에서 비판적 사유는 본질적으로 유물론적이며, 이러한 유물론에 기초할 때만 부정 변증법은 긍정으로 회귀하는 것 없이 부정하는 비판적 힘을 상실하지 않을 것이다. 이러한 사유 모델은 사유가 의존하는 것, 즉 객체와 객체에 대한 경험을 사유가 말하도록 하는 것을 의미한다는 점에서, 철학적 유물론이다. 유물론 앞에 '철학적'이라는 수식어를 붙이는 이유는 철학적 유물론이 주체의 능동적 작용을 부정하지 않으면서, 선험적 방법론[23]을 구성하지 않기 때문이다. 사유가 부정적이고 비판적인 것은 방법 때문이 아니라 사태의 모순 때문이다.

6.3 주체와 객체의 상호성과 객체의 우선성

지금까지 살펴본 것처럼, 개념의 형식적 규정보다 객체에 대한 경험이 우선한다는 의미에서 객체의 우선성은 경험의 주체·객체 상호성과 모순되

---

[23] 아도르노의 관점에 따르면, 선험적 원리나 토대에 기초한 규범적 방법론을 구성하는 것은 철학적이지 않다. 왜냐하면 철학이 말하려는 교환 불가능한 비동일자에 대한 경험은 어떤 선험적 규정을 통해서도 동일화되지 않으며, 반드시 이들 철학은 규정될 수 없는 비동일자를 배제하거나 무화시켜버리기 때문이다. 그의 관점에서 철학은 말이 의존하는 것, 그럼에도 말로 완전히 환원할 수 없는 것을 말하려는 노력이다. 따라서 철학은 방법론에 의존할 수 없다.

는 견해가 아니라 주체와 객체가 중단 없이 서로 관계하고 작용하기 위한 전제를 의미한다. 주체와 객체를 상호성으로 이해하기 위해서는 작용인으로 주체를 절대화하는 주관주의에 대한 비판으로서 사유가 의존하는 객체의 지위와 구성적 역할에 대한 재반성이 필요하다. "사유를 사유로 만드는, 사유와 다른 것을 사유하는 것은 철학에 달려 있다."[24] 이 절에서는 특히 아도르노가 유물론적 입장에서 객체의 우선성을 강조하는 이유와 그가 제시하는 객체의 우선성을 정당화하기 위한 근거를 검토할 것이다.

그가 철학적 사유의 유물론적 이행을 강조하는 이유는 첫째, 주체의 우선성을 강조하는 주관주의적 관념론에 대한 대응이다. "주체는 비동일자의 최소한의 잉여에도 자신의 고유한 절대성이라는 척도에 따라 왜 절대적으로 위협받는지를 안다. 최소한에서도 완전한 것으로서의 주체는 망가지게 된다. 왜냐하면 주체는 전체인 것처럼 가장하기 때문이다."[25] 규정하는 주체의 우선성은 규정되는 객체를 추상화하여 추상적 관념이나 개념으로 환원시켜버림으로써 주권적 주체의 승리를 획득하지만, 아도르노의 견해에 따르면 이러한 승리는 공허하다. 왜냐하면 어떤 것과도 관계할 수 없고 경험할 수 없는 주권적 주체는 현실적으로 무기력하고 무능력하기 때문이다. 그러나 객체의 우선성은 단순히 주체의 우선성을 역전시키고, "객체에게 주체의 고독한 왕좌를 마련해주는 것이 아니다. 그런 왕좌 위에서 객체는 하나의 우상 이외의 어떤 것도 아닐 것이다."[26] 아도르노는 관념론의 주체의 우선성을 비판하기 위해 객체의 우선성을 강조하지만, 그렇다고 객체를 유일한 실체나 모든 것의 근원이나 원리로 선언하는 것이 아니다. 이러한 환원주의도 주관주의와 마찬가지로 주체와 객체의 이분법에 기초한 것이며, 주체의 능동적 역할을 배제한 유물론 또한 주체를 무력하게 만들 것이다.

---

24 Th. W. Adorno, ND, 192쪽.
25 Th. W. Adorno, ND, 184쪽.
26 Th. W. Adorno, ND, 182쪽.

둘째, 객체의 우선성은 구성적 주관주의의 동일화의 폭력성을 지니지 않으며, 오히려 객체의 우선성에 근거해서만 변증법적 사유는 동일화의 폭력을 저지하고 비판적 힘을 유지할 수 있다. 주체는 객체를 드러나게 하는 '어떻게'로서 작용인이며, '무엇'으로서의 객체는 어떤 식으로든 규정되기 위해서는 주체의 작용을 필요로 한다. 이런 이유 때문에 관념론은 주체의 인식도구와 그러한 도구를 적용하는 능력을 절대화함으로써 비개념적인 객체를 배제하는 동일성 원리를 절대화한다. 그렇지만 적용하는 형식보다 그러한 형식을 가능하게 하는 경험의 객체가 우선한다는 주장은 어떤 식으로든 주체의 작용을 무력하게 하지 않으며, 규정하는 주체의 능동적 역할을 배제하지 않는다. 오히려 객체의 우선성은 무한 증식하는 자본처럼 무한 증식하는 주체의 동일화의 폭력을 저지한다. 역설적으로 들리지만 아도르노는 주체가 주관적 장치를 통해 객체를 무한히 소유한다고 주장하면 할수록 그만큼 주체는 자신의 관념론적 장치에 제한되고 폐쇄적으로 되며 자유롭지 못할 것이라고 주장한다. 왜냐하면 완전한 것에는 어떤 것도 일어나지 않을 것이기 때문이다. 오리려 자신이 완전히 소유할 수 없는 타율적인 것을 인정하면 할수록 그만큼 더 주체는 자유롭게 된다.[27] 다른 말로 주체는 타율적인 객체의 우선성을 인정할 경우에만 자신의 관념론적 장치에 제한되지 않고 타자로서 객체에 자신을 열어 놓는 열린 사유의 가능성을 가진다. 따라서 열린 비판적 사유의 힘을 가진다. 이러한 의미에서 열린 사유의 가능성으로서 주체의 자유는 주체가 모든 것을 무한히 인식하고 소유할 수 있는 장치와 능력을 가지는 것으로 주체를 고양함으로써 가능하게 되는 것이 아니라, 오히려 객체의 우선성을 통해 주체의 경험능력을 자족적이고 폐쇄적

---

[27] 어떤 의미에서는 타율적인 것이 전혀 없는, 강제 없는 자유는 아무 자유도 아닐 것이다. 고독한 무인도에 홀로 있는 존재자는 자유를 가지지 않을 것이다. 자유는 자신에게 가해지는 강제와 속박에 대한 저항일 것이다. 강조적 의미에서 자유도 사회적이며 역사적이다. 따라서 절대자유는 절대고독이다.

인 것으로 제한하는 경험 장치의 절대화를 저지함으로써 가능하게 된다.

이러한 정도로 객체의 우선성은 주체와 객체가 상호작용하기 위한 조건인 동시에 주체를 자족적인 것으로 고양함으로써 실제적으로는 주체를 제한하는 주관주의를 저지하기 조건이다. 이러한 주관적 환원주의를 거부하는 아도르노는 객체의 우선성을 다음과 같이 증명한다. 첫째, 주체의 매개와 객체의 매개가 비대칭적이라는 것이다. 즉 객체가 어떤 것으로 드러나기 위해서는 주체의 능동적 작용이 필요하지만, 그렇다고 규정하는 주체의 작용이 없다 하더라도 존재하는 객체가 없는 것으로 되지는 않는다. 반대로 사유작용으로서 주체는 그 자체 이미 존재자로서 객체의 부분이며, 인식대상으로서 객체가 없다면 주체의 인식은 그 자체 공허하고 무의미한 것이 된다.[28] 다른 말로 인식의 내용은 객체에 대한 경험을 통해 매개된 것이다.

> 객체는 주체를 통해서만 사유될 수 있지만, 그러나 주체에 대해 항상 타자로서 유지된다. 그러나 주체는 고유한 속성상 이미 객체이다. 주체로부터 객체는 이념으로서도 결코 없는 것으로 생각될 수 없지만 그러나 객체로부터 주체는 없는 것으로 생각될 수 있다.[29]

주체의 사유작용이 활동이라면 이러한 활동이 있기 위해서는 활동하는 자로서 주체가 존재해야한다. 활동하는 존재자로서 주체는 이미 객체에 속한다. 왜냐하면 어떤 식으로든 활동하는 주체가 존재한다면, 존재하는 주체는 자신이 활동하는 영역과 철저하게 분리될 수 없기 때문이다. 즉 주체와 객체는 존재하는 것으로서 같은 영역에 속한다. 같은 영역에 속하는 주체와 객체는 유사성을 가진다. 어떤 것이 다른 것과 유사하다는 것은 어떤 것이

---

28 단적으로 '내'가 없는 '세상'은 상상 가능하지만 '세상' 없는 '나'는 상상할 수 없다. '나'와 '세계'의 관계가 비대칭적인 것과 마찬가지로, 주체와 객체는 비대칭적이며 그러한 정도로 객체는 주체에 우선성을 가진다.

29 Th. W. Adorno, ND. 184쪽.

다른 것과 공통적인 어떤 것을 가진다는 것을 의미한다. 아이가 부모를 닮았다는 것은 아이가 부모와 공통적인 요소를 가진다는 것을 의미하듯이, 주체가 객체를 닮았다는 것은 주체가 객체와 공통적인 요소를 가진다는 것을 의미한다. 서로 공통적인 것을 가지기 때문에 주체와 객체는 서로 관계하며 서로 작용할 수 있다. 주체와 객체가 서로 작용하는 유사성을 가지는 한, 유사성을 거부하는 것 없이 둘 중 하나를 근본적인 것으로 상정하고 나머지를 환원하는 적대적 동일성 원리는 불가능하다. 이러한 거부할 수 없는 유사성이 아도르노의 비동일성 철학을 주체와 객체의 상호성으로 해석하는 결정적 근거이다.

> 주관성이 어떤 식으로든 '존재한다'는 모든 주장은 이미 주체가 그것의 절대적 존재에 의해 비로소 정초한다고 사칭하는 객관성을 이미 포함한다. 주체가 그 자체로 매개되고 또한 객체를 비로소 정당화하는 객체의 철저한 타자가 아니기 때문에만, 주체는 객관성 일반을 파악할 수 있다.[30]

그러나 이와 반대로 객체는 주체의 매개를 통해 드러나지만, 객체가 매개하는 주체에 전적으로 속하는 것은 아니다. 이러한 비대칭적 매개관계가 객체의 우위의 지표이다. "인식하는 주체 없이는 객체에 대한 어떤 인식도 있을 수 없다고 논증된다면, 이로부터 어떤 의식의 존재론적 우선성도 결과하지 않을 것이다."[31]

둘째, 감각과 육체적 계기 또한 비대칭적 관계를 가진다는 것이다. 앞에서 살펴본 것처럼 관념론은 육체적 느낌을 주관적 상태로 번역함으로써 이제 감각은 의식현상으로 되고 육체적 계기는 배제된다. 이와 더불어 정신의 경험은 외적 객체와 관계하는 것이 아니라 표상에 제한된다. 이러한 번

---

30 Th. W. Adorno, ND. 186쪽.
31 Th. W. Adorno, ND. 186쪽.

역은 육체적인 것으로부터 정신적인 것으로의 전환을 의미한다. 그러나 관념론자들의 생각과는 다르게 육체적 계기는 완전히 감각적 사실로 전환되지 않는다. 뿐만 아니라 내적 자연인 욕망과 충동이 순전히 정신적이라는 주장은 정신으로부터 육체적인 것을 정화시키고, 내적 자연과 외적 자연에 대한 지배를 정당화하며, 정신을 자기 충족적인 것으로 고양하려는 관념론자들의 기획이다. 그러나 "고통과 배고픔이 정신적으로 기술되어야 한다는 것은 이상하며, 더욱 이상한 것은 이러한 전환이 정신과 육체의 이원론의 비판에 공헌한다는 것이다. 본질적으로 그것은 모든 경험이 궁극적으로 정신적 상태라고 주장한다."[32] 이것은 고통과 욕구가 주체를 통해 표현될 수 있다는 사실로부터 고통과 욕구가 근본적으로 정신적인 것이라고 말하는 것이다. 마치 육체적 고문을 받을 때 아프다고 소리친다고 해서 고문으로 인한 고통이 본래 언어적이며, 따라서 정신적이라고 말하는 것과 같다. 즉 살을 지지는 달궈진 인두가 실제로는 정신을 지지고 있다는 것이다. 그러나 고통이 없다면 고통에 대한 표현이 없는 것처럼 육체적 계기가 없다면 육체적 고통도 없다. "물질적 요소는 육체적 고통과 유기체의 욕구와 맞닿아 있다. 이러한 것들은 주관성으로 환원될 수 없는 자연의 일부이다."[33] 마찬가지로 어떤 감각적 소여도 육체적 계기 없이는 존재하지 않는다. 반면에 모든 육체적 계기가 감각으로 되는 것은 아니다. 육체적 계기는 감각과 일치하지 않으며, 감각으로 환원될 수 없다. 이러한 정도로 감각과 육체적 계기는 비대칭적 관계를 이루며 육체적 느낌이 감각에 우선한다. 감각으로 환원될 수 없는 육체적 계기가 감각에 우선하는 만큼, 의식의 사실로 환원될 수 없는 육체적 경험의 객체는 의식 활동을 하는 주체에 대해 우선성을 가진다.

---

32 Brian O'Connor, *Adorno's Negative Dialectic*, (MIT Press, 2005), 91쪽 참조. 물론 정신과 육체의 일원론이 주장되어서는 안 되는 것과 마찬가지로 정신과 육체가 철저히 분리되어 있는 것으로 파악해서도 안 된다.
33 Th. W. Adorno, ME. 160쪽.

이러한 의미에서 육체적 계기를 주관적인 감각적 사실로 환원하고, 육체적인 욕구와 충동을 정신적인 것으로 전환함으로써 육체적 계기를 배제하는 철학은 설혹 그것이 유물론임을 표방한다 하더라도 본질에 있어서는 관념론적이다. 이러한 육체적 계기의 억압과 배제가 인간 고통의 원인이다. 왜냐하면 주체를 자립적인 것으로 정립하려는 계몽주의의 기획은 육체와 육체적 계기를 통제하고 억압하며 결국에는 배제함으로써 자연연관으로부터 정신의 자립성과 우월성을 확보하려하기 때문이다. 억압되고 배제된 것의 고통을 말하고 고통의 원인을 비판하는 사유는 은폐된 육체적 계기의 우선성을 강조하기 때문에 유물론적일 수밖에 없다. 유물론적 사유는 억압된 육체적 계기의 부활을 꿈꾼다. 따라서 유물론적 사유는 "육체적 고통의 부정과 저 고통의 내향적 반영형식들의 부정을 자신의 목적으로 가진다. 결국 그러한 부정은 자기 자신과 모든 생명체에 투명한 연대성을 통해서만 실현될 수 있는 만인의 관심사이다."[34]

6.4 화해로서 상-없는 유물론

주체와 객체의 상호성으로서 철학적 유물론은 헤겔처럼 주체와 객체의 이분법에 기초한 화해를 추구하지 않는다. 왜냐하면 상호성의 거부 없이는 주체와 객체를 철저히 분리된 것으로 간주하는 주체와 객체의 이분법은 불가능하기 때문이며, 주체와 객체의 이분법을 전제할 때 객체는 무화되거나 주체의 주관적 계기로 환원되기 때문이다. 이러한 의미에서 헤겔의 화해는 '화해'(Versöhnung)가 아니라 '해결'(Auflösung)이다. 이러한 해결은 문제가 되는 것을 완전히 제거함으로써, 즉 한 쪽이 다른 한 쪽과 생사를 건 투쟁을 하고

---

34 Th. W. Adorno, ND. 203-204쪽.

이러한 투쟁을 통해 한 쪽을 완전히 정복된 것으로 해소함으로써 찾아오는 평화이다. 정복된 편에서는 굴욕적인 평화. 따라서 이러한 화해는 화해가 아니라 억압이다. 이와 반대로 주체와 객체를 철저히 분리된 것으로 상정하지 않고 그렇기 때문에 적대적 관계로 파악하지 않는 아도르노의 유물론은 한 쪽이 다른 한 쪽을 완전히 지배하는 형태의 화해를 꿈꾸지도 그리지도 않으며, 오히려 이러한 화해를 비판하고, 다른 것들이 지배 없이 서로 함께 어우러지는 상호성으로서의 화해를 추구한다.[35] 개념과 비개념적인 것, 인식과 경험, 사유와 존재, 문화와 자연, 인간과 인간이 서로 얽혀있는 가운데 차이로 인해 그 어느 것도 배제되는 것 없이 서로 관계하고, 이를 통해 새로운 것의 경험에 열려 있으며, 새로운 경험을 통해 서로를 새롭게 하는 관계로서 화해는 현실의 적대적 관계가 존속하는 한 현실적으로 가능하지 않다. 오히려 적대적 현실을 부정하고 비판하지 않으면서 화해로서 유토피아를 긍정적으로 제시하는 이론은 적대적 현실을 은폐하고 정당화하는 이데올로기로 역할하기 쉽다. 적대적 현실에 대한 비판과 현실을 적대적인 것으로 몰고 가는 교환적 합리성의 동일성 논리에 대한 규정된 부정 없이는 어떤 화해에 대한 이론도 물거품에 지나지 않을 것이다. 그러한 정도로 이론적으로 의도된 화해는 현실의 화해와 맞물려 있다. 다른 말로 적대적 현실의 화해를 이루는 것 없이 이론은 화해를 긍정적으로 규정할 수도 구체화할 수도 없다.

그러나 유토피아로서 화해를 긍정적으로 제시할 수 없다 하더라도 가능성으로서 화해가 없을 수는 없다. 만일 인간과 인간이, 인간과 자연이 지배 없는 화해의 상태가 이념으로서도 불가능하다면 모든 이론은 허무주의

---

[35] 이러한 의미에서 헤겔의 화해(和解)는 대립된 계기가 어느 한 쪽으로 환원됨으로써 다툼을 그치고 화해한다는 것을 의미하는 반면에, 아도르노의 화해(和諧)는 분리된 계기가 어느 하나로 환원되어 무화되는 것이 아니라 다른 것들이 서로 함께 어우러짐을 의미한다. 이병탁, 『아도르노의 동일성 비판과 비동일성 개념』, 경북대학교 대학원, 1997, 22쪽 주석 참조.

가 될 것이고, 그러한 정도로 실천은 무기력하게 될 것이다. 그럼에도 현실의 적대적 상황이 존속하는 한 이론은 화해를 긍정적으로 제시하는 것이 아니라 부정적 방식으로나 사변적으로 말할 수밖에 없다.

> 화해의 상태에 대한 사변이 허용된다면, 그 상태에서는 주체와 객체의 무차별적인 통일도 그것들의 적대적 대립도 표상되지 않을 것이다. 오히려 구별된 것들의 의사소통이 있을 것이다. 그 때야 비로소 의사소통 개념은 객관적인 것으로 자리 잡게 될 것이다.[36]

이것은 사변이다. 왜냐하면 어떤 것으로나 어떤 상태로 철저히 규정될 수 없는 것을 어떤 식으로든 규정하기 위해 사용하는 말은 긍정적으로 규정하는 논증적 명제로는 불가능할 것이기 때문이다. 이러한 의미에서 이론으로서 철학은 화해의 상태를 긍정적으로 규정하고 이를 성취하기 위한 방법론을 만드는 것이 아니다. 화해로서 유토피아는 가능성을 그것의 본질적 의미로 가진다. "그리스어 '없는 것'을 의미하는 'ou'와 '장소'를 가리키는 'topos'를 결합시켜 utopia라는 개념이 만들어졌다."[37] 글자 그대로 유토피아는 어떤 장소를 가지지 않음이다. 어떤 것이 장소를 가진다는 것은 실현되었다는 것을 의미하는 반면에, 장소를 가지지 않는다는 것은 실현되지 않았지만 실현될 가능성을 가진다는 것이다. 만일 유토피아가 실현되어 장소를 가진다면 그것은 더 이상 유토피아가 아닐 것이다. "가능성의 의식인 유토피아는 왜곡되지 않은 것으로서 구체적인 것에 매달린다. 유토피아의 자리를 차단하는 것은 현실적인 것이 아니라 가능성인 것이다."[38]

화해가 가능성으로서 유토피아로 남을 수밖에 없는 것은 타자를 배제

---

36 Th. W. Adorno, SO. 743쪽.
37 박구용, 『우리안의 타자』, 철학과현실사, 2003, 24쪽.
38 Th. W. Adorno, ND. 66쪽.

하는 동일성 원리를 전적으로 제거할 수 없기 때문이다. 마치 교환 원리가 그것의 이념과 달리 불평등한 교환이기 때문에 교환 원리를 제거한다면 직접적 전유의 폭력이 일어나는 것처럼, 동일성 원리를 제거한다면 어떤 것에 대한 인식도 사유도 불가능할 것이다. 사유가 불가능하다면 인간과 자연의 분리도 불가능하며, 다시 분리되지 않은 자연연관으로 되돌아갈 것이다. 따라서 부정 변증법은 단순히 동일성 원리를 제거하는 것이 아니라 동일성 원리의 배타적 폭력성을 비판하며, 마치 어느 누구도 자신의 잉여노동을 빼앗기지 않는 건전한 교환이 실행되도록 하려는 것처럼, 타자가 배제되지 않는 건전한 동일성 원리가 작동되도록 끊임없는 부정을 하는 것이다. 이러한 의미에서 모순을 부정하고 비판하는 이론은 긍정적 화해를 명료하게 구체화할 수 없다. 타자가 배제되는 동일성의 폭력이 현실적으로 작동되는 한 유토피아로서 화해는 가능성이다. 적대적 현실에서 현실태로서가 아니라 가능성으로서의 화해는 사변적일 수밖에 없다.

사변철학을 비판하는 아도르노가 그럼에도 다시 사변적 사유를 이야기하는 것은 모순적인 것처럼 보인다. 그러나 아도르노의 사변적 사유는 추상적 동일성을 통해 긍정적인 화해를 이야기하는 것이 아니다.

> 사변적 계기의 법칙이 주어진 사실에 의해 규정되지 않도록 하는 것이 대상들과의 긴밀한 접촉 속에서 그리고 신성불가침의 초월성의 거부 속에서 주어진 사실들을 초월한다. 사유가 저항하면서도 묶여 있는 것을 사유가 넘어서는 것이 사유의 자유이다. 사유의 자유는 주체의 표현 충동을 따른다. 고통이 말해지도록 하려는 욕구가 모든 진리의 조건이다. 왜냐하면 고통은 주체에 짐지워진 객관성이기 때문이다. 주체가 자신의 가장 주관적으로 경험하는 것, 즉 자신의 표현은 객관적으로 매개된다.[39]

---

39 Th. W. Adorno, ND. 28쪽.

아도르노에게 사변은 주어진 사실들을 통해 객관적인 것을 환원하는 것이 아니다. 사유를 사변적으로 만드는 것은 사실과 동일하지 않은 것에 대한 비동일성의 경험이다. 따라서 "화해는 주관적 이성에게는 이단인 더 이상 적대적이지 않은 다수에 대한 상기일 것이다."[40] 하나로 동일화될 수 없는 다수로서 이러한 비동일성은 사실을 넘어선 것이라는 의미에서 초월적이지만 경험 자체를 넘어선 것이 아니다. 헤겔의 사변적 사유는 이러한 차이를 동일성과 비동일성의 동일성으로 환원하지만 아도르노는 이러한 추상적 동일성을 의심한다. 왜냐하면 이러한 추상적 동일성은 동일화될 수 없는 비동일적인 계기를 추상화하기 때문이다. 추상적 동일성을 성취하기 위해 사물 자체를 의식의 사실로 환원하며 이러한 환원을 가능하게 하기 위해 경험의 육체적 계기는 억압되고 배제된다. 따라서 고통을 말하려는 욕구가 진리의 조건이다. 고통이 존재하는 한 철학은 비판적이고 부정적이며, 배제된 육체적 경험은 개념을 통해 긍정적으로 동일화될 수 없기 때문에 이러한 경험을 말하려는 사유는 사변적일 수밖에 없다. 즉 배제된 육체적 경험은 동일성 사유 규칙에 의해 말해질 수 없다. 따라서 배제된 육체의 부활을 열망하는 유물론적 사유는 긍정적 화해의 상을 제시할 수 없으며, 그렇기 때문에 그러한 긍정적 유토피아에 도달하기 위한 방법론을 만들 수도 없다.

    오늘날 유물론이라는 말은 철 지난 유행가처럼 더 이상 새로운 것이 없는 식상한 느낌마저 준다. 사실 철학사에서 관념론적 사상조류만큼은 아니라 하더라도, 심심찮게 유물론으로 특징지어질 수 있는 사상들이 있었다. 그럼에도 불구하고 유물론이라는 이름으로 관념론적 형이상학으로 회귀하기도 하고, 관념론적 주관주의가 도덕, 사회, 정치 철학을 뒷받침하는 주류 사상으로 등장하면서 유물론은 퇴색한 옛날의 향수를 자극하는 이름이 되어버렸다. 그러면 왜 아도르노는 유물론을 고수하는가? 그것은 첫째, 그가

---

40   Th. W. Adorno, ND. 18쪽.

인간 사유를 본질적으로 유물론적인 것으로 이해하기 때문이다. 노동을 포함한 모든 행위가 어떤 것에 대한 행위이며, 이러한 행위와 결합된 사유 또한 어떤 것에 대한 사유이다. 그러므로 행위와 사유는 전적으로 분리될 수 없으며[41], 사유 또한 어떤 것과 전적으로 분리될 수 없다. 이미 사유의 기관이자 수단인 범주로서의 개념이 순수 주관적인 것이 아니라 인간 활동과 경험을 통해 발생한 것인 한에서, 사유에 존재적인 계기, 특히 사회적 계기가 내재한다. 둘째, 육체적 경험에 기초한 객체의 우선성의 관점에서만, 주관주의적 동일성 원리의 폭력성을 저지하면서도 또 다른 형태의 동일성 논리로 기울어지지 않는 비판적 사유가 가능할 것이기 때문이다. 객체가 주관적 계기보다 우선한다는 객체의 우선성이라는 의미에서 유물론은 주체와 객체가 서로 얽혀있고, 그럼으로써 서로 관계하기 때문에 그 가운데 어떤 것도 다른 것의 토대나 원리로서 정초될 수 없다는 주체와 객체의 상호성을 전제로 하는 철학적 사유이다.

사유가 의존하는 것을 사유가 말하도록 하는 것으로서 아도르노의 철학적 유물론은 주체의 자율적이고 능동적인 역할을 포기하지 않으면서, 주체와 객체 어느 것에도 선험적 토대의 지위를 부여하지 않기 때문에 긍정적 상을 제시하지 않는다는 의미에서 **상-없는**(bilderlos) **유물론**이다. 아도르노가 의도하는 상-없는 유물론은 유물론이 표상이나 상에 매달리는 것에 대한 부정과 더 나아가 유토피아주의[42]의 부정을 함의한다. 사유가 규정하지만 전적으로 규정될 수 없는 것은 어떤 긍정적인 것으로 환원될 수 없기 때문에,

---

41 이러한 의미에서 이론과 실천의 전적인 분리는 기만이다. 이론과 실천은 어느 한 쪽으로 환원될 수 없으며, 칸트를 패러디하여 표현하면 실천 없는 이론은 공허하고 이론 없는 실천은 맹목적이다.
42 '유토피아주의'의 부정이다. 유토피아주의는 가능성으로서의 화해를 긍정적으로 제시하고 이러한 유토피아를 달성하기 위한 선험적 방법론을 만들며, 이러한 방법론에 따라 현재를 강제한다. 그리고 이러한 유토피아는 방법론을 만들기 위해 동일하지 않은 것을 배제하는 추상적 동일성에 기초하며, 이러한 추상적 동일성에 기초하기 때문에 오히려 현실의 모순을 은폐하는 이데올로기가 된다.

유물론적 사유는 어떤 긍정적인 화해의 상에 집착해서는 안 된다. 이러한 의미에서 상이 가지는 이중적 의미는 인식론적일 뿐만 아니라 실천적이다.

상 없는 유물론은 첫째, 모사론을 부정한다. 모사론은 정신을 객관적으로 존재하는 물질의 수동적 모사나 반영으로 파악함으로써 정신의 능동적 역할을 배제한다. 모사론에 따르면 정신은 마치 세계의 상을 수동적으로 받아들이는 거울로서 간주된다. 만일 정신이 객관적 사태를 단순히 수동적으로 반영하거나 모사하는 것이라면, 인간 주체의 자율성은 가능하지 않으며, 따라서 어떤 비판적 저항도 불가능할 것이다. 왜냐하면 정신이 단순히 정신에 주어지는 것을 수동적으로 반영한다면 그러한 정신은 주어진 것을 수동적으로 따르는 타율적인 것으로 될 것이며, 그러한 타율적인 정신은 사회의 지배적 여론에 따라 쉽게 조작될 수 있을 것이기 때문이다.

> 모사론은 생산력과 생산관계의 객관적 변증법의 동인인 주체의 자발성을 부인한다. 주체가 (사유 속에 있는 주관적 잉여에서만 열리는) 객체를 놓치고 마는 객체의 완고한 반영으로 머무를 수밖에 없다면, 완전한 관리의 불안한 정신적 침묵이 결과한다. 싫증내지 않는 물화된 의식은 자신이 객관성의 사진을 소유한다고 망상하거나 설득한다.[43]

정신이 존재하는 것을 감각기관을 통해 수용한다 하더라도, 이렇게 수용된 현상은 객관적 객체와 같은 것일 수 없다. 아무리 정교한 사진도 객관적으로 존재하는 것과 동일하지 않듯이, 하물며 사진처럼 정교하게 사물을 모사할 수 없는 정신은 존재하는 것을 존재하는 그대로 반영할 수 없다. 비동일적인 것이라는 의미에서 사태는 어떤 의식의 상으로 환원될 수 없고 어떤 긍정적 규정을 통해서도 동일화될 수 없기 때문에, "오직 상이 없는 경우에만 완전한 객체가 사유될 수 있을 것이다. 이러한 무상성은 신학적 우상금

---

[43] Th. W. Adorno, ND. 205쪽.

지와 일치한다."[44] 반대로 상에 집착한다는 점에서 모사론과 관념론적 표상주의는 그렇게 멀리 떨어져 있는 것이 아니다. 객체의 완고한 반영인 상과 객체에 대한 경험 대신에 주관적 표상을 대상으로 대체하는 인식론은 비동일적인 객체가 가지는 비동일적인 계기와 육체적 계기를 상이나 표상으로 환원한다는 점에서 관념론적이다. 뿐만 아니라 오늘날 실증주의에 근거하고 있는 과학철학도 사태를 원자적 사실이나 물리적 자극으로 환원하고 이를 원자언어, 물리적 언어로 번역한다는 점에서 아도르노는 실증주의를 주관주의의 완성으로 간주한다. 그렇지만 아도르노가 관념론을 전면적으로 부정하지는 않는다. 왜냐하면 그가 주체의 우선성에 근거한 동일성 원리의 폭력성을 비판하지만, 비판적 사유를 가능하게 하는 주체의 자율성을 향한 길을 연 것도 관념론이기 때문이다.

둘째, 유토피아주의를 부정한다. 역사주의에 기초한 유토피아주의는 역사의 보편적 발전 법칙이나 원리에 근거를 두고 이를 통해 미래에 대한 긍정적 상을 그려내려는 시도이다. 아도르노는 유토피아주의가 살아 있는 사람들의 현재를 미래를 통해 구속한다는 의미에서뿐만 아니라 역사의 보편적 발전법칙을 상정하는 또 다른 형이상학으로의 귀결이라는 점에서 유토피아주의를 부정한다. 현실의 적대주의가 존속하는 한 미래에 대한 어떤 긍정적 상도 확정할 수 없다. 그러나 아도르노가 유토피아 자체를 전적으로 부정하는 것은 아니다. 가능성이라는 의미에서 유토피아는 비록 규제적 이념으로서는 아니라 하더라도 인간 사유에서 필수불가결한 요소이다. 왜냐하면 가능성으로서 유토피아가 없다면 철학은 허무주의로 귀결될 것이기 때문이다. 아도르노는 마르크스가 유토피아를 사변적[45]으로 그렸던 것처럼 다음과 같이 유토피아를 묘사한다.

---

44 Th. W. Adorno, ND. 207쪽.
45 여기서 사변은 사유법칙이나 사실법칙으로 환원하지 않는 사유를 말한다.

올바른 자리에서, 또한 인식론적으로 주체와 객체의 관계는 인간들 사이에서뿐만 아니라 인간들과 그들의 타자들 사이의 실현된 평화 속에 있을 것이다. 평화는 지배 없는 차이의 상태일 것이다. 그 속에서 다른 것들은 서로 관계한다.[46]

유토피아를 사변적으로 그리는 이유는 사유 법칙으로 환원하는 긍정적 규정과 일치하지 않는 지속적인 비동일성의 경험 때문이다. 이러한 비동일성의 경험이 주체와 객체의 상호성으로 몰고 가며, 주체와 객체의 상호성이 전제될 때 인간과 인간, 인간과 자연의 적대주의가 아니라 차이의 인정을 통한 화해가 가능할 것이다. 따라서 상-없는 유물론으로서 비판적 사유의 임무는 동일성 논리의 비판을 통해 적대주의를 화해시키고 배제된 객체의 인정과 존중을 이끌어내는 것이다. 엄밀한 의미에서 상호성이라는 개념도 다른 것이 인정되고 이를 통해 다른 것이 존중될 때만 성립할 수 있는 개념이다. 왜냐하면 전적으로 다르거나 같은 것에는 아예 서로 관계한다는 말조차 가능하지 않기 때문이다. 상호성은 서로 다르지만, 전적으로 분리되지 않은 유사성을 가지는 한에서 가능하게 되는 관계범주이다. 이러한 의미에서 주체와 객체의 상호성을 전제하는 변증법적 유물론은 동일성 원리의 비판을 통해 서로 다른 것들이 제목소리를 내며 이를 통해 서로 다른 것들이 함께 어우러질 수 있는 유토피아를 꿈꾼다.

---

46 Th. W. Adorno, SO. 743쪽.

7
전율로서 미적 경험

아도르노의 "『미학이론』은 예술과 미학적 현상에 관한 담론을 무시했던 철학과 사회과학 영역에서 철학적 미학의 힘과 중요성을 제시한다."[1] 그러나 이 장에서 우리는 아도르노 미학을 본격적으로 다루는 것이 아니라, 상대적으로 덜 중요시되거나 비중 있게 다루어지지 않은 **미적 경험**(Ästhetische Erfahrung)을 중심으로 아도르노 미학에서 "미"가 가지는 부정적이고 비판적 힘을 탐구할 것이다. 이러한 연구는 지금까지 우리가 다루었던 비동일성의 경험을 통해 '미'와 미적 경험을 해명하려 시도하면서, 교환적 합리성의 보편적 확장과 더불어 퇴행된 환원되지 않은 경험과 경험 능력의 가능성을 미적 경험을 통해 정당화하는 것을 목표로 한다. 왜냐하면 사유가 긍정적으로 규정할 수 없는, 사유와 다른 것에 대한 경험은 교환적 합리성에 기초한 개념적 동일성에 의해 마법적이고 신화적인 것으로 배제되거나 추방되었고, 그러한 경험능력은 상실되었기 때문이다. 설사 그러한 경험이 가능하다 하더라도, 개념적 동일성 원리를 수단으로 하는 사유는 환원되지 않은 경험을 부정적으로나 사변적으로 말할 수밖에 없다. 따라서 본장은 철학적 사유가 규정할 수 없지만 사유를 운동하게 하는, 육체적이고 미메시스적인 경험이 어떻게 가능한지 그리고 이러한 경험이 어떻게 '미'일수 있는지에 초점을 맞출 것이다. 역으로 '미'와 미적 경험이 가능하다는 것은 개념적 장치로 환원되거나 손상되지 않은 경험이 가능하다는 것을 의미한다. 왜냐하면 '미'와 미적 경험은 개념적 동일성 원리에 대한 규정된 비판과 디불이 일어나는 동일화되지 않은 것에 대한 경험을 통해 가능하기 때문이다.

이를 위해 본 장은 칸트의 코페르니쿠스적 전환을 다시 전환시킨다는 의미의 '지축전환'을 세 부분으로 나누어, 개념을 통해 전적으로 규정될 수 없는 것에 대한 경험의 가능성 조건을 유사성을 통해 분석하고, 이러한 비

---

[1] Lambert Zuidervaart, *Introduction, The Semblance of Subjection: Essays in Adorno's Aesthetic Theory*, ed. by Tom Huhn and Lambert Zuidervaat (Massachusetts Institute of Technolodgy, 1997), 2쪽.

동일자에 대한 비개념적 유사성인 미메시스 경험이 어떻게 미적 경험일 수 있는지를 해명하며, 더 나아가 '미' 자체가 생산을 위한 생산의 합리성에 대한 규정된 부정이며 미적 경험이 가능하기 위해서는 추상적 도덕성보다는 현실의 지배적 논리에 순응하지 않는 비판적 정신이 요구된다고 논증할 것이다. 왜냐하면 예술은 생산을 위한 생산의 합리성에 의해 추방된 미메시스 반응의 도피처이기 때문이며,[2] 그럼에도 '미' 자체는 인간이 사유하며 소통하는 사회적 존재인 한에서만 가능하기 때문이다. 역설적이게도 미메시스적 존재인 예술은 인간이 미성숙한 미메시스 단계에서는 가능하지 않으며 미적 경험도 없을 것이다. 오직 인간이 동일성 원리에 따라 계몽되고 세계를 이해하는 사회적 존재인 한에서, 동일성 원리에 의해 배제되고 손상된 것의 고통의 경험이 '미적 느낌'을 불러일으킨다. 이러한 의미에서 '미'는 동일성 원리에 기초한 합리성과 이러한 합리성의 안티테제로서 개념적 분류로 환원되지 않은 경험의 상호작용 속에서만 가능하다. 역으로 이들 두 계기 중 어느 하나라도 없다면 '미'와 미적 경험은 가능하지 않을 것이다. 이러한 주장은 경험이 왜 주체와 객체의 상호성으로 이해되어야 하는가의 이유가 될 것이다. 왜냐하면 미적 경험은 주체의 동일성 규정으로 환원되지 않는 객체에 대한 경험과 생산을 위한 생산의 합리성에 기초한 동일성 인식의 상호작용을 통해 일어나기 때문이다. 이러한 의미에서 모든 경험대상을 의식현상으로 환원하고 이를 경험대상에 대한 완전한 인식으로 전환하는 주관주의의 경우에 미적 경험은 왜곡되거나 가능하지 않지만[3], 그럼에도 이러

---

2   Th. W. Adorno, ÄsT, 86쪽.
3   따라서 예술은 종말을 고한다. 헤겔에게 "예술은 이념의 감각적 비추임이며, 종교는 이념의 정신적 표상이고, 철학은 이념의 개념화에 관계한다." 박구용, 「예술의 종말과 자율성」, 『사회와 철학』 사회와 철학연구회, 2006. 제12호, 79쪽. 헤겔에 따르면 인간 의식이 성장함에 따라 철학이 개념을 통해 이념을 엄밀하게 드러내기 때문에, 이념을 감각적으로 표현하는 예술은 종말을 고하게 된다. 모든 것을 자족적인 개념을 통해 완전히 규정할 수 있다면, 즉 모든 것이 너무도 명확하게 규정되고 당연한 것으로 받아들여진다면, 그래서 어떤 것에 대한 어떤 새로운 경험도 가능하지 않다면, 미적 경험은 가능하지 않을 것이며 그런 한에서

한 주관주의적 동일성 원리로 환원될 수 없는 경험이 가능하기 때문에 미적 경험도 가능하다.

7.1 유사성

어떤 것이 다른 것과 전적으로 다르지만 서로 관계해야 하는 상황에서 이러한 철저한 분리를 해결하는 전통적인 방법은 두 가지다. 즉 철저히 다른 것을 매개하는 제3의 요소를 상정하거나 둘 중 하나를 무화시키고 다른 하나로 환원하는 방법이다. 예를 들어 데카르트나 칸트의 방법은 전자, 즉 양 극단을 매개하는 제3의 요소를 상정하는 것이다. 정신과 물질이라는 두 실체를 매개하는 데카르트의 송과선이나, 칸트의 선험적 도식이 이에 해당된다. 헤겔과 마르크스는 후자의 방법, 즉 분리된 양극의 하나를 다른 하나로 환원하는 길을 택한다. 헤겔은 객체를 주체의 의식 활동으로 환원하고, 마르크스는 정신현상을 고차원적 물질의 운동으로 설명하려 한다.[4] 아도르노는 이러한 주체와 객체의 이분법에 기초한 논리의 길을 따르지 않고 주체와 객체는 분리되어 있지만 철저히 분리된 것이 아니라 유사성을 가지며, 그렇기 때문에 상호 관계한다는 주체와 객체의 상호성 모델을 제시하고 있는 것으로 간주된다. 이러한 상호성 모델은 주체와 객체를 철저하게 분리된 것으로 상정하지 않기 때문에 두 계기를 관계시키기 위해 두 계기를 매개하

예술도 가능하지 않을 것이다. 예술의 종말과 더불어 결국엔 철학도 종말을 고하게 될 것이다.
[4] 자연 변증법이 마르크스에 의해 주장된 것이 아니라 엥겔스에 의해 주장되었다는 의미에서 변증법을 자연에 적용한 엥겔스와 마르크스를 구별해야 한다는 주장이 있다. 즉 "역사 속에 부정의 부정의 법칙이 스스로 실현된다고 확언한 엥겔스가 자연 속에서도 변증법적 법칙이 스스로 관철된다고 생각한 것은 어쩌면 자연스러운 발상일지 모르지만 마르크스는 변증법을 방법에 제한시켰으며 존재법칙으로 생각하지 않았다"는 것이다. 조항구,「맑스의 변증법과『반뒤링론』」,『현대사상』, 2010. 10, 제7호, 42-43쪽.

는 제3의 요소나 환원을 필요로 하지 않는다. 상호성이 가능하려면 분리된 주관적 요소와 객관적 요소가 철저히 다른 것이 아니라 공통적인 어떤 것을 가져야 한다. 즉 두 계기는 유사한 것이어야 한다. 역으로 주체와 객체의 상호성을 부정하는 환원주의는 두 계기의 유사성을 거부해야 한다. 왜냐하면 두 계기가 유사성을 가진다는 것은 두 계기가 상호 관계하는 상호성을 가진다는 것을 의미하기 때문이다.

『순수이성비판』에서 칸트는 우리의 인식이 경험에서 출발하며, 감각적 인상이라는 원재료에 지성이 손질을 해서 대상이 인식되도록 한다고 주장하면서, 인간 경험을 감성적 인상과 지성의 순수 형식에 제한시켰다.[5] 이렇게 함으로써 인간 경험은 감관을 자극하는 물자체를 인식할 수 없고 감각 현상만 인식하는 불충분한 것이 된다. "그의 인간 인식의 한계 설정은 독단에 대한 경계이자 인간 존엄성의 자리를 마련하기 위함이다."[6] 타자성의 이념을 희생시키지 않으려는 의도에서 주체의 불충분성은 칸트에게 불가피한 것이다. 왜냐하면 칸트에게서 타자성이 없다면, 즉 주체가 자족적이라면, 인식은 동어반복이 되고 공허하게 될 것이기 때문이다.[7] 반면에 헤겔은 물자체와 현상의 이러한 분리를 비판하면서 "본질의 본질은 현상하는 것이다"라고 주장하고 현상에 대한 인식이 물자체에 대한 인식이라고 생각한다. 이러한 헤겔의 주장 속에는 물자체에 의해 자극된 감각적 인상이 의식으로 번역된다는 사실을 통해 현상이 의식의 사실이라는 가정이 전제된다. 따라서 헤겔은 물자체와 현상이 분리되지 않는다는 사실로부터 현상이 물자체와

---

5 I. 칸트(최재희 옮김), 『순수이성비판』, 박영사, 2002, 55쪽.
6 김석수, 「칸트에 있어서 자연미와 예술미」, 『철학논총』 새한철학회, 2010, 제61집, 185쪽. 칸트는 인간 인식의 한계를 현상과 순수범주의 적용에 이중적으로 제한시킨다. 칸트에게 이러한 이중적 제한은 불가피한 선택이다. 보편적 인식을 위해 개념의 순수성을 포기할 수 없다. 만일 개념이 순수하지 않다면 보편적 인식이 위험할 것이다. 그렇다고 현상과 물자체의 분리도 포기할 수 없다. 그렇다면 인식은 동어반복이 되고 본체적 존재로서 인간의 자유가 위험에 빠질 것이다.
7 Th. W. Adorno, ND. 185쪽.

동일하다고 추론하고, 이러한 현상이 의식의 사실이기 때문에 인식은 이미 의식현상의 경험이며 이를 통해 물자체를 인식할 수 있다고 결론 내린다. "존재자에 의한 사유의 매개는 사유 자체에 대한 사유의 자기 반성적 관계 이상의 어떤 것도 드러내지 않는다. 왜냐하면 사유와 질적으로 다름에도 불구하고, 비동일적인 객체는 그것이 항상 사유의 자기 반성된 계기인 한에서만 사유를 규정하기 때문이다. 이렇게 함으로써 헤겔은 자기 반성적 이성의 절대적 진리 속에서 사유와 존재자의 질적인 차이를 해소한다."[8] 그러므로 그의 의식경험의 학에서 주체는 자신 바깥에 나갈 필요가 없는 자기 충족적인 것이다. 즉 "주관성을 통해 모든 존재자를 준비하는 일을 절대적인 것으로 실체화한다."[9] 칸트의 인식경험의 제한이 주체의 주관 내적인 순환적 의식철학에 제한을 가한다는 점에서, 그리고 형식적으로나마 지성범주가 적용되지 않는 비개념적인 물자체를 인정한다는 점에서, 오히려 헤겔은 칸트의 퇴행이다. 칸트의 말대로 어떤 것에 대한 경험이 아닌 인식은 내용이 없는 공허한 것이다.

비개념적인 물자체로서의 본질과 경험적 현상이 분리되지 않는다는 사실로부터 본질과 현상이 동일하다는 추론이 타당한가? 본질과 현상이 분리되지 않는다는 것은 본질과 현상이 전적으로 다른 것이 아니라는 것을 의미하지 같은 것이라는 것을 의미하지는 않는다. 이러한 추론 속에는 비변증법적이고 형식논리적인 '부정' 개념이 자리하고 있다. 자신의 의도에도 불구하고 결국 헤겔의 부정은 규정된 부정이 아니라 전면적이고 완전한 부정이다. 이런 의미에서 헤겔은 변증법을 주장하면서도 형식논리에 사로잡혀있다. 헤겔은 분리의 부정이 동일함이라고 잘못 추리하고 이에 따라 현상은 본질과 동일한 것이기에 현상을 통해 본질을 완전히 파악할 수 있다고 생각한 것이다. 이러한 잘못된 추리로부터 헤겔은 본질 자체가 이미 의식적이라는

---

8   Colin Hearfield, *Adorno and the Modern Ethos of Freedom*, (Ashgate, 2004), 146쪽.
9   Th. W. Adorno, ÄsT. 119쪽.

결론으로까지 나간다. 결국 헤겔에 의한 칸트 비판은 칸트가 가장 경계한 독단으로 나아간다. 그러나 본질과 현상이 분리된 것이 아니라는 비판으로부터 본질과 현상이 동일하다는 추리가 잘못된 만큼, 본질과 현상이 동일한 것이 아니라는 비판으로부터 본질과 현상이 전적으로 분리된 것이라고 추리하는 것도 잘못된 추리다. 두 추리 모두 본질과 현상의 이분법, 즉 주체와 객체의 이분법에 기초해 있다. 말하자면 본질과 현상을 철저히 분리된 것으로 가정하고 이러한 분리를 전면적으로 부정함으로써 본질과 현상이 동일하다는 논리에 기초해 있다. 그러나 본질과 현상은 동일한 것도 그렇다고 철저하게 분리된 것도 아니다. 어떤 것이 다른 것과 다르다는 것은 절대적 분리를 의미하는 것이 아니기 때문에, 마치 형식논리학에서처럼 다름의 부정이 긍정으로 귀결되지 않는다. 오직 전면적이고 완전한 부정을 가정하는 경우에만 어떤 것의 부정이 어떤 것과 완전히 다르다고 가정할 수 있다.

    아도르노는 단순히 칸트와 헤겔을 종합하려고 시도한 것이 아니다. 어떤 측면에서는 칸트 사상을 더욱 철저히 하는 것이다. 여기서 칸트 사상의 지축전환이 이루어진다.[10] 즉 칸트의 철저한 분리를 비판하지만 헤겔처럼 동일화하는 데로 나아가는 것이 아니라 분리된 것이 서로 관계하는 것으로 간주하며, 이 점에서 우리는 아도르노가 의도하는 개념적 장치로 환원되지 않은 경험의 실마리를 찾을 수 있다. 분리된 양극은 철저히 다른 것이 아니며 유사성을 가지기 때문에만 서로 관계할 수 있고, 그런 한에서 주관 내적인 순환으로 위축되고 제한된 경험을 해방시킬 수 있다.[11] 말하자면 현상과

---

10 Th. W. Adorno, ND. 10 아도르노는 코페르쿠스적 전환의 지축전환이라는 의미에서 이 용어를 사용한다. 코페르니쿠스적 전환은 나를 중심으로 천체가 운동하는 것이 아니라 내가 태양 주위를 돈다는 전환이었다. 이러한 의미에서 근대 계몽주의 사상은 역설적이게도 세계를 인식하는 나를 중심으로 이해하려 했다는 점에서 코페르니쿠스적 전환과 반대된다. 아도르노는 이를 코페르니쿠적 전환의 방향으로 다시 바꾸려고 한다. 즉 세계가 나를 중심으로 구성되는 것이 아니라 내가 세계를 맴돌며 이해하려는 것이다.

11 의식의 상이 아무리 생생한 것이라 하더라도 그러한 현상은 현상하는 것과 동일할 수 없다. "인식은 국가경찰처럼 자신의 대상들의 앨범을 소유하고 있지 않다." Th. W. Adorno, ND.

현상하는 것이 철저히 분리된 것이 아니기 때문에 현상을 현상하는 것은 인식될 수 없다 하더라도 경험될 수 없는 것은 아니다. 경험은 현상에 대한 인식으로 환원되지 않는 현상하는 것과 관계한다. 환원되지 않은 경험은 개념에 의해 규정되는 현상을 해석하면서 이를 통해 현상하는 것과 관계하는 경험이다. 그런 한에서 경험은 합리적인 동일성 규정에서 벗어나 있다는 의미에서 새롭고 그렇기 때문에 낯선 것에 대한 경험이다. 이것은 낯선 것이 현상이나 개념으로 동일화되거나 배제되어서는 안 된다는 동일성 논리에 대한 규정된 비판을 통해 열리는 경험이다. 이러한 경험은 너무나 당연한 것으로 여겨졌던 개념적 동일성 규정의 보편성을 뒤흔들어버리며, 그런 한에서 개념적 동일성으로 환원되지 않는 새롭고 그렇기 때문에 "낯선 것은 아름답다."[12]

칸트 스스로도 순수 지성개념이 감각적 직관에 적용되는 것이 그렇게 간단히 해결되지 않는다는 것을 알고 있었다. 순수 개념이 감각적 자료에 적용됨으로써 인식경험이 성립함에도 불구하고 감각적 자료와 순수 개념이 전적으로 다른 이질적인 것이기에, 만일 그 자체로 이러한 자료에 순수 개념이 적용된다고 한다면 논리적 모순에 빠진다는 것이다. 어떻게 순수한 것이 순수하지 않은 것과 결합할 수 있는가? 마치 아리스토텔레스가 플라톤의 형상론을 비판할 때처럼 전적으로 다른 것은 서로 관계할 수 없다. 따라서 칸트는 전적으로 다른 양자를 관계시키기 위해 이 둘을 매개하는 제3의 요소를 끌어들여야 한다. "이 제3의 요소는 한편으로는 순수 개념과 동종적이고 다른 편에서는 현상과 동종적이어야 한다."[13] 결국 칸트는 선험적 도식이

206쪽. 그렇지만 현상과 현상하는 것이 전적으로 동일한 것이 아니기 때문에, 우리의 인식이 현상에 제한된다 하더라도 경험이 현상에 제한되는 것은 아니다. 어떤 식으로든 감각적 상이 있다는 것은 그러한 상을 현상하는 것에 대한 경험이 있다는 것을 의미한다. 현상하는 것에 대한 경험이 없다고 가정한다면 정신에 주어진 상은 육체적 경험의 매개를 거치지 않고 정신에 의해 산출되거나 선험적으로 주어져 있다고 말해야 할 것이다.

12 Th. W. Adorno, ND. 192쪽.

라는 제3의 매개하는 요소를 가정함으로써 전적으로 다른 것들이 간접적으로 서로 관계할 수 있다고 주장할 수 있었다. 아도르노는 칸트와 달리 처음부터 본질과 현상의, 개념과 객체의 완전한 분리를 상정하지 않는다. 다른 말로 개념과 객체가 전적으로 다른 것이 아니라 칸트의 용어로 표현하면 동종적이라는 것이다. 이를 칸트는 유사성이라 부르며, 아도르노는 선험적 도식을 비판하지만, 유사성을 관계와 인식을 가능하게 하는 전제로서 수용한다.

"자신에게 어떤 것이 주어져 있는 사람은 그에게 주어진 것과 동일한 영역에 선천적으로 속한다."[14] 아도르노는 처음부터 개념이 순수하다는 것을 의심한다. 개념이 순수한 것이 아니기 때문에만 순수하지 않은 비개념적인 것과 관계한다. 만일 순수한 개념이 순수하지 않은 것과 관계한다고 주장한다면, 이것은 '순수'라는 개념 자체를 훼손하게 될 것이다. 따라서 칸트가 순수한 개념을 순수하지 않은 감각적 자료에 적용하기 위해 선험적 도식을 필요로 했다면 아도르노는 순수하지 않은 개념이 비개념적인 것과 관계하기 위해 이를 매개하는 제3의 요소를 필요로 하지 않는다. 아도르노는 개념과 비개념적인 것, 이성과 타자, 문화와 자연의 절대적 분리를 거부한다. "자연과 이성의 유사성에 대한 거부가 이성의 환상이다."[15] 아도르노는 유사성에 대한 자신의 믿음을 『독일이데올로기』의 마르크스에게서 확인한다.

> 우리는 단 하나의 과학, 즉 역사에 관한 과학만을 알고 있다. 역사를 자연사와 인간사로 분리된 두 측면으로, 즉 자연의 역사와 인간의 역사를 나누어 고찰할 수 있다. 그러나 두 측면들은 전적으로 분리될 수 없다. 인간이 존재하는 한, 자연사와 인간사는 서로 의존할 것이다.[16]

---

13   I. 칸트(최재희 옮김), 『순수이성비판』, 박영사, 2002, 167쪽.
14   Th. W. Adorno, ND. 197쪽.
15   J. M Bernstein, *Adorno: Disenchment and Ethics,* (Polity Press), 1992, 292쪽.
16   K. Marx and F. Engels, *The German Ideology,*(Progress Publishers, Moscow), 1976, 34쪽.

순수한 정신도 순수한 자연도 없다. 자기의식이 형성됨에 따라 외적 자연을 지배하기 위해 타율적인 내적 자연은 배제되고 추방된 것이지 그 자체로 무화된 것이 아니다. 마찬가지로 자연과의 비개념적 유사성인 미메시스도 합리화를 통해 배제되고 추방된 것이지 완전히 무화된 것이 아니다. 정신이 육체를 포함한 외적인 것의 철저한 타자가 아니라 유사성을 가지기 때문에만 정신과 육체는 서로 관계할 수 있고, 정신적 존재이면서 육체적 존재인 인간은 자연과 관계할 수 있다. 그러한 관계의 시작은 의식의 사실이나 개념적 규정으로 환원될 수 없는 육체적 경험일 것이다. "주체가 그 자체로 매개되고 또한 객체를 비로소 정당화하는 객체의 철저한 타자가 아니기 때문에만, 주체는 객관성 일반을 파악할 수 있다."[17] 그러므로 인간 주체의 모든 경험이 개념적 동일성으로 완전히 분류될 수 없으며, 역으로 주체와 객체의 유사성이 거부될 수 없는 한 개념적 매개를 통해 완전히 분류될 수 없는 환원되지 않은 것에 대한 경험은 가능하다. 이러한 경험이 가능하기 때문에 모든 것을 개념적 규정으로 환원하는 동일성 원리는 불완전하고 불충한 것으로 남을 수밖에 없다.

7.2 유사성과 미메시스

본질과 현상의 분리는 완전한 것이 아니며, 주체가 현상하는 것, 즉 본질적인 것의 전적인 타자가 아니기 때문에, 규정될 수 없고 그래서 교환될 수 없는 것에 대한 경험은 인식경험에 제한되지도 않는다. 그렇기 때문에 객체와의 비개념적 유사성인 미메시스와 인식의 완전한 분리가 가정될 수 없다. "인식은 아무리 지양된다 하더라도, 미메시스적 요소 없이는 파악될

---

[17] Th. W. Adorno, ND. 186쪽.

수 없다."18 경험의 미메시스적 요소는 그 자체로 무화된 것이 아니라 분류적 합리성에 의해 배제되거나 추방된 것이다. 근대 합리성은 분류적 인식으로부터 미메시스를 마법적인 것으로 간주하고 점차적으로 추방시킨다. 그러나 분류적 인식과의 차이 속에서 이러한 미메시스적 요소는 도피처를 가진다.

> 차이성의 요청, 즉 객체를 경험할 수 있는 능력의 요청 속에서(그리고 차이성은 객체의 주관적 반응형식으로 된 경험이다) 인식의 미메시스적 계기, 즉 인식자와 인식된 것의 친화성의 계기는 도피처를 발견한다.19

그러나 여기서 중요한 것은 아도르노가 경험을 단순히 미메시스에 호소함으로써 설명하는 것이 아니라는 것이다. "미메시스적 계기는 그 자체로 그것의 세속화의 길 위에서 합리적 계기와 융합한다. 이러한 과정은 차이성으로 총괄된다. 차이성은 자신 속에 미메시스적 반응능력뿐만 아니라 유, 종, 종차의 관계를 위한 논리적 기관도 포함한다."20 만일 합리성과 관계없이 직접적인 것의 경험에 단순히 호소하는 것이라면 이러한 경험은 가능하다 하더라도 산산이 흩어져 버릴 것이다.

> 진리의 불가피한 보편적 요소 때문에 철학은 자유를 향한 의도에도 불구하고 비자유-그 속에서 사회의 비자유가 연장된다-를 끌고 다닌다. 철학은 자신 속에 강제를 지닌다. 그러한 강제만이 철학을 자의로 퇴행하는 것으로부터 보호한다. 사유에 내재하는 강제적 성격을 사유는 비판적으로 인식할 수 있다. 자신의 고유한 강제가 자신의 해방의 매체이다.21

---

18 Th. W. Adorno. ME. 148쪽.
19 Th. W. Adorno, ND. 55쪽.
20 Th. W. Adorno. ND. 55쪽.
21 Th. W. Adorno, ND. 58쪽.

교환적 합리성이 보편적으로 지배하는 시대에 미메시스적 경험은 사유의 고유한 수단에 대한 반성을 통해서만 가능하며, 처음부터 이러한 사유의 수단과 매개되지 않은 경험은 가능하다 하더라도 자의로 변질될 것이다. 따라서 분류적 합리성에 의해 길들여지고 관리된 세계에서 인식도구로 환원되지 않은 경험은 이러한 합리성과 전적으로 결별하는 것이 아니라 이러한 합리성에 대한 규정된 비판을 통해 열리는 경험이며, 개념에 의해 규정되지 않은 것, 따라서 교환될 수 없는 것에 대한 경험이기에 합리성과 무관한 것이 아니며 오히려 이러한 합리성에 대한 규정된 부정이다.[22]

그렇다면 아도르노가 의미하는 미메시스는 무엇인가? 아도르노가 의미하는 미메시스는 주체와 객체가 확고하게 분리되기 이전 단계에서 통용되었던, 현실에 대한 하나의 태도이다.[23] 미메시스는 어떤 것을 개념을 통해 규정하거나 모방하는 것이 아니며 어떤 것에 동화되어 주체와 객체의 거리두기가 이루어지지 않는 비개념적 유사성이다. 주체와 객체가 분리되기 이전의 미메시스적 반응방식은 주체와 객체가 분리되기 이전의 현실에 대한 태도이므로, 합리성이 형성되기 이전의 비합리적이고 비개념적인 태도이며, 합리성이 형성됨에 따라 추방되고, 교환적 합리성에 길들여진 주체는 이러한 경험능력을 상실한다. 그러나 합리적 인식과 미메시스의 분리는 완

---

22 "미메시스적 존재인 예술이 합리성의 한 가운데에서도 가능하고 합리적인 수단을 이용하기까지 할 수 있는 것은 그것이 합리적으로 관리되는 세계의 잘못된 비합리성에 반작용하기 때문이다." Th. W. Adorno, ÄsT. 86쪽.

23 Th. W. Adorno, ÄsT, 169쪽. 아도르노는 미메시스(Mimesis)를 동물이 자신을 보호하기 위해 주위의 물체나 다른 동물과 비슷한 모양, 색채, 행동을 취하는 의태(Mimikry)의 일종으로 간주한다. 동물들이 보호색을 띨 때, 동물들은 의식적으로 주변의 색채를 모방하는 것이 아니다. 개념을 통한 의식 활동을 할 수 없는 동물들은 위협으로부터 자신을 보호하기 위해 본능적으로 주위 환경을 모방한다. 이러한 의미에서 미메시스는 의식적이지 않은 본능적 모방이다. 반성적 모방이 아니다. 마치 동물들이 위협을 느낄 때 본능적으로 보호색을 띠는 것처럼, 우리는 놀라움의 충격으로부터 전율을 느끼며 본능적으로 주위 환경에 동화된다. 이러한 의미에서 미메시스는 "타자로의 유기적 순응이며," "자연으로의 육체적 동화"이기 때문에 타자에 대한 비개념적 닮음이다. M. Horkheimer/Th. W. Adorno, DA. 205쪽.

전한 것이 아니며, 마치 자연사와 인간사가 전적으로 분리될 수 없는 것처럼 미메시스와의 완전한 분리를 가정하는 것은 계몽주의의 환상이다. 만일 인식이 미메시스와 완전히 단절된다면 그러한 인식은 내용 없는 공허한 것이 될 것이며, 이성은 양화된 세계를 기술하고 계산하는 도구적 기능을 수행하는 것으로 전락할 것이다. 이성을 절대적인 것으로 고양시키고 이를 통해 자연지배와 사회지배의 정당성을 확보하려는 계몽주의가 역설적이게도 타자와의 비개념적인 유사성인 미메시스적 계기를 추방함으로써 이성에 제한을 가하고, 이성에게서 비판적 힘을 박탈해버린다. 세계가 교환적 합리성에 따라 구성되면 될수록 삶은 동어반복이 된다. 왜냐하면 어떤 새로운 것도 새로운 것에 대한 경험도 없으며, 그래서 비판적 상상력을 통한 새로운 것에 대한 꿈도 없기 때문이다.

합리화된 사회에서 미메시스적 반응방식이 어떤 식으로든 가능하다면 이러한 미메시스 자체가 이미 현실의 지배적 합리성에 대한 규정된 비판이며 규정된 부정이다. 즉 모든 것이 교환가능성에 의해 측정되는 오늘날 교환적 합리성이 지배적이라면, 교환될 수 없는 것과의 비개념적 유사성인 미메시스 자체는 모든 것이 교환가능하다는 것의 부정이며, 따라서 교환적 합리성과 이러한 합리성에 근거한 분류적 사유에 대한 비판이다. "미메시스적 요소가 그 나름대로 진리를 지니게 되는 것은 자체의 존재를 통해, 절대화된 합리성에 비판을 가하기 때문이다."[24] 이러한 의미에서 미메시스적 존재인 "예술은 생산을 위한 생산의 허위를 비판하며 노동의 속박에서 벗어난 상태의 실천을 추구한다."[25] 즉 "예술은 교환가치와 도구적 합리성의 지배에 도전할 뿐만 아니라 비동일적인 것의 흔적을 자연과 문화 사이의 화해, 사회에서 계급지배의 종말을 전제하는 화해의 암시로 제기한다."[26] 그러나

---

24 Th. W. Adorno, ÄsT. 93쪽.
25 Th. W. Adorno, ÄsT. 26쪽.
26 Lambert Zuidervaart, *Introduction, The Semblance of Subjection: Essays in Adorno's*

아도르노 비판가들의 말처럼 아도르노가 화해를 암시하기 위해 철학에서 미학으로 넘어간 것은 아니다. 오히려 철학과 예술은 상호 의존적이며 그런 한에서 상호작용한다. "미학의 대상은 규정 불가능한 것이라고 부정적으로 규정된다. 그 때문에 예술은 말할 수 없는 것을 말하기 위해 예술을 해석하는 철학을 필요로 한다."[27] 그러나 "철학이 말하는 것의 다양성은 예술의 진리 내용에 의존한다. 철학의 이차적 반성은 작품들 속에 침전된 역사적 길을 따른다."[28]

7.3 전율로서 미적 경험

아도르노는 칸트 미학의 가장 중요한 공헌 중 하나가 합리주의 미학과 경험주의 미학 사이의 잘못된 선택을 중단시키는 것이라고 생각한다.[29] 칸트의 말처럼 누군가가 규칙에 의해 어떤 것이 아름답다고 설득할 수 없듯이 '미'가 단순한 주관적 만족으로 환원될 수도 없다.[30] 아도르노는 '미'를 단순히 정의하려는 시도가 '미' 자체로부터 미끄러지고 '미' 자체를 왜곡시킨다는 것을 너무나 잘 알고 있었다.[31] 왜냐하면 '미'는 실체의 범주가 아니라 관계

  Aesthetic Theory, ed. by Tom Huhn and Lambert Zuidervaat(Massachusetts Institute of Technolodgy, 1997), 6쪽.
27 Th. W. Adorno, ÄsT. 113쪽.
28 J. M Bernstein, *The Fate of Art: Aesthetic Alienation from Kant to Derrida and Adorno*, (Polity Press, 1992), 259쪽.
29 Simon Jarvis, *Adorno: A Critical Introduction*, (Polity Press, 1998), 93쪽.
30 같은 책. 93쪽.
31 "많은 심리학의 조류들이 영혼 개념을 다루는 것처럼 그리고 많은 사회학의 조류들이 사회 개념을 다루는 것처럼, 미 개념을 그와 똑같은 식으로 다룬다면 미학은 포기되어야 할 것이다. 미학을 미에 대한 학설로 규정하는 것은 효과적이지 않을 것이다. 왜냐하면 미 개념의 형식적 특징은 미적인 것의 완전한 내용에서 벗어나기 때문이다." Th. W. Adorno, ÄsT. 81쪽.

의 범주이기 때문이다.32 그럼에도 불구하고 '미' 개념이 없을 수는 없다.

> 미는 정의될 수도 없지만 미 개념을 포기할 수도 없다. 이는 엄밀한 의미에서 이율배반이다. 범주가 없다면 미학은 연체동물과 같이 될 것이며, 도처에서 예컨대 다양한 사회나 양식에서 미라고 의미된 것의 역사적이고 상대주의적인 기술에 불과할 것이다. 이로부터 증류된 특징의 통일은 불가피하게 패러디가 될 것이며, 가장 가까이에서 끄집어낸 구체적인 특수자에 직면하면 망쳐지게 될 것이다.33

칸트처럼 아도르노도 예술적 경험이 향락적인 미적 취미를 버릴 때만 자율적이라고 생각한다. "물론 예술적 경험에 이르는 과정은 무관심성을 통해 이루어진다고 할 수 있다. 예술이 요리법이나 포르노 생산물로부터 해방되었다는 점은 돌이킬 수 없는 사실이다."34 그러나 아도르노는 미학의 모든 문제가 무관심성만으로 해결되지 않는다고 생각한다. 왜냐하면 미적 경험 자체는 무관심성을 통해 이루어진다고 할 수 있지만, 이러한 경험이 '미'적일 수 있는 것은 동일성 사유에 대한 규정된 부정이기 때문이다. '미'가 동일성 원리의 규정된 부정이라는 것은 '미'가 표상에 제한되는 것이 아니라 개념을 통해 규정될 수 없는 것과 관계한다는 것이다. '미'는 규정 불가능한 것의 이미지35이다.

미적 경험은 칸트 인식론을 비판하는 것과 마찬가지 방식으로 그의 반성적 판단력, 특히 지성과 상상력의 자유로운 놀이를 철저히 하는 방식으로 논의될 수 있다. 반성적 판단력은 지성과 상상력의 자유로운 놀이라는 의미에서 근본적으로 상상력의 표상에 제한되어 있다. 따라서 판단력은 현상에

---

32 노명우, 『계몽의 변증법을 넘어서-아도르노와 쇤베르크』, 문학과 지성사, 2002, 55쪽.
33 Th. W. Adorno, ÄsT. 82쪽
34 Th. W. Adorno, ÄsT. 26쪽.
35 "예술은 교환 불가능한 것의 이미지이다." Th. W. Adorno, ÄsT. 128쪽.

제한되어 있다. 칸트는 "비동일자로서 물자체를 주체의 제한으로서만 가치 있다고 생각하기 때문에 그것에 대한 경험을 미적 주체의 목적으로 보거나 해방으로 생각하지 않는다."[36] 그러나 경험 장치에 의존하지 않는 경험을 구제하려는 아도르노는 미적 경험이 현상에 제한되는 것에 만족할 수 없다. "예술은 주체를 위한 존재라 할 수 없는 것, 칸트식으로 말해서 물자체라 할 수 있는 것을 대변한다."[37] 예술은 단순한 상상력의 표현이 아니라 미적 경험을 자신의 형식을 통해 배열하는 것이므로, 미적 경험에 대한 표현이다. 이러한 "표현은 또한 예술에 있어서 글자 그대로의 것이 아닌 것, 혹은 표현 자체는 아니지만 표현의 방법을 통하지 않고는 달리 구체화될 수 없는 것에 대한 기억이다."[38] 이러한 미적 경험은 칸트적 의미로 현상과만 관계하는 것이 아니라 현상하는 것인 물자체와 관계한다. 이것이 두 번째 지축전환이다.

칸트는 보편적인 것이 주어져 있고 그 아래에 특수한 것을 포섭하는 규정적 판단력과 특수한 것이 주어져 있고 판단하기 위한 보편적인 것을 발견해야 반성적 판단력을 구별함으로써 취미판단의 기초를 마련하려 한다.[39] 칸트의 반성적 판단력은 현상이 주어져 있고 이에 적용되어야 할 보편적 개념을 찾아가는 반성적 과정에서 이루어진다는 의미에서, 미적 경험은 현상에 제한되고 따라서 주관 내적이다. "결국 미에 관한 칸트의 이론은 주체의 경험과 능력에만 관심을 가진다."[40] 미적 판단을 주관 내적인 마음의 상태로 설명하기 위해, "칸트는 『순수이성비판』에서처럼 코페르니쿠스적 전회를 시도한다.[41] 칸트에 따르면 'X가 아름답다'는 미적 판단에서 '아름답다'는 술

---

36 Th. W. Adorno, ÄsT. 119쪽.
37 Th. W. Adorno, ÄsT. 99쪽.
38 Th. W. Adorno, ÄsT. 173
39 I. 칸트(백종현 옮김), 『판단력비판』, (아카넷, 2009), 163쪽.
40 Ruth Sonderegger, *"Ästhetische Theorie", Adorno-handbuch*, herausgegeben von Richard Klein, Johann Kreuzer, Stefan Müller-Doohm, (J. B. Metzeler, 2011), 415쪽.
41 『순수이성비판』에서와 마찬가지로 『판단력비판』에서도 칸트의 전회는 코페르니쿠스적 전

어는 대상 X와 관계하는 것이 아니라 아름답다고 느끼는 주관적 마음의 상태와 관계한다."[42] 반면에 아도르노는 '미'가 주관적 느낌과 관련된다 하더라도, 그러나 주관적 느낌으로 환원될 수 있다고 생각하지 않는다. 미적 판단에서 미적 판단의 대상이 되는 주어 X가 비동일적 객체이며, 따라서 '아름답다'는 주관적 느낌은 판단되는 객체와 관계해야 한다. 미적 판단에서 '아름답다'는 술어는 동일화하는 개념이 아니며, 개념으로 분류될 수 없는 비개념적인 객체에 대한 놀라움의 표현이다. 즉 '아름답다'는 술어는 경험의 대상을 분류하고 꽉 움켜쥐는 개념화가 아니며, 오히려 개념으로 움켜잡을 수 없는 것에 대한 경험의 표현이다. 이러한 놀라움의 느낌은 주관적이지만, 놀라움을 느끼게 하는 객체와 전혀 상관없이 생기는 단순히 주관 내적 작용이 아니다. 이와 같이 아도르노는 칸트의 코페르니쿠스적 전회의 축을 전환시킨다.

주체가 자신의 인식을 개념에 의존할 수밖에 없다 하더라도 경험 자체가 개념 장치에 완전히 의존하는 것은 아니다. 오직 그럴 경우에만 새로운 경험은 가능하다. 칸트의 경우에 보편적 개념이 주어지지 않은 상태에서 반성적 판단력이 특수한 현상에 적합한 개념을 찾아가는 과정 속에서 미적 취미판단이 이루어진다면, 이러한 취미판단은 아직 개념이 적용되지 않은 상태이다. 비동일적인 것에 대한 경험이 개념적 동일성 규정에 대한 규정된 부정을 통해 이루어진다는 의미에서, 아도르노도 칸트와 마찬가지로 '미'를 개념이 적용되지 않는 경우로 이해한다. 그러나 칸트에게 있어 취미판단이 이루어지는 상상력과 지성의 자유로운 놀이가 주관 내적인 것으로 머물러 있다면, 아도르노의 '놀이'는 개념과 비개념적인 것 사이에 이루어지는 비동

회와 반대방향을 취한다. 즉 미가 객체 중심이 아니라 미적 판정을 하는 주체 중심이다.
42 정낙림, 「인식과 놀이-칸트의 놀이 개념을 중심으로」, 『대동철학』, 대동철학회, 2010. 12, 제53집, 206쪽. "칸트의 미적 판단에 대한 분석은 바로 이 아름답다고 판단하는 주관의 보편성이 어떻게 확보될 수 있는가에 집중한다."

일성의 경험이다. 개념을 통해 인식하는 주체의 규정하는 활동과 이러한 개념적 규정으로 환원될 수 없는 비동일적인 객체의 놀이라는 의미에서, 아도르노의 놀이는 주관 외적인 것과 관계한다. '미'는 개념적 사유에서 개념이 적용되지 않지만 개념과 다른 것, 즉 비동일성의 경험 속에서 열리는 비개념적인 것에 대한 놀라움의 경험이다. 이러한 경험이 '미'일 수 있는 것은 보편적인 것으로 수용된 개념적 규정을 뒤흔들어버리기 때문이다. "미적 경험은 현재의 심장으로 들어오며, 동시에 그때그때 현재 자명한 것의 모든 확실함을 넘어서도록 한다."[43] 너무나 당연한 것으로 받아들여졌던 것이 완전히 뒤흔들릴 때 이러한 충격은 고정된 정신을 뒤흔들어버리는 현기증을 일으킨다.

인식과 미메시스의 분리가 완전한 것이 아니기 때문에 미적 경험은 개념을 통한 분류적 인식과 결별하지 않으면서, 이러한 인식과 차이를 통해 열리는 낯설고 비개념적인 것에 대한 놀라움, 즉 충격의 경험이다. 이러한 충격을 통해 주체는 전율하고 미메시스적으로 낯선 객체에 동화된다. 따라서 새롭고 그렇기 때문에 낯선 것에 대한 충격은 분류적 합리성에 대한 규정된 부정을 통해 가능하게 된다. 이러한 의미에서 역설적이게도 낯선 것에 대한 환원되지 않은 경험을 추방한 분류적 합리성이 '미'의 가능성 조건이다. 그러므로 미메시스[44]는 하나의 계기이지 그자체로 '미'인 것은 아니다. '미'는 분류적 합리성과 환원되지 않은 미메시스적 경험의 상호작용이다.

---

43 Martin Seel, *"Über Die Reichwelte Ästhetischer Erfahrung"*, *Ästhetische Erfahrung im Zeichen der Entgrenzung der Künste*, Hrg. von Gert Mattenklott, (Felix Meiner Verlag Hamburg, 2004), 81쪽.
44 대부분의 경우에 아도르노는 모방이 아니라 대상과의 거리두기가 사라지는, 대상과의 동화를 의미하는 미메시스를 충격, 전율과 구별하지 않고 포함하는 것으로 사용하지만, 『미학이론』에서는 새롭고 낯선 것에 대한 충격, 이를 통해 고정된 정신에 현기증을 일으키는 전율, 그러한 전율 속에서 주체는 미메시스적으로 되는 경험을 구분하여 사용하고 있다.

전통적인 체험 개념과 근본적으로 반대되는 충격은 자아에 어떤 특수한 만족도 제공하지 않는다. 그것은 욕망과의 어떤 유사성도 띠지 않는다. 오히려 그것은 자아의 청산에 대한 경고이며, 흔들린 채 자신의 한계성과 유한성을 자각하는 것이다. 그 자체인 감옥을 넘어 비치는 가장 미세한 섬광을 붙잡기 위해, 자아는 산만함이 아니라 오히려 극도의 긴장을 필요로 한다. …… 잠깐 동안 자아는 현실적 용어로 자기보존을 떨쳐버릴 가능성을 깨닫게 된다. 비록 자아가 이러한 가능성을 실현하는데 현실적으로 성공하지 못한다 하더라도, 자아는 은유적이지 않고, 가상을 흔들어버리는 의식에 의해 붙잡힌다. 자아 자체는 궁극적인 것이 아니라 가상이다.[45]

충격(Erschütterung)은 글자 그대로 뒤흔들어버리는 것이다. 우리가 고정된 것으로 받아들이는 개념적 규정이, 그래서 그러한 규정을 통해 확고하게 안다고 믿고 있는 것이 완전히 뒤흔들리는 충격은 주체에게 **전율**(Schauer)로 일어난다. 이러한 의미에서 충격이 주관 외적인 것에 의해 이루어진다면, 전율은 이러한 충격을 통해 주관 내적으로 일어난다. 충격의 순간에 "자아는 경직된 자기 동일성을 열고, 이러한 자아 분열을 가능한 타자에 대한 진리로서 경험한다."[46] 이러한 전율 속에서 주체는 순간 동안이라도 객체와 거리두기가 이루어지지 않으며, 동시에 객체에 미메시스적으로 자신을 맡긴다. "관찰자는, 원하지도 의식하지도 않는 가운데, 작품이 말할 수 있도록 작품에 순응할 것을 작품과 계약한다. 훌륭한 수용 자세에서는 순수하게 자신을 내맡기는 일, 자연 속에서 숨을 내쉬는 일 등이 중요하다."[47] 규정되지 않고, 교환 불가능한 것에 대한 충격, 이를 통해 일어나는 전율의 순간, 이러한 순간에 비개념적인 것에 압도되는 느낌, 따라서 "미적 경험은 흥분된 감정이

---

45 Th. W. Adorno, ÄsT. 364쪽.
46 Norbert Zimmermann, *Der ästhetische Augenblick: Theodor W. Adornos Theorie der Zeitstruktur von Kunst und ästhetische Erfahrung*, (Peterlang, 1989), 172쪽.
47 Th. W. Adorno, ÄsT. 114쪽.

아니라 중요하다고 직관된 것 앞에서 느끼는 놀라움이다."48 이러한 경험은 정신이 세계로부터 혹은 자신으로부터 완전히 소유하지 못한 것에 대한 경험이기 때문에 미적 경험을 범주로 규정할 수 없다. 음악에서와 마찬가지로 아름다운 것은 반짝 빛을 발하다가, 그것을 물건처럼 확고부동하게 붙잡으려 한다면 곧 사라질 것이다.49 아도르노는 이러한 경험을 성적 경험에 비유한다.

> 어딘가 있다면 이런 점에서 미적 경험은 성적인 경험, 그것도 절정 상태에 있어서의 성적 경험과 유사하다. 성적인 경험에서는 사랑의 대상이 되는 상이 변화하며, 경직이 가장 생동적인 것과 결합한다. 이 점에서 성적 경험은 미적 경험의 생생한 근원상인 듯하다.50

성적 경험에서처럼 전율을 느낄 때, 경험대상이 변하고 경직된 개념이 역동적으로 운동하게 된다. 이러한 전율은 개념적 지배 속에서 미메시스적이고 비개념적인 것을 해방시킨다. "전율은 과거의 것이지만 그래도 잔존한다. 그래서 예술작품은 전율의 후예로서 이를 객관화한다."51 미적 경험을 형식법칙을 통해 객관화하는 예술작품은 그 자체로 생산을 위한 생산의 합리성에 대한 비판이다. 왜냐하면 '미' 자체가 규정 불가능한 것에 대한 이미지이며, 이러한 미적 경험이 가능하다는 것은 모든 것이 규정 가능하고, 따라서 교환 가능하다는 합리성의 부정이며 저항이기 때문이다. 이런 의미에서 "예술은 현실에 순응하고 긍정하는 것이 아니라 부정적 현실을 부정한다."52 합리화 과정 속에서, 그리고 이 합리성 자체를 통하여 인류는 합리성이 망각

---

48 Th. W. Adorno, ÄsT. 246쪽.
49 Th. W. Adorno, ÄsT. 113쪽.
50 Th. W. Adorno, ÄsT. 262쪽.
51 Th. W. Adorno, ÄsT. 123쪽.
52 박구용, 「예술의 종말과 자율성」, 『사회와 철학』 사회와 철학연구회, 2006. 제12호, 91쪽.

하는 것, 또 이 합리성에 대한 이차적 반성이 경고하는 것을 예술에서 깨닫게 된다.[53]

이 점에서 칸트철학의 세 번째 지축전환이 이루어진다. 칸트는 '미'를 도덕성의 상징으로 이해한다. 즉 도덕적 감정이 충만한 사람만이 취미를 가진다는 것이다. "결국 칸트는 자연미에 대한 '직접적 관심'은 아무나 가지는 것이 아니고 도덕적 감정이 충분히 발전되었거나, 아니면 그런 가능성을 많이 가지고 있는 자에게만 가능하다고 본다."[54] 그러나 미적 경험은 추상적 도덕성과 관계하는 것이 아니라 통용되는 보편적 규정에 비판적으로 저항하는 사람과 관계한다. 교환 원리의 보편적 지배에 저항하는 사람만이 이의 반영 형식인 개념적 규정에 대해 규정된 비판을 할 수 있다. "관리된 세계가 자신의 모델에 따라 완전히 형성하지 않은 사람들만이 정신적으로 그러한 것에 저항할 수 있다."[55] 따라서 필요한 것은 더 작은 주체가 아니라 더 큰 주체다.[56] 예술적 경험은 특별한 개별 재능이나 능력을 요구하는 것이 아니라 현실에 수동적으로 순응하지 않는 비판적 정신을 요구한다.

> 사회적 조건, 특히 정신적 생산력을 조정하고 가지런하게 정돈하며 수없이 불구로 만들어버리는 교육조건 아래, 관리된 상상력의 빈곤과 심리분석에 의해 진단된 그렇지만 결코 실제로 변화하지 않는 유아기의 병적 과정 아래, 모든 사람이 모든 것을 이해하고 알아차릴 수 있다고 가정하는 것은 허구적이다.[57]

예술적 경험은 단순히 주체가 직관주의처럼 수동적으로 되는 상태를 요구

---

53 Th. W. Adorno, ÄsT. 105쪽.
54 김석수, 「칸트에 있어서 자연미와 예술미」, 『철학논총』, 새한철학회, 2010, 제61집, 192쪽.
55 Th. W. Adorno, ND. 51쪽.
56 Th. W. Adorno, ND. 50쪽.
57 Th. W. Adorno, ND. 51쪽.

하는 것이 아니다. 순수 직관이 가능하다 하더라도 그러한 직관만으로 '미'는 가능하지 않다. 오히려 예술적 경험에서 요구되는 것은 능동적 수동이다. 얼핏 보기에 모순형용인 이 용어가 의미하는 것은 교환 원리에 의해 관리된 세계에 대한 능동적이고 규정된 비판을 통해 일어나는 교환될 수 없는 낯선 것에 대한 충격과 동시에 낯선 것과의 거리두기가 사라지는 낯선 것으로의 침잠이다. 그럴 경우에만 낯선 것은 전율을 불러일으키는 아름다운 것으로 된다. "주체는 객체를 창조하지 못하며 그리고 인식의 격률이 객체를 편들기 때문에 현실적으로 객체를 바라보아야 한다."[58]

7.4 전율로서 자연미와 예술

인간이 자연과 분리되기 이전 시대에도 과연 미적 경험이 가능할까? 따라서 예술이 가능할까? 주체와 객체가 분리되기 이전, 자연으로부터의 거리두기가 가능하지 않은 미메시스적 단계에, 즉 세계를 비개념적 닮음의 관계로 바라보고 자연연관에 순응하여 살아가는 시기에, 역설적이게도 미메시스적 태도인 미적 경험은 가능하지 않으며, 따라서 예술도 가능하지 않을 것이다.

무인도에 버려진 사람은 자신만을 위해서 자신의 오두막이나 자신을 깨끗이 하지도 꽃을 찾지도 않을 것이며, 더구나 꽃으로 자신을 꾸미기 위해 꽃을 심지도 않을 것이다. 오직 사회 속에서만, 한갓 인간이 아니라 나름대로 세련된 인간이 되는 것이 관심사가 된다(이것이 문명의 시작이다).[59]

---

58 Th. W. Adorno, ND. 189쪽.
59 I. Kant, *Kritik der Urteilskraft*, (Felix Meiner: Hamburg, 1959), §41, 148쪽.

칸트의 말처럼 인간이 사회적 존재인 한에서만 예술은 가능하다. 자연과 동화되어 살아가는 단계에 예술은 가능하지 않다. 단지 자연연관에 순응하여 살아가는 존재에게 미적 경험도 없으며 따라서 아름다움에 대한 표현도 없다. 왜냐하면 자연과 거리두기가 가능한 경우에만, 즉 합리적으로 인식하고 사유할 수 있는 경우에만, 자연과 거리두기가 이루어지지 않는 환원되지 않은 경험은 의미 있게 되기 때문이다. 이러한 의미에서 미적 경험과 '미'는 그 본질에 있어 사회적이다. 따라서 미메시스 자체가 '미'는 아니다. 그러나 칸트와 달리 예술이 사회적인 것은 예술이 단순히 다른 사람에게 세련되게 보이기 위한 치장이나 장식이기 때문이 아니라, 오히려 '미'가 지배적인 사회적 동일성 논리에 의해 억압되고 배제된 것에 대한 경험과 고통의 기억이며, 이러한 기억에 대한 표현이 예술이기 때문이다. 이러한 의미에서 자연에 순응하여 살아가는 단계에서 예술이 가능하지 않은 만큼이나 교환적 합리성의 보편적 지배에 순응하여 살아간다면 예술은 가능하지 않다. 따라서 미적 경험과 예술이 가능하기 위해서는 합리적 계기와 미메시스적 계기가 구성적으로 필요하다. 왜냐하면 예술은 교환적 합리성의 보편적 지배와 이를 반영하고 정당화하는 합리적 인식방식에 대한 규정된 부정과 비판을 통해 이루어지는, 배제되고 추방된 것과 그러한 것의 고통에 대한 경험의 표현이기 때문이다. 그런 한에서 "새로운 예술은 고통을 표현하고, 억압을 고발하며, 이질적이고 낯선 것을 들춰내고, 언어를 빼앗긴 것의 언어가 된다."[60] 그러므로 억압과 고통이 없다면 예술은 가능하지 않으며, 그러한 정도로 현실의 억압을 야기하는 합리성을 부정하는 예술은 역설적이게도 그러한 비합리적인 합리성에 의해 가능하게 된다.

"지난날 자연은 자연 자체 이외에는 아무 것도 아니었다고 하겠다."[61] 합리성이 형성되기 이전의 미메시스적으로 자연과 동화되어 살아가는 인류

60　박구용, 「예술의 종말과 자율성」, 『사회와 철학』 사회와 철학연구회, 2006. 제12호, 90쪽.
61　Th. W. Adorno, ÄsT. 99쪽.

에게 역설적이게도 미메시스적 존재인 예술이 가능하지 않다는 것은 바로 예술의 역설을 말해준다. 말하자면 예술에 있어 미메시스는 하나의 계기이지, 미메시스 자체가 '미'인 것은 아니며, 따라서 예술도 아니다. 왜냐하면 "개념적 인식의 교정자인 미메시스적 반응은 예술에 제한되지 않으며"[62], 예술은 미메시스를 계기로서 필요로 하기 때문이다. 예술에서 미메시스적 계기가 없어서는 안 되는 만큼, 합리적 계기도 구성적으로 필요하다. 그러므로 "예술은 미메시스와 합리성의 함께-배열하기다."[63]

> 언어를 획득한 것은 인간적인 운동을 시작한다. 물론 이 인간적인 것은 아직 존재한 적이 없으며, 그 무기력성으로 인해 언어를 추구하게 되고 운동을 하게 된다. 주체는 자신을 물화시킨 과정을 더듬어 오면서 이러한 물화를 미메시스적 잔재를 통해 제한한다. 이 잔재는 주체를 이데올로기로 만든 손상된 삶의 한 가운데서 손상되지 않은 삶의 대변자이다. 그러한 두 계기의 얽히고 설킴이 예술적 아포리를 말해준다.[64]

이러한 두 계기 중 어느 하나만으로는 미적 경험도, 이를 객관화하는 예술작품도 가능하지 않다. "예술은 합리성에서 벗어나지 않은 채 이러한 합리성을 비판하는 합리성이다. 그것은 결코 합리성 이전적인 것이나 비합리적인 것이 아니다."[65] 예술로부터 인식적 계기를 제거하는 것은 예술 개념을

---

62 Hartmut Scheible, *Warheit und Subjkt: Ästhetik im Bürgerlichen Zeitalter*, (Francke Verlag Bern und München, 1984), 468쪽.

63 Th. W. Adorno, ÄsT. 192쪽. 여기서 '함께-배열하기'로 번역한 'Konfiguration'은 『부정 변증법』에서 주로 'Konstellation'으로 사용된다. 함께 모여 형태를 이룬다는 'Konfiguration'은 함께 모아 놓음을 의미하는 'Konstellation'보다 소재들을 배열하여 형태를 이룸으로써 경험 내용을 드러나게 한다는 점에서 예술작품에 더 적합하다. 그럼에도 두 용어 모두 '함께-배열하기'로 번역한 것은 'Konfiguration'이 'Konstellation'의 전 형식이기도 하지만, 어떤 것을 드러나게 하기 위해 사태 주위에 개념을 위계 없이 모아 배열한다는 의미와 소재들을 위계 없이 배열한다는 의미에서 동일한 의미를 지니기 때문이다.

64 Th. W. Adorno, ÄsT. 179쪽.

전적으로 무효화하는 것 없이 그리고 예술작품을 경험적 자극의 지위로 넘겨주는 것 없이 결코 완전하게 될 수 없다.[66] 이것은 '미'나 예술작품을 왜 한갓 주관적인 감정 상태나 이에 대한 표현으로 간주될 수 없는지의 이유이다.

미메시스적 존재인 예술작품은 오히려 '미' 자체는 본질적으로 역사적이고 사회적이며, 부정적 현실에 대한 비판이다. 심지어 가장 합리화의 역사와 거리가 먼 자연미조차도 그 자체로 역사적 핵심을 가진다.

> 역사적인 기억이 없다면 아무런 미도 없을 것이다…… 자연이 인간에 대해 막강한 것으로 대립하여 등장하는 시대에는 자연미가 아직 논의될 여지조차 없었다. 현상하는 자연을 직접적인 활동의 대상으로 하는 농경 생활에서는 주지하는 바와 같이 경치에 대해 별 감정이 없었다. 소위 비역사적인 것이라고 하는 자연미도 그 역사적인 핵심을 지닌다.[67]

합리성의 각 단계마다 미메시스는 마법으로 간주되고 추방되었지만, 역설적으로 이러한 계몽적 합리성이 현실의 적대관계 속에서 전율을 만들어 낸다. 왜냐하면 교환적 합리성이 교환 가능한 것으로 규정한 것이 그러한 규정으로 환원될 수 없는 것에 대한 비동일성의 경험을 가능하게 하고, 이러한 경험을 통해 전율을 불러일으키기 때문이다. 이러한 의미에서 합리적인 동일성 원리가 비합리적인 전율의 가능성 조건이다. "세계가 탈마법화됨에 따라 의식은 지난날의 전율로부터 해방되었지만, 이 전율은 주체와 객체의 역사적인 적대관계 속에서 영원히 되풀이 된다."[68] 이러한 정도로 자연은 역사적으로 전개되어 온 합리성과 관련해서만 자연미가 된다. 그런 한에서 자연이 아니라 자연미를 모방하는 예술도 부정적이고 비판적 핵심을 지닌다.

---

65 Th. W. Adorno, ÄsT. 87쪽.
66 Simon Jarvis, *Adorno: A Critical Introduction*, (Polity Press, 1998), 10-103쪽.
67 Th. W. Adorno, ÄsT. 102쪽.
68 Th. W. Adorno, ÄsT. 130쪽.

"현실에서 모든 것이 대체 가능하게 되었지만, 예술은 대타적인 것에 반대하여, 외부에서 부여되는 동일성의 도식에서 벗어나 그 자체인 것의 상을 제시한다."[69] 따라서 "예술은 교환 불가능한 것을 위하여 자체의 형태를 통해 교환 가능한 것을 비판적으로 의식하게 된다."[70] 그러나 예술이 부정적 현실을 직접적으로 비판함으로써 부정적 현실에 저항하는 것은 아니다. 만일 예술이 사회적 소재내용을 단순히 가져옴으로써 현실을 비판하고자 한다면, 예술은 자신의 자율성을 철회하게 될 것이다. 오히려 "예술은 사회에 대한 그것의 대립적인 입장을 통해 사회적인 것으로 되며, 예술은 그러한 입장을 자율적인 것으로 취한다."[71] 예술의 자율성은 강제된 현실에 대한 저항이다. 역으로 예술이 현실의 지배적 합리성에 수동적으로 순응하거나 직접적으로 부정적 현실을 부정하는 실천에 공헌하려 한다면, 예술의 자율성은 가능하지 않을 것이며 예술 자체도 가능하지 않을 것이다.

그렇지만 모든 것이 교환될 수 있는 상품으로 팔리는 시대에 어떤 식으로든 예술이 가능하다는 것은 미적 경험이 가능하다는 것이며, 이러한 미적 경험의 가능성은 모든 것을 교환가치로 규정하고 모든 것을 개념을 통해 규정하는 동일성 원리의 불충분성을 증언하는 것이다. 왜냐하면 미적 경험은 동일성 원리에 대한 규정된 비판을 통해 열리는 개념적 동일성으로 환원되지 않은 새롭고 그린 힘에서 낯선 것에 대한 경험이기 때문이다. 동일성 규정으로 환원될 수 없는 비동일성의 경험이 가능하다는 것은 동일성 원리가 불충분하다는 것을 의미하며, 동일성 원리가 불충분하고 불완전한 것인 한에서 모든 경험이 동일성 원리에 기초한 합리적 인식방법으로 환원될 수 없다는 주장은 정당성을 가진다. 이러한 환원되지 않은 경험과 합리적인 동일성 인식의 상호작용이 미적 경험을 가능하게 하기 때문에, 주체와 객체가

---

69 Th. W. Adorno, ÄsT. 128쪽.
70 Th. W. Adorno, ÄsT. 128쪽.
71 Th. W. Adorno, ÄsT. 335쪽.

철저히 분리된 것이 아니라 서로 작용하고 의존한다는 의미의 주체와 객체의 상호성도 정당성을 가진다. 왜냐하면 주체와 객체 가운데 어느 것이 토대원리로서 실체화된다면, 이를 통해 객체에 대한 완전한 긍정적 인식이 성취된다면, 인식과 환원되지 않은 경험의 상호작용도 불가능하고 그런 한에서 미적 경험도 불가능하기기 때문이다. 역으로 주체와 객체가 어느 것으로 환원되는 것 없이 상호성 관계 속에 있는 한 어떤 것도 완전히 긍정적인 것으로 규정될 수 없으며, 그런 한에서 긍정적인 것으로 규정되지 않은 것에 대한 비동일성의 경험은 긍정적인 것으로 규정된 동일성 인식을 뒤흔들어 버리는 전율을 불러일으킨다. 전율이 존재하는 한 새로운 것과 새로운 것에 대한 경험이 가능하고 그렇기 때문에 새로운 것을 꿈꿀 수 있는 살아 있는 정신도 존재한다.

닫는 글

생명의 존속이 유전적 다양성에 의존하듯이, 인간문화에서도 다양성과 차이의 수용은 평화롭고, 번창하며, 조화로운 발전의 진정한 기초가 된다.[1] 반대로 세계가 하나의 삶의 방식으로 동일화된다면, 마치 개체수가 줄어 더 이상 새로운 유전정보를 획득할 수 없는 동물들이 기형적으로 되듯이, 인간문화도 퇴행하여 기형적으로 될 것이다. 오늘날 지배적 가치가 몰락했다는 점에서 현대는 다원주의 시대이고 다가치사회이다.[2] 그러나 이러한 다원주의 배후에 작동하고 있는 것은 생산을 위한 생산, 즉 생산 자체가 목적인 절대적 생산이며 이를 통해 무한 증식하는 자본이다. 세계는 자본의 무한증식을 가능하게 하고 정당화하는 교환적 합리성에 의해 동일화된다. 헤겔의 절대정신이 붕괴된 이후에 다양성과 차이를 수용하는 진정한 다원주의가 아니라 자본이 절대적 가치인 동시에 모든 것의 평가기준인 절대정신으로 등극한 셈이다. 이러한 의미에서 오늘날 다원주의를 글자 그대로 받아들이는 것은 환상적 다원주의를 인간 자유의 실제적 다원주의와 혼동하는 것이고, 그 배후에 작동하는 교환적 합리성을 은폐하고 정당화하는 것이다. 그러므로 진정한 다양성과 차이의 수용은 환상적 다원주의 배후에 작동하는 교환적 동일성 원리에 대한 비판과 저항이 없다면 공허한 구호에 그칠 것이다.

살아 있는 것을 위한 생산이 아니라 생산을 위한 생산, 즉 생산 자체가 절대목적이 되어버린 시대에, 교환 원리의 보편적 확장은 모든 것을 교환 가능한 것으로 추상화시켜버리고 교환될 수 없는 것은 배제되고 추방된다. 따라서 자본주의적 교환 원리가 지배적인 합리성으로 즉위한 오늘날을 살아가는 인간은 자신의 경험대상이 추상화됨으로써, 자신의 경험 자체와 더

---

1 Helena Horberg-Hodge(김종철·김태언 옮김), 『오래된 미래: 라다크로부터 배운다』, 녹색평론사, 2002, 10-12쪽.
2 "현대사회에서 다원주의는 우리의 정치적 삶을 지배하고 있다. 이것은 다원주의가 더 이상 되돌리거나 거스를 수도 없고 회피할 수도 없는 명백한 우리의 삶의 조건이 되었다는 것을 의미한다." 이상환, 『다원주의 시대의 공동체주의 정치철학: 권리의 정치에서 인정의 정치로』, 경북대학교 대학원, 2005, 1쪽.

불어 결국 경험하는 자신마저도 물화된다. 왜냐하면 더 이상 살아 있는 것과의 살아 있는 관계는 남아 있지 않기 때문이다.[3] 이러한 의미에서 물화된 경험이 아니라 진정으로 살아 있는 것에 대한 풍부하고 다양한 경험은 경험을 물화시키는 교환적 합리성의 동일성 원리에 대한 비판과, 이러한 교환 원리와 결합된 개념적 동일성 원리에 대한 비판을 통해서만 가능할 수 있다. 왜냐하면 이론에서의 개념적 추상화는 현실에서의 실제 추상화를 반영하기 때문이며, 역으로 이론은 경험이, 기존질서 속에서 그것의 가능성에 따르면, 기존질서와 결국에는 계급관계에 얼마나 오염되어 있는지를 해명해야 하기 때문이다. 따라서 인식비판은 사회비판과 동떨어진 것이 아니며, 사유의 동일성 원리에 대한 비판은 사유가 반영하고 정당화하는 사회적 교환 원리의 동일성에 대한 비판이다.

이러한 비판을 통해 회복되어야 하는 것은 동일화될 수 없는 것, 따라서 교환될 수 없는 비동일적인 것과 비동일자에 대한 풍부하고 다양한 경험이다. "철학은 개념적 반성이라는 수단 속에서 풍부하고 환원되지 않은 경험 이외의 다른 어떤 것이 아닐 것이다."[4] 교환될 수 없는 비동일적인 것에 대한 경험은 개념적 동일화를 통해 주권적 주체로 자신을 즉위시킨, 현실적으로 무기력한 주체의 유한성과 불충분성을 자각하게 한다. 왜냐하면 비동일적인 것에 대한 최소한의 경험도 개념이 자족적이라는 가상을 깨뜨리기에 충분할 것이기 때문이다. 자신의 사유수단의 불충분성에 대한 자각을 통해 주체는 개념 물신주의로부터 해방될 수 있을 것이다. 그러나 개념적 규정으로 동일화될 수 없는 경험은 미메시스나 지적 직관과 같은 것에 단순히 호소함으로써 회복될 수 있는 것이 아니다. 오히려 동일성 원리에 의해 작

---

3 모든 것을 양적인 기준에 따라 평가하는 오늘날, 사람들 사이의 관계조차 이해관계에 따라 결정된다. 예를 들어 그 사람이 사회에서 어떤 지위와 역할을 하는지, 그 사람이 어느 정도 경제적 능력이 있는지, 따라서 그 사람이 나에게 어떤 도움을 줄 수 있는지가 사람을 평가하는 가장 중요한 요소가 되었다.

4 Th. W. Adorno, ND. 26쪽.

동되는 합리적 인식방법의 불충분성에 대한 규정된 비판을 통해서만 비동일성에 대한 경험은 가능할 것이다.

인식하고 사유하는 주체의 불충분성은 주체가 인식을 위해 언어로서의 사유수단에 의존해야 하고, 이러한 의존성은 주어를 분류하는 범주로서의 개념에 의존한다는 것을 의미하며, 결국 "사유의 기관이면서 그럼에도 사유와 사유되어야 할 것 사이의 장벽인,"[5] 개념적 장치의 불충분성을 의미한다. 이러한 개념을 통한 인식의 불충분성을 주체로의 환원을 통해서나 아니면 객체로의 환원을 통해서 자족적인 것으로 위장한다면, 어떤 식으로든 이것은 단지 주체를 무기력하게 함으로써 불합리함을 영속시키는 것으로 머무르게 될 것이다. 왜냐하면 자기 충족적인 주체는 어떤 것과도 관계할 수 없고 관계할 필요가 없는 고독한 주체이기 때문이다. 기만적으로 주체가 자기 충족적이라고 가정하는 대신에 오히려 주체에 불가피한 타율적 계기를 인정함으로써, 주체는 진정 능동적이고 자율적으로 된다. 이러한 의미에서 불완전하고 불충분한 존재로서 인간은 새로운 것의 경험 가능성에 열려 있으며, 대상을 무한히 소유한다고 가정함으로써 스스로 폐쇄적으로 되는 것이 아니라 새로운 것의 경험에 자신을 열어놓음으로써 진정으로 무한하고 다양한 열린 경험의 가능성을 가질 것이다.

따라서 인간으로서 우리의 유일한 선험적 조건은 자기 충족적인 선험적 주체가 아니라 불완전하고 불충분한 경험적 주체이다. 인간의 자기의식이 발생한 이래로 인간은 결코 완전하고 자기 충족적인 것으로 존재한 적이 없었으며, 그렇기 때문에 홀로 고립되어 존재할 수 없고 협력하고 관계해야 할 타자를 필요로 하는 존재이며, 세계를 인식하고 이해하기 위해 언어, 특히 추상적 개념에 의존해야 하는 존재이다. 불완전하고 불충분한 인간이기 때문에 우리는 오류를 범할 수 있고 실패할 수 있다. 그러나 실패할 수 있다

---

5   Th. W. Adorno, ND. 27쪽.

하더라도 그 때문에 우리는 새로운 것에 열려 있고 새로운 것을 꿈꿀 수 있다. 그러한 새로운 것을 향해 끊임없이 열려 있고 이를 통해 자신을 끊임없이 혁신한다는 의미에서 무한한 가능성을 가지는 불충분하고 불완전한 존재가 인간으로서 우리의 선험적 조건이다. 이러한 조건을 받아들일 때 사람들은 다른 것이 배제되지 않는 주체와 객체의 상호성을 인정하고, 이를 바탕으로 새로운 경험을 향해 자신을 열어놓음으로써 자신을 끊임없이 새롭게 하며, 더 나아가 다양성과 차이가 수용될 수 있는 인간관계를 만들기 위해 투명한 실천적 연대를 이룰 수 있을 것이다.

　인간 인식의 불충분성을 증명하고 이를 통해 새로운 경험의 가능성을 논증하려는 지금까지 우리의 논의는 인간의 자기의식이 발생했다는 사실을 근거로 출발해서, 왜곡되지 않은 경험과 다양성과 차이가 수용될 수 있는 전제인 주체와 객체의 상호성을 정당화하려는 긴 항해를 했다. 인간이 불완전하고 불충분한 존재일 수밖에 없는 이유는 인간의 자기의식이 발생했다는 사실이다. 인간의 자기의식은 인식하고 사유하는 행위를 통해 발생했으며, 인식하고 사유하기 위해 인간은 언어, 특히 추상적 개념에 의존해야 한다. 이러한 인간의 인식과 사유를 가능하게 하는 개념 또한 추상화를 통해 발생된 것이며 사회 속에서 전통을 통해 전승된 것이다. 인간이 인식하고 사유하기 위해 완전한 수단을 선험적으로 가지는 것이 아니라 발생한 개념에 의존해야 하는 한에서, 인간 인식은 불완전하고 불충분하다. 왜냐하면 선험적으로 주어진 것이 아니라 경험을 통해 발생한 개념은 그 자체 불충분하고 불완전한 것이기 때문이다. 그러나 개념이 경험을 추상화함으로써 발생했다는 것은 개념이 경험이 이루어지는 영역과 전적으로 분리될 수 없다는 것을 의미한다. 즉 개념은 경험이 이루어지는 영역과 선천적으로 같은 영역에 속한다는 의미에서 개념과 개념의 객체는 유사성을 가진다. 주체가 자연연관에 속하는 육체를 가지며 이를 통해 객체를 경험하고 이러한 경험을 개념을 가지고 분류함으로써 객체를 인식하는 한에서, 인식하는 주체와 인식되는 객체의 유사성은 거부될 수 없다. 왜냐하면 경험하고 인식하는 주체의 육체적 계기는 본질적으로 자연연관과 같은 객관적 계기와 분리될 수 없기 때문이다. 이러한 의미에서 유사성의 거부는 인식 주체를 어떤 것과도 관계할 수 없고 경험할 수 없는 고립된 것으로 만들 것이다. 따라서 객체에 대한 경험을 추상화함으로써 형성된 개념은 경험의 객체와 유사성을 가지며, 개념이 개념의 객체와 유사성을 가지기 때문에 개념을 통한 인식과 객체에 대한 경험은 상호작용한다. 인식과 경험이 상호작용 한에서 주체와 객체는 절대적으로 분리될 수 없는 상호성을 가진다. 그러므로 주체와 객체가 서로 관계하고 작용한다는 것을 의미하는 상호성의 전제는 주체와 객체의 유사성이며, 이러한 유사성을 가지는 한에서 객체는 육체적 경험을 통해 매개되고, 매개된 객체에 대한 경험을 개념을 통해 분류함으로써 주체는 인식한다. 이러한 동일성 인식을 주체는 다시 개념적 규정으로 환원되지 않는 경험을 통해 교정한다. 그러므로 주체와 객체의 상호성을 전제하는 사유는 고정된 어떤 것일 수 없으며 변증법적 운동을 한다.

이런 의미에서 경험은 철학에서 주변적인 것이거나 철학과 상관없는 것이 아니라 철학에 본질적인 계기이다. 철학이 사유가 의존하는 것을 사유가 말하도록 하려는 노력임에도 불구하고, 불가피하게 개념을 수단으로 하는 사유는 사유기 의존하는 것을 끊임없이 사유의 능동적 규정을 통해 고정시키기 때문에, 사유가 의존하는 것에 대한 비개념적 유사성인 미메시스적 경험은 사유를 변증법적으로 운동하게 한다. "인식에서 주체의 핵심적인 위치는 형식이 아니라 경험이다."[6] 이러한 비개념적 유사성의 경험이 모든 것을 합리적 규정으로 환원하는 동일성 원리가 보편적으로 지배하는 시대에 너무나 당연한 것으로 받아들였던 개념적 규정을 뒤흔들어버리는 전율을 만들어내며, 이러한 전율을 일으키는, 새롭고 그렇기 때문에 낯선 것에 대

---

6 Th. W. Adorno, SO. 752쪽.

한 놀라움의 경험이 미적 경험이다. 변증법으로서의 철학이 합리적 사유와 전율로서 경험 사이의 상호작용을 해명하는 것이라면, 개념을 수단으로 하는 철학과 미메시스적 존재인 예술의 상호작용도 불가피하다. 이러한 의미에서 능동적으로 규정하는 역할을 하는 주체와 규정되는 객체는 고정되어 대립하는 것이 아니라 상호 침투한다. 주체와 객체 어느 것도 실체화하지 않는 주체와 객체 상호성으로 이해할 때만 경험대상이 소외되거나 배제되지 않고 경험 자체도 왜곡되거나 물화되지 않을 것이며, 적대적이지 않은 관계 속에서 인간과 인간, 인간과 자연의 자유로운 소통도 가능할 것이다. 역으로 이러한 상호성은 현실의 적대주의를 해소하는 것 없이 불가능하며, 현실의 적대주의에 대한 비판 없이 상호성을 주장하는 것은 적대적인 현실을 긍정하는 이데올로기로 머물 것이다. 그러한 정도로 물화된 경험에 대한 비판은 현실의 물화된 관계에 대한 비판이다. 낯선 것이 더 이상 소외되거나 배제되지 않은 경우에, 어떤 사람도 더 이상 자신의 살아 있는 노동을 빼앗기지 않은 경우에만 진정으로 자유로운 의사소통이 가능할 것이며, 다양한 것들이 제 목소리를 낼 수 있을 것이다. 따라서 진정한 다양성과 차이가 수용되는 문화와 그러한 문화를 형성하는 사회관계도 가능할 것이다. 즉 다름을 인정함으로써만 유지될 수 있는 주체와 객체의 상호성은 다양성과 차이를 존중하고 배려하며, 이를 통해 다른 것들의 투명한 연대성을 이끌어내는데 기여할 것이다. 이러한 의미에서 상호성에 기초한 진정한 다원주의를 위해 요구되는 것은

**추상화의 파도를 뚫고
구체적인 것들의 바다로 나가는 살아 있는 정신이다.**

참고문헌 REFERENCE

강순전, 「헤겔 변증법 이후의 변증법 비판과 변증법 기획」, 『철학연구』, 제 100집, 2006.
_____, 「아도르노의 부정변증법: 헤겔 변증법 비판을 중심으로」, 『헤겔연구』, 한국헤겔학회, 제 19집. 2006.
_____, 「헤겔의 주관정신론에서 인식론」, 『철학연구』, 대한철학회, 제121집, 2012.
김유동, 『아도르노의 사상』, 문예출판사, 1993.
김석수, 「칸트의 초월철학과 범주의 역사성」, 『칸트연구』, 한국칸트학회, 2003.
_____, 『칸트와 현대 사회철학』. 울력, 2005.
_____, 「칸트철학에 대한 해체주의적 비판에 대한 반비판」, 『칸트연구』, 한국칸트학회, 19집, 2007.
_____, 「자율성과 인권」, 『사회와 철학』, 사회와 철학연구회 제15호, 2008.
_____, 「칸트에 있어서 자연미와 예술미」, 『철학논총』, 새한철학회, 2010, 제61집.
노명우, 『계몽의 변증법을 넘어서-아도르노와 쇤베르크』, 문학과 지성사, 2002.
_____, 『계몽의 변증법: 야만으로 후퇴하는 현대』, 살림, 2005.
노성숙, 「사이렌들과 오딧세우스: 비동일적 자아의 탐색」, 『철학』, 한국철학회, 2003.
문병호, 『아도르노의 사회이론과 예술이론』, 문학과 지성사, 1993.
_____, 『비판과 화해: 아도르노의 철학과 미학』, 철학과 현실사, 2006.
문현병, 「프랑크푸르트학파의 사회철학에서 문화비판」, 『시대와 철학』, 한국철학사상연구회, 1995.
박구용, 『우리안의 타자』, 철학과 현실사, 2003.
_____, 「예술의 종말과 자율성」, 『사회와 철학』, 사회와 철학연구회, 2006. 제12호.
_____, 「에코의 비극」, 『사회와 철학』, 사회와 철학연구회, 2009. 제17호.
선우현, 「문화산업 논리의 구현체로서 디즈니 만화영화: 문제점과 극복방안」, 『사회와 철학』, 사회와 철학연구회, 2008. 10, 제16호.
윤병태, 『칸트 그리고 헤겔』, 용의 숲, 2007.
이상환, 『다원주의 시대의 공동체주의 정치철학: 권리의 정치에서 인정의 정치로』, 경북대학교 대학원, 2005.
이병탁, 『아도르노의 동일성 비판과 비동일성 개념』, 경북대학교 대학원, 1997.

_____,「아도르노 철학에서 '객체' 개념」,『사회와 철학』, 사회와 철학연구회, 2008. 제16호.
_____,「전율로서 미적 경험」,『철학연구』, 대한철학회, 2012. 제 121집.
조항구,「맑스의 변증법과『반뒤링론』」,『현대사상』, 2010. 10, 제7호.
정낙림,「인식과 놀이-칸트의 놀이 개념을 중심으로」,『대동철학』, 대동철학회, 2010. 제53집.
허재훈,『아도르노의 비판이론과 변증법의 부정성』, 경북대학교 대학원, 1999.

Horkheimer, M/Adorno, Th. W., *Dialektik der Aufklärung*, Gesammelte Schriften Bd. 3, Ffm.: Suhrkamp, 1984.
Adorno, Th. W., *Minima Moralia*, Gesammelte Schriften Bd. 4, Ffm.: Suhrkamp, 1951.
_____, *Zur Metakritik der Erkenntnistheorie*, Gesammelte Schriften Bd. 5, Ffm: Suhrkamp, 1975.
_____, *Drei Studien zu Hegel*, Gesammelte Schriften Bd. 5, Ffm.: Suhrkamp, 1975.
_____, *Negative Dialektik*, Gesammelte Schriften Bd. 6, Ffm.: Suhrkamp, 1977.
_____, *Ästhetische Theorie*, Gesammelte Schriften Bd. 7, Ffm.: Suhrkamp, 1972.
_____, "*Gesellschaft*", *Soziologische Schriften* I, Schriften Bd. 8, Ffm.: Suhrkamp.
_____, "*Subjekt und Objekt*", *Kulturkritik und Gesellschaft*, Gesammelte Schriften Bd. 10 · 2, Ffm,: Suhrkamp, 1977.
_____, "*Fortschritt*", *Kulturkritik und Gesellschaft1*, Gesammelte Schriften Bd. 10 · 2, Ffm,: Suhrkamp, 1977.
_____, "*Vernunft und Offenbarung*", *Kulturkritik und Gesellschaft*, Gesammelte Schriften Bd. 10 · 2, Ffm: Suhrkamp, 1977.
_____(tr. by Willis Domingo), *Against Epistemology: A Metacritique: Studies in Husserl and the Phenomenological Antinomies*, Basil Blackwell, 1982.
_____(tr. by E. B. Ashton), Negative Dialectics, Continuum, 1995.
_____(tr. by Henry W. Pickford), *Critical Models: Interventions and Catchwords*, Columbia Unversity Press, 1998.
_____(tr. Shierry W. Nicholsen), *Hegel: Three Studies*, The MIT Press, 1999.
_____(ed. by Brian O'Connor), *The Adorno Reader*, Blackwell, 2000.
_____(김유동 외 옮김),『미니마 모랄리아』, 도서출판 길, 2005.
_____(김유동 외 옮김),『계몽의 변증법』, 문예출판사, 1995.
_____(홍승용 옮김),『부정 변증법』, 한길사, 1999.
_____(홍승용 옮김),『미학이론』, 문학과 지성사, 1984.

Alway, Joan, *Critical Theory and Political Possibilities: Conceptions of Emancipatory Politics in the Works of Horkheimer, Adorno, Marcuse, and Habermas*, Greenwood Press, 1995.

Aristotle(tr. by W. D. Ross), *Metaphysica*, Random House.

Bernstein, J. M., *The Fate of Art: Aesthetic Alienation from Kant to Derrida and Adorno*, Polity Press, 1992.

_____, *Adorno: Disenchantment and Ethics*, Cambridge, 2001.

Breuer, Stefan, "*Adorno's Anthropology*", *The Frankfurt School: Critical Assessments Volume III*, ed. by Jay Bernstein, Routledge, 1994.

Buck-Morss, Susan, *The Origin of Negative Dialectics*, The Harvester Press, 1977.

Cook, Deborah, *Adorno, Habermas, and the Search for a Rational Society*, Routledge, 2004.

Dallmayr, Fred, *Between Freiburg and Frankfurt: Toward a Critical Ontology*, The University of Massachusetts Press, 1991.

Dews, Peter, "*Adorno, Post-Structuralism, and the Critique of Identity*", *The Frankfurt School: Critical Assessments IV*, Ed. by Jay Bernstein, Routledge, 1994.

Gibson, Nigel, "*Rethinking an Old Saw: Dialectical Negativity, Utopia, and Negative Dialectic in Adorno's Hegelian Marxism*", *Adorno: A Critical Reader*, edited by Nigel Gibson and Andrew Rubin, Blackwell, 2002.

Habermas, Jürgen (tr. by Thomas McCarthy), *Communication and Evolution of Society*, (Beacon Press, 1979).

_____, *The Theory of Communicative Action vol 1*, Beacon Press, 1984.

Hammer, Espen, *Adorno & the Political*, Routledge, 2006.

Hearfield, Colin, *Adorno and the Modern Ethos of Freedom*, Ashgate, 2004.

Hegel, G. W. F.(tr. by A. V. Miller), *Phenomenology of Sprit*, Oxford University Press, 1977.

Hohendal, Peter Uwe, "*Adorno: The Discourse of Philosophy and the Problem of Language*", *The Actuality of Adorno: Critical Essays on Adorno and the Postmodern*, State University of New York, 1997.

Jarvis, Simon, *Adorno: A Critical Introduction*, Polity Press, 1998.

Jay, Martin, "*Is Experience Still in Crisis?: Reflection on Frankfurt School Lament*", *The Cambridge Companion to Adorno*, edited by Tom Huhn, Cambridge, 2004.

Kant, I., *Kritik der Urteilskraft*, Felix Meiner: Hamburg, 1959.

Kant, I.(tr. by Paul Guyer and Allen W. Wood), *Critique of Pure Reason*, Cambridge, 1998.

Krakaur, Eric L., *The Disposition of the Subject: Reading Adorno's Dialectic of Technology*, Northwestern University, 1998.

Lenk, Kurt, "*Adornos "Negative Utopie": Gesellschaftstheorie und Ästhetik*", Soziologie im Spätkapitalismus: Zur Gesellschaftstheorie Theodor W. Adornos, Hrsg. von Gehard Schweppenhäuser, Darmstadt, 1995.

Marx, K. and Engels, F. *The German Ideology*, Progress Publishers, Moscow, 1976.

Moris, Martin, *Rethinking the Communicative Turn*, State University of New York Press, 2001.

O'Connor, Brian, *Adorno's Negative Dialectic*, MIT Press, 2005.

Rose, Gillian, "*How is Critical Theory Possible?: Theodor W. Adorno and Concept Formation in Social*", The Frankfurt School: Critical Assessments III, ed. by Jay Bernstein, Routledge, 1994.

Pensky, M., *The Actuality of Adorno: Critical Essays on Adorno and the Postmodern*, State University of New York, 1997.

Scheible, Hartmut, *Warheit und Subjkt: Ästhetik im Bürgerlichen Zeitalter*, Francke Verlag Bern und München, 1984.

Schurz, Robert, *Ethik nach Adorno*, Stoemfeld/Roter Stern, 1985.

Seel, Martin, "*Über Die Reichwelte Ästhetischer Erfahrung*", Ästhetische Erfahrung im Zeichen der Entgrenzung der Künste, Hrg. von Gert Mattenklott, Felix Meiner Verlag Hamburg, 2004.

Seyla Benhabbib, *Critique, Norm, and Utopia: A Study of the Foundations of Critical Theory*, Coumbia, 1986.

Sonderegger, Ruth "*Ästhetische Theorie*", Adorno-handbuch, herausgegeben von Richard Klein, Johann Kreuzer, Stefan Müller-Doohm, J. B. Metzeler, 2011.

Thomson, Alex, *Adorno: A Guide for the Perplexed*, Continuum, 2006.

Wesche, Tilo, "*Negaive Dialktik: Kritik an Hegel*", Adorno-handbuch, herausgegeben von Richard Klein, Johann Kreuzer, Stefan Müller-Doohm, J. B. Metzeler, 2011.

Zimmermann, Norbert, *Der ästhetische Augenblick: Theodor W. Adornos Theorie der Zeitstruktur von Kunst und ästhetischer Erfahrung*, Peterlang, 1989.

Zuidervaart, Lambert, *Adorno's Aesthetic Theory: The Redemption of Illusion*, The MIT Press, 1991.

_____, "*Introduction*", The Semblance of Subjection: Essays in Adorno's Aesthetic Theory, ed. by Tom Huhn and Lambert Zuidervaat, Massachusetts Institute of Technolodgy, 1997.

Aristoteles(조대호 옮김), 『아리스토텔레스: 형이상학 1』, 나남, 2012.
E. Husserl(신오현 편역), 『심리현상학에서 선험현상학으로』, 민음사, 1994.
Fredric Jameson(여홍상・김영희 옮김), 『변증법적 문학이론의 전개』, 창작과 비평사, 1997.
_____(김유동 옮김), 『후기 마르크스주의』, 한길사, 2000.
Georg Lukacs(박정호・조만영 옮김), 『역사와 계급의식 - 맑스주의 변증법 연구』, 거름, 1992.
G. W. H. Hegel(임석진 옮김), 『정신현상학』, 한길사, 2005.
H. Arendt(이진우・태정호 옮김), 『인간의 조건』, 한길사, 1996.
H. Jonas(이진우 옮김), 『책임의 원칙: 기술 시대의 생태학적 윤리』, 서광사, 1994.
Helena Horberg-Hodge(김종철・김태언 옮김), 『오래된 미래: 라다크로부터 배운다』, 녹색평론사, 2002.
Hartmut Scheible(김유동 옮김), 『아도르노』, 한길사, 1997.
I. Kant(김석수 옮김), 『순수이성비판 서문』, 책세상, 2002.
I. Kant(최재희 옮김), 『순수이성비판』, 박영사, 2002.
I. Kant(백종현 옮김), 『판단력비판』, 아카넷, 2009.
J. Habermas(이진우 옮김), 『현대성의 철학적 담론』, 문예출판사, 1994.
J. Habermas(이진우・박미애 옮김), 『새로운 불투명성』, 문예출판사, 1995.
K. Marx(강유원 옮김), 『경제학-철학 수고』, 이론과 실천, 2006.
K. W. Appiah(김민영 외 옮김), 『세계시민주의』, 바이북스, 2008
N. Chomsky(이두원 옮김), 『촘스키-자연과 언어에 관하여』, 도서출판 박이정, 2003.